BIG
to
BRILLIANT

从大到伟大2.0
重塑中国高质量发展的微观基础

刘俏 著

机械工业出版社
CHINA MACHINE PRESS

随着中国经济从高速增长进入高质量发展阶段，提升全要素生产率以及在企业层面提升投资资本收益率（ROIC）将成为未来增长最重要的源泉。中国经济的微观基础在这一过程中必将发生深刻的变化。我们的企业需要改变在过去 40 年高速增长时期形成的认知和思维定式，真正把价值创造放在单纯地追求规模之上，重塑中国经济增长的逻辑和微观基础。

图书在版编目（CIP）数据

从大到伟大 2.0：重塑中国高质量发展的微观基础／刘俏著. —北京：机械工业出版社，2018.9（2025.5 重印）
ISBN 978-7-111-60771-7

Ⅰ. ①从… Ⅱ. ①刘… Ⅲ. ①企业发展-研究-中国 Ⅳ. ①F279.23

中国版本图书馆 CIP 数据核字（2018）第 200594 号

机械工业出版社（北京市百万庄大街 22 号　邮政编码 100037）
策划编辑：赵　屹　　　责任编辑：孙司宇
版式设计：张文贵
保定市中画美凯印刷有限公司印刷
2025 年 5 月第 1 版·第 10 次印刷
169mm×239mm·24.25 印张·3 插页·293 千字
标准书号：ISBN 978-7-111-60771-7
定价：88.00 元

凡购本书，如有缺页、倒页、脱页，由本社发行部调换

电话服务	网络服务
服务咨询热线：（010）88361066	机 工 官 网：www.cmpbook.com
读者购书热线：（010）68326294	机 工 官 博：weibo.com/cmp1952
（010）88379203	教育服务网：www.cmpedu.com
封面无防伪标均为盗版	金 书 网：www.golden-book.com

在下一个拐角,或许有
一条新路,或是一个秘密通道;
虽然我过去常常错过
终有一天我将
踏上这隐秘小路,走在
月亮以西,太阳以东。

——J. R. R. 托尔金

序

赶紧来吧

作家们、批评家们

所有用笔预测未来的人们

睁大你们的眼睛

像这样的机会稍纵即逝

但别盖棺定论得太早

因为时代的车轮还在旋转

——鲍勃·迪伦

这本书的主题是中国企业为什么需要"从大到伟大"以及如何才能实现"从大到伟大"。

就"从大到伟大"这一主题，我曾经在2013年至2014年间写作并由机械工业出版社出版了《从大到伟大：中国企业的第二次长征》一书。该书出版后引起了相当大的反响：2014年3月甫一出版即被《中国新闻出版报》列为当月的十大畅销书之一，并被列为经管类书籍第一名。随后几年，这本书被多次印刷，需求始终存在，在最近两年甚至还呈现不断上升的趋势。"从大到伟大"这一提法开始被广泛接受，2018年的博鳌论坛甚至以"从大到伟大：企业的蜕变"为题设计了一个分论坛，讨论如何定义并建设伟大企业——作为《从大到伟大：中国企的第二次长征》这本书的作者，我有幸被论坛组织者邀请主持了那次分论坛。

2017年1月，Palgrave Macmillan 出版了我的英文书 *Corporate China 2.0: The Great Shakeup*。在这本书里，我几乎是围绕同一主题，提出中国经济在高速发展近40年后，需要一个全新的经济微观基础，企业应该把经营侧重从规模发展转向价值创造，中国企业正从以规模为导向的1.0阶段进入以价值创造为导向的2.0阶段。这本书主要是为国际学术界和政策界的英文读者撰写的，目的在于帮助他们更好地理解改革开放中的中国企业和它们所走过的不同寻常的路。当然，我在书里也毫不讳言中国企业在中国经济进入新时代后所面临的各种挑战。这本书在国际学术界有一定的影响力。曾任美国金融学会主席的 Franklin Allen 教授强力推荐此书给"所有对中国经济和中国金融感兴趣的人"！

这两本书出版至今时间并不算长。但是，中国发展和变化的速度让任何一本以现代中国为题材的书籍都会在短短的三五年内给人"时过境迁"的感觉。当然，时光流逝中一定有些恒常不变的东西。我一直坚信中国最近40年的波澜壮阔下面隐藏着一些捭阖经济社会生活的基本逻辑和法则。而对这些逻辑和法则的逐渐认知，以及在心底培养起对它们的敬畏，是我们迄今能够取得巨大经济成就的原因。凡是涉及基本逻辑和法则的问题都属重要问题，都值得也必须去反复研究和思考。中国企业"从大到伟大"这个命题是涉及这些基本逻辑和法则的重要问题。套用若干年前在研究生院攻读博士学位时，听到教授经常开的一个关于芝加哥学派的玩笑：芝加哥大学经济系教授们出的博士资格考试题目永远都不会变，但答案一直在变。中国企业"从大到伟大"是一个值得也必须去反复研究的问题！

改革开放40年，通过政府顶层设计，并激发自下向上的活力，我们积极参加全球产业链的分工布局；同时，中国庞大的人口和市场令制造业能快速扩张，涵盖诸多领域的制造业集群不断涌现。这一切使得大规模生产和产业的崛起在中国成为可能，进而完成工业化的进程。此外，中国的高速增长还得益于政府积极制定长远发展战略并贯彻实施发展战略的出色能力。政府制订并实施不会受到利益集团掣肘的长远发展计划，并利用各种行之有效的方法确保规划目标的实现。

中国的改革设计者和各个领域的践行者们不囿于陈规俗见的约束，创造了大量独具中国特色的实践经验。例如，通过对外开放，坚决参与全球产业分工，培养中国在全球市场上的竞争能力；在经济发展早期资本严重缺乏时，地方政府创造性地把土地的未来收益"证券化"，以房地产投资和城镇化推进来促进经济增长；通过适度的"金融压抑"政策，将稀缺的资金聚集起来，投入到国家重点扶持的行业中，助力产业发展……这一切深刻地反映在中国经济微观基础的变迁上：中国在现代意义上的企业从几乎没有到有、从小到大、从纯粹的本土企业到逐渐发展出一批全球性的企业，从追随到引领，从点到线再到面，留下一系列可圈可点的印记，它们形成了具有中国特色的发展道路，为人类面临的共同挑战贡献着中国方案和中国智慧。

当然，促成中国经济高速增长的很多因素是一次性的。在享受了多年的人口红利之后，我国的人口老龄化问题在加剧，中国制造的成本优势逐渐丧失；长期的高投资带来的大面积产能过剩和企业高杠杆问题，使得企业未来继续维持高投资率变得越来越困难；地方政府之间的经济绩效竞赛极大地激发了地方政府投资的热情，但增长主义倾向也带来了大量的低效投资和庞大的地方政府债务；适度"金融压抑"政策有助于社会迅速实现工业化，但金融压抑所带来金融中介服务低效、覆盖面窄、结构不合理等痼疾，正制约着中国经济增长质量的提高；房地产业曾极大地促进了投资拉动的中国经济发展，并为地方政府财力的扩大创造了条件，但"土地财政"和高房价也在很大程度上绑架了中国经济，制约着中国经济结构转型的实现；扭曲的公司治理模式模糊了企业经营的真实目标，导致企业普遍缺乏创新商业模式和价值创造的动机与能力……

中国经济和社会生活中一系列结构性问题的出现和发酵，严重影响中国经济实现可持续的包容性成长。为此，中国政府提出经济需要从高速增长向高质量发展转型。这一过程中，我们的企业需要改变在过去40年经济高速增长时期形成的认知和思维定式，充分理解经济及企业发展的阶段性问题，真正把价值创造放在单纯地追求规模之上。**重新塑造经济的微观基础，实现企业"从大到伟大"的转变是中国实现高质量发展的核心要义。**

宏大的叙事下从来都是由无数个体的坚持与奋斗组成。40年间，我们目睹了一个又一个财富故事和一代又一代商业传奇。骄傲之余，我们必须明白身处的时代正在急剧变化着——新技术的冲击、经济重心的倾斜、地缘政治的变迁和逆全球化思潮在不断改变着产品和服务的供给端与需求端，一个又一个行业结束了"黄金时代"，开始步入"白银时代"甚至"青铜时代"。大时代下，任何个体都不能摆脱家国和时代大潮的冲击和裹挟。在这个急需我们去反思技术，反思文明进程，反思发展模式的重要历史节点，在我们赖以生存的智慧和习以为常的秩序受到诸多挑战之时，**我们的企业需要去直面各种问题和挑战，去展现"定义美好"的能力和"建设美好"的愿力。**回归到企业经营的本质，摆脱以"短、平、快"的寻租方式片面追求规模的倾向，展现价值创造的卓越能力，实现从大到伟大的飞跃，是中国企业在新时代急需建构的价值理念和思维逻辑体系。

中国在改革开放的前30年获得了4%以上的全要素生产率（TFP）年均增长速度，很大程度解释了中国人均GDP的爆发式增长。但随着中国工业化进程和高增长阶段接近结束，TFP增长率在过去七年已经下降到年均2.3%的水平。未来的经济发展很大程度上取决于我们能否通过更多、更有效的研发和对企业家精神的激发与保护进一步提升全要素生产率，重新塑造中国经济的微观基础。我们必须充分认识到，占GDP2%的研发投入虽然绝对数量可观，但是研发的绩效还有很大的提升空间。我们大量的研发（Research & Development，简称R&D）是"发"（Development）而不是"研"（Research）；我们的创新也大量集中在满足用户体验和提升效率这两个层次，在以复杂技术和科学研究为基础的创新方面，我们还非常匮乏。

我们亟待牢固建立起科学的理性精神。缺乏理性精神，我们急功近利、好奇心钝化，对建立起对人类世界、对本源和普遍性的深刻理解缺乏兴趣。我们不愿也无法专注于基础科学和底层支撑性技术的研究，热衷于通过资本实现技术上的"拿来主义"。我们躁动着，在各种各样质量不一的思维泡沫的指引下，寻找各种快速成"财"的商业逻辑与商业机会，却缺乏更大的格局去思考真正推动人类社会进化的力量。历史反复教育我们，人们愿意相信并乐于制造各类泡沫的原因在于只有在泡沫中他们才有机会短期攫取暴利。于是，在一个财富梦想主导一切的时代，在各式各样的思维脑洞里，在大风过后的满地狼藉中，我们一边感叹着埃隆·马斯克和SpaceX的奇迹，一边焦虑着自己的生活。

德鲁克曾说过，"没有什么比正确地回答了错误的问题更危险。"波诡云谲的大时代，各类"思想泡沫"甚嚣尘上，看似热闹非凡，实则急需去伪存真。**直面形形色色现象后的本质，更为重要的是要提出正确的问题。**在这本书里，我在已有著述的基础上再度提出并重新阐释了企业"从大到伟大"这一命题。书中，我将数据分析的时间维度延伸到2017年，并加入大量正向伟大企业发起冲击的中国企业的案例。在将企业"从大到伟大"这一命题置身于中国建设现代化经济体系这一更为宏大的叙事之后，我们发现研究企业变迁能够为理解中国经济和社会发展的结构性问题以及找寻这些问题的答案提供一个全新的、激动人心的视角。这本书反映了这样的思考。

大幕已经开启。以过往为序章，我们整理队形，重新出发——所有关于未来的答案都隐藏在现在。

是为序！

刘俏

2018.5.23

前　言

> 我不知道我们为什么会出现在这里，但我确信，绝不是为了孤芳自赏。
>
> ——路德维希·维特根斯坦

我一直认为自己是个幸运的人。我出生于1970年，在我快10岁的时候，中国的最高领导人邓小平开启了中国经济改革和开放的篇章。接下来10年，一场创业浪潮重新定义了中国经济。家庭联产承包责任制释放了中国人大力提升劳动生产率的热情；数百万乡镇企业如雨后春笋一般建立起来；中国的私营部门开始腾飞——张瑞敏、柳传志、鲁冠球和任正非等几乎是在没有任何商业经验的情况下，在20世纪80年代分别建立了海尔、联想、万向和华为。在经历短暂的经济停滞后，邓小平1992年的南方谈话又开启了中国新一轮的经济改革与开发，推动了中国第二场创业浪潮。在这次浪潮中，许许多多受过良好教育的学者或政府官员选择"下海"创业。到了20世纪90年代，中国改革的重心逐渐向城市迁移，中国政府开始推动国有企业的改革，并于1990年分别建立了上海证券交易所和深圳证券交易所。

在我刚刚步入30岁之际，中国于2001年成功地加入世界贸易组织（WTO），向国际社会逐渐开放了市场。乘着互联网创业的浪潮，许多先行者们陆续建立了大量的互联网企业。虽然它们中的绝大多数以失败而告终，但顽强生存下来的一小部分——如阿里巴巴、腾讯、百度和京东等却快速崛起，成功发展成为中国互联网领域的巨头。21世纪的第一个10年，中国对外贸易的发展尤为迅速。与此同时，房地产市场也经历了长达10多年的高速发展。土地财政和快速上涨的房价从根本上改变了中国的经济结构和经济增长的逻辑，重新塑造着中国地方政府的行为模式和特征。这一方面极大地促进了中国GDP的增长，但另一方面也为中国经济的长期繁荣埋下了隐患。

2010年，我在40岁时回到北京。此时，中国已成为全球第二大经济体，并且超过美国成为全球按GDP来计算最大的制造业大国，贡献了全球近1/4的制造业总附加值。[一]全球经济正艰难地从2008年全球金融危机的泥沼中走出来，中国开启了从高速增长向高质量发展的新阶段……

1978年至2017年，我这个年龄段的人有幸见证并亲历了中国改革开放这个波澜壮阔的伟大时代。得益于思想解放所释放出的动人心魄的力量，我们见证了人类历史上可能是迄今为止最为震撼的一个经济奇迹：40年间，一个13多亿人口的国家按GDP来衡量的经济总量增长了近35倍，占全球经济的比重从微不足道的1.8%上升到2017年的14.8%；一个自150年前清朝时期的"洋务运动"起就开始苦苦探索如何实现"工业化"的国家，屡败屡试，在中华人民共和国成立后再度

[一] 当然，如果按照国民收入总值（Gross National Product，即GNP）计算，美国仍然是全球最大的制造业大国。

开启"工业化"的伟大征程，最终在改革开放这 40 年间修成正果，建成了完整的工业体系和产业集群，几近完成了伟大的中国工业革命；[一] 40 年间，中国人均 GDP 从改革初期 200 美元的水平增长到逾 9000 美元，超过 7 亿中国人摆脱了贫困；与此同时，我们见证了一个全世界最大的中等收入阶层的崛起，他们的消费需求正引领着全球经济重心的倾斜和产业格局的变迁……

像做梦一样，在另一个时空里可能需要 300 年才能完成的事在中国短短 40 年就完成了。财富在爆炸式地增长。中国已经成为全世界最大的汽车市场、最大的奢侈品市场、最大的家电市场和最大的能源消耗国；中国已经拥有最赚钱的银行、最大的家用电器制造商和用户最多的移动电信经营商。巴黎、伦敦、纽约的大商场（Shopping Malls）或是奥特莱斯（Outlets）里，到处是操着各种方言的中国人的身影。13 亿人口的国家，13 亿个财富梦想，13 亿个财富故事……

进入 21 世纪的第二个 10 年后，关于中国经济的叙事（Narrative）开始发生变化。在我迎来 48 岁生日之际，曾经创造无数中国经济奇迹的众多结构性因素似乎正开始丧失魔力——曾经充足且年轻的劳动力开始变老并且不再成本低廉；逆全球化的思潮正在许多国家出现并汇聚成一种令人担忧的趋势；长期基于信贷扩张的投资使企业杠杆高企，很多行业出现产能过剩；中国企业家们过去对中国经济长期看好的信心似乎也正在消退。同时，中国经济增长的速度开始放缓，2015 年中国的 GDP 增长了 6.9%，自 1991 年以来首次低于 7%；2016 年，中国的 GDP 增速下探至 6.7%，虽然 2017 年又回升至 6.9%，但低于 7% 的速

[一] 对中国是否完成了工业革命，学界仍有争论。但是以一个国家是否建立完整的工业产业集群以及第三产业是否超过第二产业作为判断标准，中国已经或是几乎已经完成了工业化进程。

度很难跟改革开放前 30 年逾两位数的增速相比……

终于，我们意识到过去真的是跑得太快，快到我们根本没有时间去盘点发展中出现的问题。进入 2013 年，中国北方地区长时间被雾霾笼罩；贵为世界第一大汽车市场，但我们的自主品牌所获利润却不到整个行业利润的 5%〇；拥有一批全世界平均年龄可能是最年轻的企业家，却发现他们中的许多甚至是大多数在迅速地世故着，早早失去了"系马高楼旁"的青年锐气；**曾经我们是如此渴望改变，而今我们开始害怕洞悉世界的真实面目，早早失去了勇气去担当**；作为世界最大的制造业大国，我们的制造业面临着要素成本迅速上升、消费者需求越来越复杂、一些关键核心技术严重缺失等一系列挑战，急需升级换代；大量的企业迫切需要进入价值链的高端，却发现因原创研发不足、底层技术积淀不足等原因，在挑战面前一筹莫展……我们深刻地认识到像过去那样疯狂投资、疯狂积累财富的状态已经难以为继，我们需要认真审视自己发展中出现的一系列结构性问题。

政策制定者和企业高管都认识到中国亟须转变经济增长模式，需要从投资拉动转向消费和效率驱动，实现**高质量发展**。正在进行的经济转型给中国的领军企业们带来了诸多挑战。过去高速经济增长所掩饰的结构性问题如今日渐凸显。过去 40 年的巨额投资造就了许多巨型企业，其中一些不幸已经成为"僵尸企业"，负债累累，无法实现合理的投资资本收益率。2017 年进入《财富》全球 500 强的中国企业有 109 家，但其中 11 家却出现了净亏损。数量不菲的"巨无霸"们开始出现偿债危机——曾经的全球 500 强企业渤海钢铁集团 2016 年起多次无法履行其债务约定，开始债务重组。一个问题被反复问及，"**中国有真正的伟**

〇 参见本书第二章关于中国汽车行业的讨论。

大企业吗?"

彼得·德鲁克曾把企业称为"小型共和国"[一]。这些小型共和国是一国经济的微观基础。只有微观基础展现出强大的价值创造能力,整体经济才能够健康持续地增长。用一个简单的方程式来解释中国经济的转型过程:**增长率 = 投资率 × 投资资本收益率**。投资率和投资资本收益率都能够促进经济增长。但是,中国经济的高质量发展要求我们降低投资率,提高投资资本收益率(Return on Invested Capital,简称 ROIC)。唯有这样,中国经济才能实现从数量增长(Quantity Growth)向质量增长(Quality Growth)的转型。提升投资资本收益率,是新时代中国经济转型成功的关键。对于中国经济的微观基础——中国企业而言,意味着它们需要把战略和经营侧重从对"大"和"规模"的追求转向对"伟大"的追求。从"大"到"伟大",在中国崛起一批伟大企业,是中国企业必须马上展开的破晓之旅!

作为一名经济学家,我试图寻找一个理论框架来理解中国经济的现实。对我而言,答案是极其简单而直接的——中国需要打造一大批能够长时间保持高水平投资资本收益率的伟大企业。唯此,我们才能重塑中国经济的微观基础,实现高质量发展。当然,这个答案立刻又引出了许多尚未解答的问题,例如:为什么中国拥有一批"大"企业,却几乎没有"伟大"的企业?哪些外部或内部的因素制约了中国"伟大"企业的崛起?中国企业要真正走向"伟大"需要遵循什么原则?中国的伟大企业更可能从哪些行业涌现?现在的候选企业是谁?如此等等,不一而足。

[一] 引自 John Micklethwait and Adrian Wooldridge,*The Company*:*A Short History of An Evolutionary Idea*,2003。

我将在本书中回答这些问题。

中国大企业的崛起

中国大企业的崛起始于20世纪90年代中期。在20年的时间里，进入《财富》全球500强的中国大陆和中国香港企业的数量从1996年的两家猛增至2017年的109家。如果算上中国台湾的企业，这个数字在2017年已经达到115家○。毫无疑问，中国改革开放期间所取得的成就的确令人惊叹！中国上榜的《财富》全球500强的企业具备如下特征：

首先，2017年进入《财富》全球500强的109家企业中，超过80%是地方国企或央企，主要集中在提供资金、能源、原材料等生产要素的行业。以榜单上的中国前10大企业（按排名顺序选出）为例，它们的营收都在1000亿美元以上。这10家企业中，除了排名第五（全球排名24）的中国建筑和排名第九（全球排名第41）的上汽集团外，其余8家企业，包括排名前三名的国家电网、中石化和中石油（分居全球第2、第3和第4），都来自生产要素领域；10家企业中，除了平安集团，其余9家都是央企。中国大企业的这种分布与中国投资拉动的增长模式是吻合的。持续40年的高投资需要大量的资金、原材料和能源等要素，这些领域里容易出现规模领先的企业。虽然中国经济正在经历从简单的投资拉动向创新和效率驱动的转型，但中国经济的微观基础还没有充分体现出这种转型所带来的变化。

其次，中国上榜企业仍然没有从根本上改变大而不强的状况。中国109家上榜企业的平均总资产收益率（ROA）仅为1.65%，1块钱的资

○ 《财富》杂志根据上一年的总营业收入统计全球规模最大的500家企业。2017年入榜企业的总营收门槛是216亿美元，约合人民币1400亿元。

产只能产生 1.65 分的税后利润；而美国企业的平均总资产收益率为 4.79%，是中国企业的 2.9 倍。我们上榜企业的资本使用效率确实不高。通过大量的银行信贷和投资形成的资产并没有产生足够的盈利。这在很大程度上与我们投资拉动的粗放式增长模式是匹配的。此外，需要注意的是，109 家上榜企业中有 11 家企业的盈利为负，这显然与世界 500 强的身份极为不符。中国经济的高速增长，并没有催生出大批伟大的企业。

我在本书第一章探讨了中国企业快速崛起背后的推动力量，包括投资拉动的增长模式、有利于中国企业成长的政府政策和外部环境等。中国经济的扩张一直以来依靠的是固定资产投资。中国快速的经济增长对资源和资金等要素的需求极其旺盛，而这些要素领域仍然为国家所垄断。这两点结合起来导致了资源行业和金融服务行业中巨型国有企业的出现。

20 世纪 90 年代，中国改革的重点开始转向城市。为了提升国有企业的经营效率，中国政府采取了所谓"抓大放小"的改革战略，通过合并、收购、剥离甚至直接关闭等方式推动了国有企业的兼并重组，催生了一批大型国有企业的出现。如今，国资委直接控制的国有企业虽然已经不到 100 家，但其中 49 家进入了《财富》全球 500 强榜单。

另一个重要的因素就是 2001 年中国加入世界贸易组织（WTO）。21 世纪的前 10 年，得益于"入世"后的低关税，出口的年增长率在大部分年份都维持在 20% 以上，出口对 GDP 的占比也一度超过了 30%。全球贸易自由化促进了中国经济和中国企业的发展。强劲的出口带回了大量的外汇储备，最高峰时曾突破 4 万亿美元。这也使得中国企业能够积极地跨境收购海外标的。比如位于浙江的民营汽车制造商吉利就于

2011年收购了沃尔沃（Volvo），并通过这起收购于2012年成功跻身《财富》全球500强。

然而，不是所有的大企业都能称为"伟大"。按营业收入计算的规模并不能用来衡量企业的价值。例如，《财富》全球500强企业中国铝业在2015年出现了17.6亿美元的净亏损；另几家全球500强企业渤海钢铁、中钢集团和中国远洋等都曾一度处在破产的边缘。这些巨型企业的总营收确实名列全球前500名，也确实为中国的GDP做出了贡献，但在创造价值方面却乏善可陈。

为实现可持续增长，我们必须在投资率和投资资本收益率之间找到一个新的平衡。继续维持固定资产投资占GDP 50%左右的比例已经变得越来越不切实际，提升企业层面的投资资本收益率似乎是唯一的出路。投资率和投资资本收益率这两个驱动增长的变量，按照取值高低可组成四种不同的组合。根据这四种组合，我在本书第一章中预测了中国经济未来可能出现的四种情境[一]。中国是否能够成功地避免最坏的情境——"中等收入陷阱"（Middle Income Trap），即低投资率以及低投资资本收益率所导致的长期经济停滞，取决于中国能否大幅提升整体投资资本收益率。而要提升中国整体的投资资本收益率，就需要中国经济的微观基础——中国的企业——大幅提升资本效率。

什么是伟大企业？我在商学院从事了18年的金融学教学与研究，除了没日没夜分析大样本数据，寻找隐藏在数据背后的规律外，也亲手分析、诊断了无数成功或失败企业的案例。在本书第二章，从我自己的专业公司金融的角度，**我提出伟大企业就是那些能够长时间保持高水平的投资资本收益率的企业！**大量的实证研究已经提供了足够有说服力的

[一] 见本书第一章的图1.3。

证据，揭示了投资资本收益率是与企业价值创造和资本市场表现关系最为密切的指标。一个企业能够长期保持高水平的投资资本收益率，就能够长时间创造价值并最终赢得市场特别是资本市场的尊重。这样的企业也就堪称伟大企业。在本书第三章，我用沃尔玛、通用电气、无锡尚德等几个案例详细讨论了投资资本收益率对于一个好的商业模式的重要性。投资资本收益率这个概念适用于中国吗？作为主要从事实证研究的学者，我在本书第四章用实证金融分析的方法，对中国的 A 股上市企业进行了详尽的分析。我发现，基于投资资本收益率设计的交易策略能够给投资者带来 α（超额收益率）。具体来说，如果使用对冲投资策略，买多具有高投资资本收益率的企业的股票、卖空低投资资本收益率的企业的股票，投资者可以获得高达 20% 的风险调整后的超额收益。此外，在 1999 至 2017 年这 19 年间，投资资本收益率最高的 20% 的上市企业能够给股东带来高达 12.8% 的年化收益率，基本与同期中国名义 GDP 的增长速度（12.3%）相当。投资资本收益率反映的是每家企业的基本面，我的研究也发现，1998 至 2017 年这 20 年间，中国 A 股主板市场上市企业的平均投资资本收益率不到 4%，远低于同期美国上市企业的平均值。

为什么中国拥有一批"大"企业，却几乎没有"伟大"的企业

究竟是哪些外部或内部的因素导致中国企业总是追求经营规模而忽视价值创造呢？本书第五章探讨了企业外部的两个因素：投资拉动的增长模式和薄弱的制度基础设施。事实上，除了高投资率外，中国经济的增长还具备以下特征：由于投资率长期居高不下，中国经济对资源和资金等生产要素的需求很大，而资源和金融行业大多为国有企业所垄断。由于"道德风险"以及软预算约束，国有企业的投资效率并不高。我在本书第五章比较了不同所有制企业的投资资本收益率（ROIC），发现平均而言，国有企业的投资资本收益率要比非国有企业低 4 至 6 个百分点[一]。与此同时，在国家主导的金融体系下，超过 50% 的银行贷款都配置给了国有部门，对民营企业形成了"挤出效应"，使其难以成长壮大。因此，我们看到中国虽然拥有许多大型的国有企业，但拥有高投资资本收益率的企业却屈指可数。同样的因素，既造就了中国企业的巨大规模，却又阻碍了它们走向真正的"伟大"。正如我极为喜欢的歌手卢·里德（Lou Reed）在《完美的一天》（*A Perfect Day*）中所唱的那样，**"你将收获的，就是你曾经播种的。"**

中国在改革过程中也采取了适度的金融抑制政策。具体反映在如下几个方面：金融系统为国有银行体系所主导；银行利率受到管制；政府严格限制民营资本进入金融领域。国有银行的资金往往向国有企业倾斜，造就了国有企业的"伪大"而非"伟大"。我们可以用如下不等式来说明：**ROIC ≥ WACC**，即投资资本收益率 ≥ 加权平均资本成本。公司金融理论和实证研究告诉我们，只有当此不等式成立时，投资才能创造价值。但由于中国的金融中介效率相对不高，国有企业或地方政府在做投资决策时所考虑的资本成本（WACC）比市场平均资本成本或民营企业所承担的资本成本要低。因此，国有企业和地方政府往往会大量投资甚至过度投资，而投资效率相对更高的、更为市场化的民营企业却常常投资不足。

与薄弱的制度基础设施相关的另一个根本性问题在于，中国仍缺乏一个开放的、一体化的国内市场。正如本书第五章所述，在经济改革的推动下，中国虽然实现了对外的充分开放，但地方政府之间的竞争也导致了"地方保护主义"的出现，极大地增加了跨地方（跨省）交易的

[一] 参见 Liu and Siu，2011。

成本。在缺乏公平竞争环境的情况下，市场竞争的赢家往往是那些善于"政策寻租"的企业，而不是那些真正创造价值的企业。在过去的40年间，我们对高速公路、高速铁路、机场等基础设施建设做出了大量的投资。如今，到了该为制度基础设施进行投资的时候了——这是建立现代化经济体系的必要举措。

制约中国企业走向伟大的一个内部因素是公司治理不善。我在本书第六章剖析了这个问题。公司治理问题从根本上讲就是"代理问题"。当前，不完备的公司治理机制无法有效地解决错综复杂的"代理问题"。有很多证据表明，治理不善的企业，投资资本收益率也偏低。很明显，要打造伟大的企业就必须提升改善中国企业的公司治理实践。大量的研究也显示，中国企业在公司治理实践中最薄弱的环节就是中国企业广泛使用的"金字塔结构"（Pyramidal Ownership Structure）。我在第六章中提供了充分的证据，证明"金字塔结构"虽然有利于控股股东迅速做大企业，但对提升投资资本收益率来说，起不到任何作用。

制约中国出现伟大企业的另一个内部因素是中国企业的多元化迷思。多元化是许多中国企业惯用的公司战略选择，但多元化是否就意味着更高的投资资本收益率呢？我对中国A股上市企业海量数据进行了大量分析，从不同侧面回答这个问题。本书第七章的实证结论以及三个著名案例（中国远洋、昆仑能源和华润创业）都展示了多元化对企业价值创造的影响。大数据分析显示，企业多元化的程度与投资资本收益率水平之间基本上是负相关关系，追求价值创造的企业总的来说反而应该选择"专业化"的经营战略。当然，多元化战略可能仍然适用于拥有优秀的组织资本和管理技能的企业（如通用电气），也可能适用于创始人天赋异禀、视野开阔、对科技和商业模式创新极度敏锐的企业（如谷歌和阿里巴巴）。但是，我倾向于认为多元化战略并不适合于普通企业。我对中国远洋、昆仑能源和华润创业三个案例的分析也得出了同样的结论——"专业化"能够创造更大的价值！多元化战略的误区是导致中国企业"大"而非"伟大"的重要原因之一。

中国企业如何走向伟大

中国企业如何走向伟大？要打造伟大的企业，我们首先需要夯实制度基础。本书第八章指出，孕育伟大企业的制度应包含以下三要素：重新定义政府的经济角色、提升金融中介的效率、营造创新创业的文化。

在经济发展中政府应该扮演什么角色？政府的有形之手是"帮助之手"还是"掠夺之手"？无疑，政府对经济活动的深入参与的确是中国经济在改革开放初期取得重大成功的重要原因。中国工业化进程的推进和经济的腾飞所需要的基础设施离不开国家的顶层设计和政府主导的大量投资。国家在经济活动中的参与甚至也为日后中国的创新创业搭建了平台、提供了前提，比如中国电子商务行业的迅猛发展，就极大地得益于国家打造的电信网络、高速公路以及高速铁路系统。此外，国家在很多关键的创新领域都投入了巨额资金，这些都是民营企业所无法独立承担的。然而，中国正在进入一个全新的发展阶段——高质量发展阶段，资本的使用效率正变得更加重要。因此各级政府应努力转变角色，从经济活动的直接参与者转为规则的制定者和公共服务的提供者，以打造并维持公正公平的竞争环境作为自己的主要职责。

关于第二点，提升金融中介效率、允许民营资本进入金融服务领域是中国金融体系恢复活力的关键。只有资本得到更高效和合理的配置，企业层面的投资资本收益率才能得以提升。为此，中国需要新一代的金融体系，我称之为"我们热爱的金融"。在新的金融体系下，资金应该能以简单、直接和有效的方式从储户流向资金的最终使用方。一个金融体系是否是"我们热爱的金融"的判别标准简单直接：它能否大幅降低资金需求方和资金供给方彼此建立信任的成本?

40年改革开放的经验证明,通过解放思想,释放人的创造力,中国经济能够得到极大的提升。未来中国经济最可行的增长源泉就在于进一步提升全要素生产率(Total Factor Productivity,简称TFP)。为此,中国需要建立一个公平、公正、透明的商业环境,保护并承认大众看似微小的创新和尝试,激发并保护真正的企业家精神。

在《通向奴役之路》中,哈耶克说道:"**在社会演化中,没有什么是不可避免的,使其成为不可避免的,是思想。**"伟大的思想造就伟大的企业!中国伟大的企业必将从那些勇敢地通过技术和商业模式创新颠覆传统的领军者、尊重市场和消费者、着力打造长期价值而非短期利益的创业者中诞生。在本书第九章,我探讨了有望加入真正伟大企业精英俱乐部的中国企业——华为、阿里巴巴、小米和顺丰速运。这四家企业来自不同的行业,商业模式也各不相同。华为作为电信设备供应商,近期也开始涉足消费者业务;阿里巴巴作为全球领先的电子商务平台,其投资范围之广几乎遍布每个领域;小米手机的年出货量高达9,000万部,但仍把自己定位为移动互联网企业;顺丰则是中国民营快递企业中的佼佼者。这四家企业不论是所处行业、成长路径、企业文化还是提供的产品和服务都截然不同,但它们却拥有一个共同特征,落脚在同一个主题上——通过积极追求更高水平的投资资本收益率来创造价值。

我希望本书能够提供一个由实证证据和案例来支持的理论框架,帮助中国企业走向伟大。在本书第十章,我总结了本书的内容要点,提出中国企业追逐伟大过程中必须实现的九个改变。这九个改变涉及经济增长模式转型、制度基础设施的建设等企业经营环境中应该发生的变化;也涉及企业经营目标、公司战略、企业治理等企业层面必须实现的改变。尽管中国经济面临着各式各样的挑战,但它在改革开放40年间发生的变化给我们带来了很多可以乐观的理由。一方面，中国经济的总体规模已不可同日而语；另一方面，中国新一代企业正在崛起，它们借助移动互联网等新兴科技挑战并颠覆着市场上效率低下的传统领军企业。新一代的中国企业有着国际视野，更愿意承担必要的风险，资本市场的运作也更加纯熟；与此同时，我们期望相当数量的传统领军企业也会在更为激烈的市场竞争中实现蜕变，成为价值创造者。它们是推动中国企业走向伟大的希望。

有耐心读完此书的读者会发现，我几乎是用一种近乎偏执的态度强调投资资本收益率这个概念的重要性。或许，我对"伟大企业"的理解过于极端，过于技术化。需要解释一下：这一方面源于我在金融领域多年的专业训练和专业研究，它深刻地影响了我观察和理解企业的角度与立场；另一方面，也更为重要的是，我深刻地体会到在过去20年，我们的企业对"大"和"规模"的追求已经到了无以复加的程度，这种情况下，我愿意用一种显得极端的方式去推介投资资本收益率这个概念。中国人为人处世、思考问题讲究"执两端而守其中"。当整个企业界的思潮在向"做规模"这个极端延伸的时候，我想强调另一个极端——投资资本收益率。或许，向这个极端延伸可以带动整个思潮不至于太过倾斜。我写作此书的初衷是"向另一极延伸一厘米"。希望读者看完这本书，听完我的逻辑和分析之后，也有同样的感觉而不至于觉得我太过自负。

行为金融学的学者常常引用心理学里的一个重要实验。设想有一种疾病会导致600人死亡。现有两种方案应对。实施方案A的话，确定有200人能被救活；实施方案B的话，有1/3的可能性，600人都能被救活，但有2/3的可能性，600人都会死亡。当心理学家让参加实验的人选择时，大部分人都选择方案A。换一个角度陈述这两个方案。如果实施方案 C 时，有 400 人会死亡；如果实施方案 D 的话，有 1/3 的可能性 600 人都能被救活，但有 2/3 的可能性这 600 人都会死亡。这种情况下，绝大部分参加实验的人的选择是 D。

方案 A 与 C、方案 B 与 D 完全相同，在不同的陈述下人们却有不同的选择。心理学家认为这源于对问题界定方式的不同。怎样更好地界定一个问题会直接影响到人们的思维过程和最终选择。在上面的例子中，第一种界定问题的方式强调"生"，而第二种界定问题的方式则强调"死"。

在中国经济和中国企业面临转型挑战的时候，我们应该重新界定企业的使命和目标。如果我们大部分企业家和具有创新精神的人愿意且能够改变思路，把视角从"大"转向"伟大"并付诸实践时，中国企业会出现真正的变局。

2012 年 11 月，我前往秘鲁首都利马，参加在那里举行的由全球顶尖商学院组成的"国际管理学院联盟"（PIM）年会。会议期间，我代表北京大学光华管理学院与来自全球 51 家商学院的代表们一起探讨了广泛的议题，讨论的重点主要是商学院和商学院教育面临的新挑战。这是我第一次去拉丁美洲。对我而言，那是一片神秘的、充满异域风情的大陆，只曾在加西亚·马尔克斯的《百年孤独》（*One Hundred Years of Solitude*）中略窥一斑。我知道书中的马孔多镇本来描绘的是哥伦比亚而不是秘鲁，但漫步在利马街头，穿行于充满历史故事的建筑，仍能感受到拉美大陆那种魔幻与现实绵绵不绝的纠缠。秘鲁经济在过去 5 年里实现了 6% 左右的年增长率，似乎正在摆脱多年的动荡和停滞，而经济增长也成了时任秘鲁政府关切的重中之重。

在年会上，中国和中国企业成了最热门的话题。与会者急切地想要知道中国经济崛起的原因以及中国崛起对于世界的意义和影响。中国的崛起源自思想解放，源自因改革开放而得以释放的企业家精神。中国企业兴衰成败的故事也逐渐成为研究课题，编入了商学院的案例中，激励并启发着其他各国的创业者和商业领袖。在利马短暂的几天，我有机会粗略地了解了秘鲁的历史。秘鲁直到19世纪70年代才废除奴隶制，而当时奴隶主同意废除奴隶制的一个前提条件居然是他们能够使用来自中国的"苦力"来替代原有的奴隶……

如今漫步在利马街头，华为、东风等中国企业的广告随处可见，当地人对中国企业的尊敬之情也溢于言表。今非昔比，让人不胜唏嘘。真正能够让一个民族广受尊重的，是伟大的产品、伟大的企业、伟大的思想家和伟大的思想。

中国企业已经成功地走完了第一次长征，实现了全球范围内在规模上的迅速崛起。在中国社会经济发展进入一个新的阶段、中国经济急需新的经济增长逻辑和新的微观基础之际，我期待有着更宏伟视野、更具创新精神的中国企业能继续砥砺前行，向着世界级的伟大企业一步步迈进，实现中国企业伟大的第二次长征。我喜欢苏轼在《留侯论》开篇的那段话："古之所谓豪杰之士者，必有过人之节。人情有所不能忍者，匹夫见辱，拔剑而起，挺身而斗，此不足为勇也。天下有大勇者，卒然临之而不惊，无故加之而不怒，此其所挟持者甚大，而其志甚远也。"走向未来的中国企业，"所挟持者甚大，其志甚远"，从"大"到"伟大"，是必然选择。

CONTENTS 目 录

序
前言

第一章　中国企业在规模上的崛起　　1
- 从零到一百零九　　7
- 不可思议的崛起背后　　14
  - 投资是关键　　15
  - 有倾向性的政策　　20
  - 相对有利的外部环境　　24
- 盛宴仍在继续　　28
- 高质量发展阶段的中国企业　　30
  - 一个2×2矩阵——中国经济的未来场景　　32
  - 从"大"到"伟大"——中国企业的第二次长征　　34

第二章　什么是伟大的企业　　37
- "大"与"伟大"的一字之差　　39
- 分析伟大企业的一个理论框架　　42
  - 一声叹息——研究伟大企业有用吗　　48
- 伟大而坚定的目标——ROIC≥WACC　　51
- 投资资本收益率与IBM的转型——大象跳舞的故事　　57

第三章　商业模式与投资资本收益率　　　65

- 什么是商业模式　　　66
- 沃尔玛的故事　　　68
- 通用电气——基业长青背后　　　75
- 尚德的兴衰　　　82
  - 尚德故事　　　83
  - 对尚德败局的反思　　　86
- 经济危机时期成立的企业　　　91

第四章　投资资本收益率适用于中国吗　　　95

- 强经济，弱股市　　　100
- 低水平的投资资本收益率是罪魁祸首　　　104
- 高投资资本收益率带来高回报　　　108
- 寻找隐藏的阿尔法　　　113
- 行业间和行业内投资资本收益率的分布情况　　　120
- 白酒中的中国　　　122

第五章　"伟大"的希望仍未实现　　　127

- 投资拉动的增长模式　　　129
  - 政绩竞赛与投资热潮　　　129
  - 中国远洋的起伏　　　132
    - ◆ 过分追求运输能力（规模）　　　134
    - ◆ 追求产能之殇　　　137
    - ◆ 投资还带来什么　　　139
- 脆弱的制度基础设施　　　141

- 国家主导的金融体系　　　　　　　　　　142
- 市场竞争的重要性　　　　　　　　　　　145
- 一个经济体制下的不同路径　　　　　　　147
- 实证研究的证据　　　　　　　　　　　　　149

第六章　中国特色的公司治理　　　　　　　155

- 迅速兴起的股票市场　　　　　　　　　　　158
- 公司治理的本质　　　　　　　　　　　　　160
- 当模式之争遇上现实　　　　　　　　　　　166
- 制度上的决定因素　　　　　　　　　　　　171
  - 改革国有企业　　　　　　　　　　　　172
  - 薄弱的法律环境与行政手段的大行其道　173
- 最后一个挑战——股权结构　　　　　　　　175
  - 股权高度集中　　　　　　　　　　　　176
  - 中国上市企业的金字塔结构　　　　　　177
  - 小插曲　　　　　　　　　　　　　　　186
  - 一点结论与遐想　　　　　　　　　　　187

第七章　多元化之殇——中国企业的战略误区　　189

- 大而不倒？　　　　　　　　　　　　　　　193
- 多元化陷阱？　　　　　　　　　　　　　　196
- 去多元化趋势　　　　　　　　　　　　　　200
  - 马拉松石油2011年的分拆　　　　　　　201
- 中国企业的多元化选择　　　　　　　　　　207
- 昆仑能源——专业化经营给资本密集型企业的启示　211
- 华润创业　　　　　　　　　　　　　　　　217
- 并购的中国迷思　　　　　　　　　　　　　221

第八章　塑造中国企业从大到伟大的制度基础　　227

- 不是短跑而是马拉松　　229
- 投资制度基础设施　　232
- 从看得见的手到看不见的手　　236
    - 帮助之手还是攫取之手　　237
    - 中国地方政府金融　　241
    - 转变政府职能　　246
- 好金融、坏金融　　248
    - 引子——"资本逆向流动"之谜　　249
    - 让金融回归到为实体经济服务这一本质　　253
    - 如何发展好金融　　257
    - 小插曲——金融从出生时开始　　260
- 持续永恒的企业家精神　　263
    - 经济的微观基础　　264
    - 哈耶克、凯恩斯与大数定律　　268
    - 企业2.0时代的来临　　270

第九章　寻找中国的伟大企业　　273

- 华为——中国土生土长的跨国企业　　278
    - 华为的ROADS战略　　282
    - 华为成功的原因　　283
- 阿里巴巴集团　　290
    - 电子商务巨头　　290
    - 阿里巴巴的商业模式　　294
    - 为什么是阿里巴巴？为什么是马云？　　298

- 崭露头角 301
- 小米——享受科技带来的美好生活 302
- 顺丰控股 309

第十章　中国企业如何走向伟大 315
- 转变发展理念和经济增长模式 318
- 政府转变职能，从经济增长型政府转型为公共服务型政府 319
- 利率市场化 320
- 允许民营资本进入金融领域 322
- 深化生产要素市场的市场化改革 323
- 选对市场 324
- ROIC、ROIC、ROIC 325
- 推进创新 325
- 提升公司治理 327

后记：万物生长，各自高贵 329
致谢 335
技术附录：投资资本收益率（ROIC）和加权平均资本成本（WACC） 341
参考文献 351

第一章 中国企业在规模上的崛起

不朽让我觉得无趣,我从没想过要它。

——西尔维娅·普勒什(Sylvia Plath)《岁月》

1984年，中科院计算所的科研人员柳传志和他的10位同事联合投资20万元人民币成立了中国科学院计算所新技术发展公司，致力于开发可以在计算机上输入中文的"汉卡"。柳传志当时可能没有想到，这样一家小企业会在20多年后跻身世界大企业的行列，最终在28年后（2012年）成为全球按市场份额排名高居第一的个人电脑制造商。尤其值得强调的是，联想在2004年兼并IBM个人电脑业务之前是一个彻底的本土企业，但在兼并完成之后，无论是从市场占有率、生产布局、管理层和董事会构成，还是从整个企业文化或员工构成方面，都达到了相对高的国际化程度。不到30年时间，联想超越了IBM、惠普、戴尔等企业，实现了在规模上的突破，逐渐发展成一个国际性的大企业。联想的海外资产、海外销售、高管团队中，非本国人的比例都已超过50%。在2017年《财富》全球500强的排行榜上，按营业收入计算，联想高居第226位，营业收入超过430亿美元。目前，联想不仅拥有全球个人电脑行业最大的市场份额，而且在智能手机、平板电脑、大数据、云计算、私募股权、风险投资和农业等领域都迈出了坚实的步伐，获得了最市场化、最国际化的中国企业的赞誉[一]。

20世纪80年代，从部队转业的任正非在40多岁时搬到深圳——中国改革开放的最前沿。经历了几次失败的尝试后，任正非于1988以2.1万元资本在深圳注册华为技术有限公司。20年后，华为成为全球领先的信息与通信解决方案供应商，产品和解决方案已经应用于170多个国家，服务全球1/3以上的人口。截至2017年，华为的销售收入已超过6000亿元，不仅跻身《财富》全球500强，还高居2017年排行榜的第83位，成为全球最大的电信网络设备供应商，超过传统的行业领先企业爱立信、阿尔卡特朗讯及诺基亚西门子，而且也成了全球第三大智能手机制造商。或许，华为这样的崛起速度和崛起路径以及迄今已经取得的成就，任正非在创业时也始料未及。

1988年，年轻的施正荣以公派留学生身份赴澳大利亚新南威尔士大学留学，师从"世界太阳能之父"马丁·格林教授，并于1991年以优秀的多晶硅薄膜太阳电池技术获博士学位。当施正荣开始琢磨把太阳能光伏技术产业化时，他将视角转向国内，开始寻找投资合作机会。2000年，施正荣带着自己的技术和40万美元存款回国准备创业。当年，施正荣像所有推销技术或者商业模式的商人一样，拎着一个小挎包和一台笔记本电脑，在国内四处游说。在辗转了七八个城市之后，施正荣发现大部分地方政府官员都没听说过太阳能光伏产业，自己还常常被当成了骗子。就在山重水复疑无路的时候，机会出现在离施正荣老家江苏省扬中市不远的无锡市。2001年1月，在经过一番考察之后，由无锡市政府主导，无锡小天鹅集团、山禾制药、无锡国联

[一] 参见"Paper tiger, roaring dragon", *The Economist*, September 12, 2015。

旗下的无锡高新技术风险投资等数家具有国资背景的公司共同出资600万美元，占股75%，设立无锡尚德太阳能电力有限公司（下称无锡尚德）。而施正荣则以40万美元和估值160万美元的技术入股尚德，占股25%。赶上一个大时代，太阳能光伏行业在中国迅速发展。2005年，施正荣在英属维京群岛注册成立100%控股无锡尚德的"尚德电力"，并于2005年12月在纽交所上市，成为第一个在纽约股票交易所成功上市的中国民营企业。2006年，施正荣以23亿美元的财富成为中国新首富。到2007年年底，尚德产量360兆瓦，实现销售收入超100亿，公司市值突破百亿美元，进入世界光伏前三强。2008年，随着欧美市场需求增加和政府补贴增加，光伏行业达到顶峰，尚德电力股价一度逼近90美元，施正荣的个人财富也达到顶点。2010年，尚德的产能和出货量超过美国光伏企业First Solar成为全球第一。（注：然而，以同样惊人的速度，无锡尚德在2013年宣布破产。我在本书的第三章将详细讨论无锡尚德盛极而衰的短暂辉煌背后的原因。）

2012年1月20日，总部位于湖南长沙的三一集团有限公司宣布，三一重工控股的子公司三一德国有限公司联合中信产业投资基金（香港）顾问有限公司，于1月20日与普茨迈斯特的创始人卡尔（持普茨迈斯特99%股份）等签署了《转让及购买协议》。三一德国公司和中信基金共同出资3.6亿欧元收购普茨迈斯特100%的股权，其中三一德国公司收购90%的股权，出资3.24亿欧元（约合当时的人民币26.54亿元），中信基金收购10%的股权。作为中国最大、全球第六大的工程机械制造商，三一集团将此次收购定位为战略性并购。拥有"大象"（普茨迈斯特的昵称是大象），就意味着三一拥有了这个行业的世界级技术和世界性体系。通过这次收购，三一将拥有对方的全部专利，这将奠定三一重工在全球混凝土行业的世界地位，并为三一进一步扩大其国外市场打下更为坚实的基础。此时的三一重工只不过是一个成立于20几年前的中国企业，长期以来它只是这个行业的一个后来者，定位在中低端。

2013年5月，中国最大的肉类加工企业双汇国际控股有限公司斥资47亿美元收购美国史密斯菲尔德食品公司（Smithfield Foods Inc.）。该项交易完成后，史密斯菲尔德将退市，成为双汇国际的全资子公司。成立于1936年的美国史密斯菲尔德食品公司是全球规模最大的生猪生产商和猪肉供应商，与另外四家企业共同控制了全美73%的猪肉加工业务。2012年，双汇国际旗下上市公司双汇发展的营业收入是397亿元人民币，而史密斯菲尔德是131亿美元（约合803亿元人民币），这次并购是典型的蛇吞象。该收购最终于2013年9月6日获得美国外国投资审查委员会（CFIUS）的批准。该收购极大地提升了双汇的经营规模，为双汇后续在港交所上市奠定了坚实的基础。随着中国消费者对猪肉的需求日渐高涨，双汇的"猪肉帝国"开始崛起。

2010年4月，在北京一间租来的小办公室里，雷军协同6位合伙人宣布小米公司正式成立，期望进入高端智能手机市场。在成立小米公司之前，雷军就已经是一名成功的企业家了。他曾带领金山软件成功上市，也曾建立了电子商务平台卓越网（joyo.com），后被亚马逊（Amazon）收购。公司成立一年后，小米正式发布旗下首款智能手机，零售价仅为1999元人民币。依靠互联网销售平台和口碑营销，小米的销量节节攀升。仅在2014年，小米就售出共6000万部手机，一跃成为全球第六大手机制造商。对于雷军而言，小米手机不仅仅是一台设备而已，它更是一台集软件、硬件和互联网服务于一体的装置。自成立之初，小米就打造了一个包括移动端应用程序在内的，涵盖内容、软件和服务销售等的生态系统。2014年年底，小米的估值已达450亿美元，成为全球最具价值的创业企业之一。2017年，小米成为全球最大的消费类IoT平台，同年第四季度成为印度市场出货量第一的智能手机品牌，全年营收达到1146亿元。2018年5月，小米向香港联交所递上公开上市（IPO）申请。小米在2018年7月9日正式在港交所挂牌交易，股票代码为"01810"。根据2018年7月13日的收盘价，小米市值已达到615亿美元。对于一家仅有8年历史的企业而言，其崛起速度之快堪称奇迹。

过去的40年，类似联想、华为、无锡尚德、三一、双汇和小米这样的故事在中国层出不穷。与中国企业不可思议崛起同时发生的是中国经济的迅猛增长。自1978年中国政府启动经济改革以来，中国以不变价格计算的年均GDP增长率保持在9.4%。2010年，中国超越日本成为全球第二大经济体；2012年，中国超越美国成为全球第一制造大国。1990年全球制造业总产出（按增加值计算）只有不到3%来自中国，而如今这个数字已经超过25%。中国在2011年至2013年三年时间就用掉了美国过去一百年才用掉的水泥。中国用占世界6%的水资源和7%的耕地，每年生产500亿件T恤，100亿双鞋，世界50%的钢，52%的铝和60%的水泥 $^{\ominus}$。截至2017年年底，中国高铁总里程数达到了两万五千公里，占全球总里程数的近70%，而中国的第一条高铁——京津城际高铁——仅仅是在2008年才通车。漫步在北京、上海、深圳和其他沿海城市的街头，你很容易就能

㊀ 关于中国经济的巨大规模和中国企业的盈利前景，见"The new global competition for corporate profit"，McKinsey Global Institute，2015。

感受到中国人民的兴奋和喜悦。他们虽然行色匆匆但乐观之情溢于言表，用着最新的 iPhone，提着日默瓦（Rimowa）行李箱，穿着普拉达的鞋子，戴着伯爵的腕表。尽管近几年中国经济增速放缓，许多人开始不再看好中国继续保持全球制造中心和出口中心的地位，但中国仍然是全球最具活力的增长引擎之一。2017 年，中国 GDP 增长了 6.9%，贡献了超过 30% 的全球经济增长。

发生在中国过去 40 年的经济故事是人类历史上最为传奇的财富故事之一。而这个宏大叙事背后，是一个个鲜活的企业的成长故事。从无到有，从小到大，中国企业以这样的方式在迅速长大！

从零到一百零九

每年 7 月，《财富》杂志都会发布全球 500 家规模最大的企业排行榜——《财富》全球 500 强。中国的媒体和企业都非常看重这份有着多年历史的榜单。对它们而言，进入《财富》全球 500 强就相当于成为一家倍受尊敬的世界级企业。中国企业真正的突破发生在 1996 年，当年有两家中国企业首次上榜。自此以后，《财富》全球 500 强中中国企业的名字持续增多了起来。2017 年《财富》全球 500 强排行榜上共有 109 家中国大陆企业的名字，而美国上榜企业的数量也仅为 132 家[一]。自 2011 年起，进入《财富》全球 500 强的中国企业的数量就超越了德国和日本，如今仅次于美国而已。在过去的 40 年中，中国企业成功地华丽转身，在商业模式和商业标准方面从追随者变成了制定者，不再唯通

[一] 本书中有关《财富》全球 500 强的数字来源于《财富》杂志中文版网站。网址是 http://www.fortunechina.com。

用电气（GE）、丰田（Toyota）和壳牌（Shell）等国际大企业马首是瞻。

《财富》杂志的排名依据的是企业的总营业收入。2017年进入《财富》全球500强的门槛是216亿美元左右的营业收入，约合1400亿元人民币。也就是说2017年有109家来自中国大陆和香港的企业的营业收入超过了1400亿元，再加上6家来自中国台湾的企业，2017年共有115家企业入榜。美国同期入榜企业为132家。中国大陆加香港109家企业的总营业收入达到了6.04万亿美元，占《财富》全球500强总营收的22%，占2016年GDP的55%——中国企业在规模上的崛起体现得再明显不过。

中国企业在规模上的迅速突破，既是过去40年中国经济高速发展的结果，也反映出国际经济格局的结构性变化。在中国超越日本成为全球第二大经济体时，《财富》全球500强中的中国企业数量也超过了日本。在2017年全球销售收入最大的10家公司中，中国占据三席：国家电网、中石化和中石油分列全球第2、3和4名。作为全球最大的经济体，美国在2002年还有197家《财富》全球500强企业。但之后数量开始一路下滑，全球500强企业数目到2017年已经下降到了132家。日本的最高纪录出现在1995年。这一年有149家日本企业和151家美国企业上榜，日本只比美国少两家全球500强企业。而从1995年起，日本的《财富》全球500强企业数量一直在下滑，反映了日本经济在20世纪90年代开始的"失去的十年"中的挣扎。到2012年，日本只有68家企业上榜，首次被中国超越。日本上榜500强企业的数量在2017年已经下滑到51家。

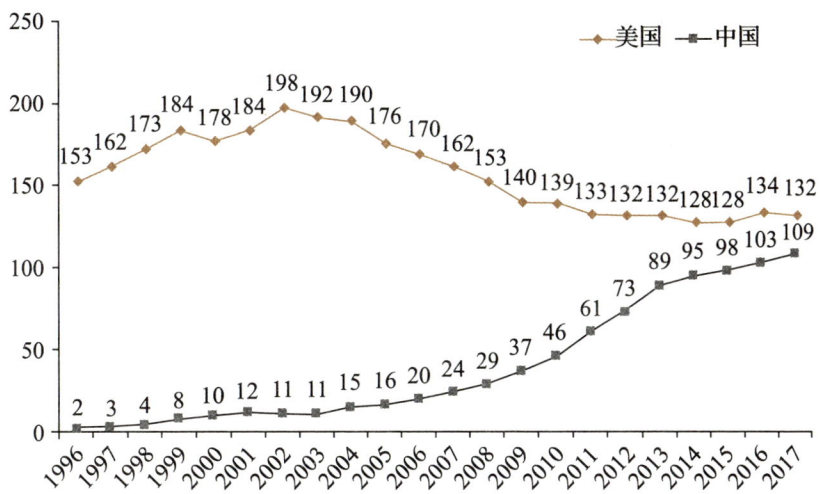

图 1.1　《财富》全球 500 强美国和中国企业数目对比：1996—2017 年
来源：《财富》杂志中文版㊀。

图 1.1 展示了 1996—2017 年间中美两国进入《财富》全球 500 强企业数目的比较。为了保证数据标准的一致性，排除了中国台湾企业。2017 年的排名是以 2016 年的营收为标准来确定的。中国经济在 2016 年以 6.7% 的 GDP 增长速度在时隔三年之后超过印度重夺世界经济增速第一，并且带动了全球超过 1/3 的经济增长。2017 年中国 GDP 增速更是提升到 6.9%，这样的宏观经济表现有利于大企业的进一步崛起。以此类推，中国进入《财富》全球 500 强榜单的企业数量有可能在 3—5 年内超过美国。表 1.1 列出了 2017 年进入全球 500 强的中国企业名录（不含中国台湾）。值得特别关注的是，阿里巴巴和腾讯在 2017 年首次进入世界 500 强榜单，这是一个具有象征意义的变化。阿里巴巴和腾讯，再加上 2016 年进入榜单的京东，代表着新经济在中国的崛起。这

㊀ 尊重《财富》杂志习惯，在统计中国企业的数目时包括了中国香港，但不包括中国台湾。

绝对是一部波澜壮阔、激动人心的企业史诗。在中国40年前艰难地开启改革的时候，绝少有人会预料到中国企业会有辉煌的今天。拥有一批世界级的伟大企业，是几代中国企业家的梦想。这一次，我们的企业似乎离这个梦想已经很近！

从计划经济体制下简单的核算单位到以效益为驱动、以市场为导向的现代意义上的企业，中国企业成功地完成了第一次转型。研究中国企业不可思议的迅速崛起是一件非常有价值的事情，因为它提出了许多引人入胜又令人困扰的问题：在缺乏完善的制度基础设施，如清晰的财产权利界定和有效产权保护的情况下，数以百万计的中国企业是如何经营的？中国企业不可思议的崛起背后的因素是什么？中国企业的崛起，对于中国以及世界其他国家和地区意味着什么？中国企业中的"巨无霸"将发展到何种形态？在过去40年，有多少家大型的中国企业成了真正意义上的伟大企业？又是什么因素造就了它们的伟大？

表1.1　跻身《财富》全球500强的中国企业

2017年排名	公司名称	营业收入（百万美元）	利润（百万美元）
2	国家电网公司	315,198.6	9,571.3
3	中国石油化工集团公司	267,518.0	1,257.9
4	中国石油天然气集团公司	262,572.6	1,867.5
22	中国工商银行	147,675.1	41,883.9
24	中国建筑工程总公司	144,505.2	2,492.9
28	中国建设银行	135,093.3	34,840.9
38	中国农业银行	117,274.9	27,687.8
39	中国平安保险（集团）股份有限公司	116,581.1	9,392.0
41	上海汽车集团股份有限公司	113,860.8	4,818.2
42	中国银行	113,708.2	24,773.4
47	中国移动通信集团公司	107,116.5	9,614.3

（续）

2017年排名	公司名称	营业收入（百万美元）	利润（百万美元）
51	中国人寿保险（集团）公司	104,818.2	162.4
55	中国铁路工程总公司	96,978.5	924.1
58	中国铁道建筑总公司	94,876.5	1,192.4
68	东风汽车公司	86,193.5	1,415.0
83	华为投资控股有限公司	78,510.8	5,579.4
86	中国华润总公司	75,776.3	2,580.2
89	太平洋建设集团	74,629.0	3,168.1
100	中国南方电网有限责任公司	71,241.5	2,329.8
101	中国兵器装备集团公司	71,150.5	580.3
103	中国交通建设集团有限公司	70,750.8	1,431.3
114	中国人民保险集团股份有限公司	66,731.9	2,144.3
115	中国海洋石油总公司	65,891.7	1,752.4
119	中国邮政集团公司	65,605.0	4,980.3
120	中国五矿集团公司	65,546.9	-446.7
125	中国第一汽车集团公司	64,783.9	2,411.3
129	天津物产集团有限公司	63,324.2	141.7
133	中国电信集团公司	62,387.0	1,764.6
135	中国兵器工业集团公司	61,325.5	853.0
136	中粮集团有限公司	61,265.3	204.5
137	北京汽车集团	61,129.5	1,260.6
139	安邦保险集团	60,799.8	3,883.9
143	中国中化集团公司	59,532.6	468.0
159	山东魏桥创业集团有限公司	56,174.0	1,217.2
162	中国航空工业集团公司	55,306.2	464.2
170	海航集团	53,035.3	278.9
171	交通银行	52,989.6	10,116.9
172	中国中信集团有限公司	52,852.0	3,236.3

(续)

2017年排名	公司名称	营业收入（百万美元）	利润（百万美元）
183	正威国际集团	49,676.7	1,199.9
190	中国电力建设集团有限公司	48,868.8	1,057.6
199	中国医药集团	47,809.7	504.0
204	中国宝武钢铁集团	46,606.2	442.8
205	来宝集团	46,528.3	8.7
211	中国化工集团公司	45,177.2	17.9
216	招商银行	44,551.8	9,344.8
221	河钢集团	43,768.9	-146.8
222	中国华信能源有限公司	43,743.3	740.9
226	联想集团	43,034.7	535.1
230	兴业银行	42,621.6	8,105.9
233	中国船舶重工集团公司	42,149.2	485.8
238	广州汽车工业集团	41,560.4	551.9
241	中国联合网络通信股份有限公司	41,273.9	23.2
245	上海浦东发展银行股份有限公司	40,688.7	7,992.8
248	中国铝业公司	40,278.0	-282.5
251	中国民生银行	40,234.3	7,201.6
252	中国太平洋保险（集团）股份有限公司	40,192.7	1,814.9
259	中国建材集团	39,322.6	74.5
261	京东集团	39,155.3	-573.0
268	恒力集团	37,879.7	821.7
274	中国华能集团公司	37,542.6	-85.9
276	神华集团	37,321.5	1,916.9
277	绿地控股集团有限公司	37,240.3	1,085.2
279	怡和集团	37,051.0	2,503.0
307	万科企业股份有限公司	34,458.0	3,164.5
312	中国能源建设集团有限公司	33,929.8	421.0

(续)

2017年排名	公司名称	营业收入（百万美元）	利润（百万美元）
318	中国中车股份有限公司	33,738.7	1,700.3
319	长江和记实业有限公司	33,475.0	4,252.4
320	冀中能源集团	33,365.5	-153.9
322	新兴际华集团	33,173.8	448.2
326	陕西延长石油（集团）有限责任公司	32,652.3	-22.6
329	中国光大集团	32,460.5	1,877.8
334	中国机械工业集团有限公司	32,237.0	502.0
336	中国航天科技集团公司	32,093.8	1,996.2
337	陕西煤业化工集团	31,926.0	-254.4
338	中国恒大集团	31,828.0	2,368.8
339	江西铜业集团公司	31,679.8	20.4
341	中国保利集团	31,508.3	744.1
343	浙江吉利控股集团	31,429.8	1,265.7
348	物产中大集团	31,185.0	324.3
355	中国航天科工集团公司	30,581.9	1,443.7
362	中国电子信息产业集团有限公司	30,009.7	321.9
364	中国船舶工业集团公司	29,876.8	367.6
365	江苏沙钢集团	29,862.2	352.1
366	中国远洋海运集团有限公司	29,743.1	1,489.0
368	国家电力投资集团公司	29,493.4	436.6
372	山东能源集团有限公司	29,298.6	39.2
380	大连万达集团	28,482.8	110.3
382	中国华电集团公司	28,204.3	360.6
383	友邦保险集团	28,196.0	4,164.0
397	中国国电集团公司	27,315.1	268.7
400	中国电子科技集团公司	27,291.7	1,611.6
430	大同煤矿集团有限责任公司	25,630.0	-214.8

(续)

2017年排名	公司名称	营业收入（百万美元）	利润（百万美元）
433	山西焦煤集团有限责任公司	25,122.5	-10.0
439	中国航空油料集团公司	24,588.1	320.0
445	山西阳泉煤业（集团）有限责任公司	24,284.1	11.1
448	潞安集团	24,087.3	-106.9
450	美的集团股份有限公司	24,060.4	2,210.4
454	中国大唐集团公司	23,871.0	243.9
459	阳光金控投资集团有限公司	23,657.0	159.2
462	阿里巴巴集团	23,517.3	6,489.5
467	碧桂园控股有限公司	23,043.7	1,733.6
476	山西晋城无烟煤矿业集团有限责任公司	22,874.6	3.0
478	腾讯控股有限公司	22,870.7	6,185.9
485	苏宁云商集团	22,366.1	106.0
488	厦门建发集团有限公司	22,145.0	280.2
490	中国通用技术（集团）控股有限责任公司	22,113.1	413.6
494	厦门国贸控股集团有限公司	21,929.6	35.6
495	新疆广汇实业投资（集团）有限责任公司	21,919.3	251.8
497	新华人寿保险股份有限公司	21,795.7	743.9

来源：《财富》杂志中文版。

不可思议的崛起背后

要理解中国企业迅速到不可思议的崛起，我们首先需要认识中国经济在过去40年高速增长这样一个大背景。改革开放40年，中国的经济腾飞带来了前所未有的劳动生产率的提升和繁荣。它不仅帮助超过7亿人脱离贫困，在全球人口最多的国家全方位地改善了就业、教育、消费、医疗、平等、城市化、所有制等经济社会生活的方方面面，而且还对全球经济增长做出了稳定的贡献。中国经济增长的强大动力也催生出中国的巨型企业。中国经济的增长模式在一定程度上解释了中国企业的迅速崛起。

投资是关键

横跨中国东海杭州湾、遥望钱塘两岸的杭州湾跨海大桥是全球最长的跨海大桥之一。这座全长36公里的大桥于2008年5月正式开放通车,将宁波至上海的陆路距离从400公里缩短至180公里,车程从4个多小时缩短至2小时左右。杭州湾跨海大桥按双向六车道设计,以钢箱梁斜拉固定,项目总成本高达118亿元人民币,其中一部分资金(近60%)由国有银行和地方银行共同提供贷款融资,而其余部分则由宁波市当地的几家民营企业出资。不论按什么标准,杭州湾跨海大桥都算得上造价高昂,但它也极大地提升了中国经济最发达地区——长三角地区的经济一体化程度和经济发展水平。

在过去40年,中国类似杭州湾跨海大桥这样的投资项目不在少数。访问过中国的外国游客对中国的第一印象往往就是在广阔的建筑工地上一座座高耸的起重机械。举例来说,目前中国每年生产8亿吨粗钢(占全球总供应量的50%)、24亿吨水泥(占全球总产量的近60%)、最高时高达37亿吨煤(中国煤炭的消耗量跟全球其他国家的总和相当)、2700多万辆汽车(占全球总供应量的四分之一以上),每年申请的行业专利数量也高达62,000件(是美国的1.5倍)。

中国也在诸多领域成了全球最大的生产制造商,包括船舶、高速列车、机器人、隧道、桥梁、高速公路、电力、化纤、机床、手机、电脑、自行车、摩托车、空调、冰箱、洗衣机、家具、纺织品、衣物、鞋类、玩具、化肥、粮食、猪肉、鱼类、蛋类、棉花、铜、铝、书籍、杂志、电视节目等。中国每年大学毕业生的数量也居全球之首。全球三分之一的农产品和将近50%的工业产品都产自中国。都说"罗马不是一天建成的",但中国房地产开发商们每两周开发的房地产面积就相当于罗马整个城市的面积。

大量的学术研究试图解释中国经济腾飞的原因,其中普遍提到固定资产投资是中国经济增长最重要、最可靠的支柱。过去40年按固定资本形成来衡量的固定资产投资占GDP的比重长期维持在40%以上,而近几年更是经常高达50%。比较而言,1970—2016年间,印度固定资产投资占GDP的比重只有24%,而大部分东亚经济体,包括韩国、新加坡、中国台湾和中国香港在内,这个比重也不超过30%。投资拉动式的增长模式是中国经济增长的重要特征。

回顾过去,投资拉动式的增长模式是中国很自然的选择。中国的储蓄率一直以来居高不下,欠发达的金融体系又能较为容易地将储蓄引导至投资领域,形成高投资率㊀。在中国改革开放的整个过程中,中央政府把经济决策权下放给地方政府,因此地方政府官员在经济事务上获得了很大的自治权。在这样的体制下,省级政府官员和市级政府官员的考核以及晋升评估标准主要是依据当地GDP增长率和税收等可衡量的客观指标。为了赢得"政绩竞赛",地方政府官员有强烈的动机通过固定资产投资拉动当地经济增长,尤其是在交通运输、城市基础设施、公共建筑、重工业及化工等项目上的投资。

㊀ 中国的高储蓄率有许多解释,缺乏社会安全网是一个被广泛接受的解释。在中国欠发达的金融体系下,家庭投资的渠道有限,导致储蓄率升高。中国传统的儒家文化强调节俭,这也解释了为什么中国人喜欢把钱存在银行里。魏尚进和张晓波在2013年发表的一篇学术论文也指出,性别的失衡也是导致中国高储蓄率的原因之一(见 Wei and Zhang, 2013)。

长期依赖大规模投资拉动增长的经济体对能源、资金和大宗商品等生产要素的需求极为旺盛。如今中国已经是全球最大的钢铁、煤炭和石油的消费国。通过开采资源销往中国，澳大利亚和安哥拉等国也迎来了蓬勃的经济发展。此外，尽管目前中国的经济体量还只有美国的三分之二，但中国的货币供应量（按 M2 衡量）按绝对数量已经超过美国，其占 GDP 的比例更是远远超过美国水平，到了 200% 以上的水平。另外，非金融企业的债务也已经占到 GDP 的 1.6 倍。所有这一切都反映了由于投资拉动的增长模式，中国经济对要素的需求非常强烈，这当然也为要素领域的企业扩张规模奠定了坚实的基础。进入《财富》全球 500 强的中国企业的名单就是最好的证明。

我在表 1.1 中给出了中国 2017 年进入《财富》全球 500 强的企业名单。仔细研读表 1.1，有两个重要发现：其一，中国大企业主要集中在银行、能源、电力、钢铁、铁路、电信、建筑材料、金属产品和汽车等行业，这种行业分布情况显然与中国经济成长靠投资拉动这一特性密切相关；其二，仔细观察这些企业名字的头两个字，基本上是以"中国"或地方名开头。事实上，这里的大部分企业都是央企或地方国企。2017 年进入全球 500 强的 109 家中国企业中，国企超过 85 家，真正意义上的民营企业只有 20 来家。20 来家民营企业中除华为、江苏沙钢、中国平安、吉利汽车和山东魏桥创业集团等，大多是最近一两年才进榜。例如，中国人耳熟能详的互联网企业巨头阿里巴巴和腾讯都是 2017 年才进入全球 500 强榜单的。虽然股票市值长期保持在两万亿元以上，但这两家企业的营业收入在 2016 年才突破一千四百亿元。[一] 进入 500 强的企业大部分是国企，这一方面反映了国企

[一] 这也充分说明得到资本市场充分认可的大市值企业规模不一定很大。

在中国经济的上游领域的绝对主导地位,另一方面也反映出投资拉动的中国经济成长模式使得被国有资本垄断的上游领域更容易出现规模巨大的企业。

投资拉动的增长模式这一特性也体现在中国仍然年轻的股票市场的上市公司结构上。在反映中国股市综合表现的沪深 300 指数中,来自金融、能源和原材料板块的企业占到了市值总额的 60% 以上;而在标普 500 指数(Standard & Poor 500)中,来自以上三个板块的企业只占市值总额的 30%。美国股市按市值计算最大的三个行业分别为信息技术、医疗和消费品,合计占市值总额的 50% 以上,而这三个行业在中国股市市值总额的占比仅有 23%。中国股市的这种结构特点也符合中国投资拉动的经济增长模式。

表 1.2 分别列示了美国股票市场和中国 A 股市场按 2017 年年底市值来计算的市值最高的 10 家企业。通过对比我们可以发现如下差别。首先,就行业分布而言,美国的大市值企业行业分布更加多元。美国市值最高的 10 家企业中的前 5 家都来自信息科技行业;强生(Johnson & Johnson)来自消费品行业;埃克森美孚(ExxonMobil)来自能源行业;通用电气(GE)有多种业务组合,但更像一家工业企业;摩根大通、美国银行和伯克希尔·哈撒韦(Berkshire Hathaway)则来自金融行业。与之形成鲜明对比的是中国 A 股市场上市值最高的 10 家企业中有 7 家是商业银行或保险公司,有 2 家——中石油和中石化——则来自能源行业,茅台属消费品行业。其次,中国 A 股市场上市值最高的 10 家企业有 9 家来自要素领域,甚至,如果把茅台酒在中国商场文化中扮演的不可替代的作用考虑进来,那么茅台酒也可算成是一种生产要素!依靠投资拉动并且在高速增长的经济体从本质上讲对要素有着巨大的需求,也因此促进了要素领域大企业的出现。

表 1.2 美国股票市场和中国 A 股市场市值最高的 10 家企业（2017.12.29）

2017 年排名	美国上市公司	市值（10 亿美元）	中国 A 股上市公司	市值（10 亿美元）
1	苹果公司	860.9	工商银行	340
2	谷歌公司	729.3	建设银行	295.4
3	微软	659.9	中国石油	227.8
4	亚马逊	563.5	中国移动	208.7
5	脸书	515	中国平安	196.8
6	伯克希尔·哈撒韦	489.2	农业银行	191.4
7	强生	375.4	中国银行	179.8
8	摩根大通	371.1	贵州茅台	134.8
9	埃克森美孚	354.4	中国人寿	132.4
10	美国银行	307.9	中国石化	114.2

注：由于阿里巴巴和腾讯分别在美国纽交所和香港联交所上市，故未列其中。
来源：万得数据库；作者计算。

我们再以中国的银行业为例说明。传统的经济学理论认为，在经济体快速工业化的过程中，适度的金融抑制（Financial Repression）有利于经济发展。通过金融抑制，国家能够把稀缺的金融资源配置到国家产业政策重点支持的行业，这有助于该行业发展并迅速形成产业资本。为了实施金融抑制政策，政府会有意限制金融体系的发展。在改革开放的大部分时间里，中国政府就通过适度实施金融抑制以促进中国的经济发展。金融领域被国家严格控制，主要表现为国家对利率的管制和对民营资本进入金融领域的严格限制。

为了应对 2008—2009 年的全球金融危机以及随后的经济减速下行，中国政府采取了一系列积极的财政政策和相对宽松的货币政策来提振经济，中国的金融资产也因此而大幅增长。目前，中国按 M2 衡量的货币供应量已经超过 GDP 的 200%。截至 2017 年年底，中国企业部门的总负债已经增长至 GDP 的 160%，而美国企业部门的总负债一直只是在 GDP 的 70% 左右徘徊。中国金融业增加值的 GDP 占比从 2005 年的 5.6% 大幅上升至 2017 年的 8%，已经超过美国在这一轮金融危机爆发前的水平。中国的金融资产主要集中在国家垄断的银行体系中，存贷款利差也受到控制。金融资产的激增自然会导致银行业的快速膨胀，大企业自然容易在这样的行业中出现。

中国的油气行业也属类似情况。投资拉动的经济增长模式导致对石油和天然气的需求极为强劲。2012 年，中国超过美国成为全球最大的能源消费国。中石化、中石油和中海油这三家大央企控制了中国的能源部门，营业收入持续大幅上涨。在 2017 年《财富》全球 500 强的排行榜上，中石化和中石油双双跻身全球前 5 强，营业收入均超过 2600 亿美元。

投资拉动的增长模式极大地刺激了中国对能源、资本和大宗商品等要素的需求，再加上国家对要素市场的控制，其结果就是在银行、能源以及原材料领域出现了大量国有巨型企业。

有倾向性的政策

除了投资拉动式的增长模式以外，中国政府出台的一系列政策法规也有助于中国企业的发展，尤其是国有企业迅速实现规模上的突破。

中国的经济改革始于农村。20 世纪 80 年代初，政府对农村地区的管制大为放松，农民开始享有一定的利益分享自由。与此同时，因为国家的重视，农村信用事业得以发展，稀缺的金融资源也开始向农村地区倾斜。其结果就是实现了农村经济的快速发展，数亿人脱离了贫困。当时政府鼓励具有企业家精神的农村居民或城市居民成立乡镇企业和民营企业，借此将贫穷的农民转化成劳动生产率更高的工人，这大大加速了中国的工业化进程。

1993 年是中国改革开放的另一个分水岭。1993 年 11 月中共中央召开了中国共产党第十四届三中全会，通过了关于建设社会主义市场经济体制若干问题的决定，改革再度加速。1997 年中共十五大指出，非公有制经济是中国社会主义市场经济的重要组成部分。同年，国有企业的重组大规模启动，民营经济也开始大发展。中国共产党十四届三中全会对于中国改革开放意义很大，因为它明确了改革的目标是建立社会主义市场经济。1994 年开始，与建立社会主义市场经济制度相关的改革措施陆续出台，比如分税制改革、城镇住房制度改革、外汇体制和汇率的并轨改革和国有企业的"抓大放小"等。

进入新千年之后，中国政府陆续出台的一系列关于企业改革的政策、法规，以及整个中国经济政策向国有板块的倾斜均有利于企业在规模上迅速实现突破。2002 年，党的十六大提出要深化国有企业改革，进一步探索公有制特别是国有制的多种实现形式。除极少数必须由国家独资经营的企业外，积极推行股份制，发展混合所有制经济，实行投资主体多元化，重要的企业由国家控股，同时完善公司法人治理结构。推进垄断行业改革，积极引入竞争机制。通过市场和政策引导，发展具有国际竞争力的大公司、大企业集团。

2003 年，中国共产党的十六届三中全会审议通过了《中共中央关于完善社会主义市场经济体制若干问题的决定》，《决定》指出，积极推行公有制的多种有效实现形式，加快调整国有经济布局和结构。需要由国有资本控股的企业，应区别不同情况实行绝对控股或相对控股。进一步推动国有资本更多地投向关系国家安全和国民经济命脉的重要行业和关键领域，通过资产重组和结构调整，在市场公平竞争中优胜劣汰。2006 年 12 月，国资委首次明确了国有经济发挥控制力、影响力和带动力的具体行业和领域。根据部署，到2008年扭亏无望的国企基本退出，到2010年中央企业调整重组至80户到100户，其中30户至50户发展成为具有国际竞争力的大公司、大企业集团。显然，这一系列政策举措都有利于企业通过资产重组和收购兼并来迅速实现规模上的扩张。

值得特别指出的是，进入20世纪90年代后，中国政府在制定经济政策时所考虑的侧重点逐渐由村镇转向城市，由私营经济转向国有经济。美国麻省理工斯隆商学院（Sloan School of Management，MIT）的管理学教授黄亚生（Yasheng Huang）指出，进入20世纪90年代后，中国改革的重点逐渐从农村地区转向城市，从私营部门转向国有部门。黄亚生认为中国经济改革始于农村，20世纪80年代是中国经济政策和金融资源配置对农村地区（rural area）最宽松的时候，其结果是农村经济的快速发展，大量乡镇企业和大批具有企业家精神的个体涌现。政府当时鼓励具有企业家精神的农民或城市居民成立充满活力的乡镇企业和私营企业，直接面对市场竞争；同时政府也在金融方面给予了乡镇经济大量的融资支持。这些变化直接推动了中国经济的迅速发展以及农村劳动生产率以及收入水平的提高。在这个过程中，涌现了难以计数的中小乡镇企业、私营企业和整整一批具有创业精神的企业家。

黄亚生同时提供了详细的证据来说明中国政府的改革思路和采纳的经济政策在20世纪90年代发生了逆转。从20世纪90年代起，中国经济政策和金融支持的重心从农村转向了城市。为了更好地推动城市和国有企业的发展，20世纪80年代增加赋予农村地区的优惠政策和宽松环境被收紧，金融资源的配置和固定资产投资开始向国有企业和国有经济集中。于是，一个更有活力的自下向上、市场主导的经济慢慢被自上向下、政府主导的经济所取代。在政府主导的经济里，更易出现规模巨大的大企业，而代价则是乡镇和私营经济发展的减速。

用严格的实证证据去验证黄亚生的假设并不容易。但是，中国企业自20世纪90年代中期以来，迅速在规模上实现突破；与此同时，进入《财富》全球500强的绝大部分企业是国有企业。这些事实与黄亚生的假设是吻合的。

与国家具有倾向性的政策相配合，地方政府和央企也把做大做强作为重要的业绩指标来追求。中国的地方政府普遍具有增长主义倾向，因为GDP是考核地方政府业绩的重要指标。投资、做大规模是推动地方GDP成长的有效手段。仅以钢铁行业为例，2009年9月，在地方政府的主导下，山东钢铁集团有限公司与日照钢铁有限公司签署重组合作协议。这一由亏损的国企向盈利的民企发起的收购，虽被当事人描绘为重组而非收购，但仍然引起了轩然大波。抛开对这起"重组"的种种争议，山钢对日钢的重组，使得山东省的钢铁行业获得巨大突破。山东钢铁集团是2008年3月由济钢与莱钢合并而成的一家企业，总资产850亿元，产能超过3000万吨。这次与日钢重组之后，产能将达到4000万吨，再加上山钢在建的日照精钢生产基地也有1000万吨产能，其总产能将达5000万吨之多。一个规模巨大的钢铁集团就这样在很短的时间内诞生了。

2010年5月，中国国资委同意鞍钢集团与攀钢集团这两家央企联合重组。联合重组后，将新设立鞍钢集团公司，并将全资拥有鞍钢集团及攀钢集团。根据公开资料，按照2009年的产量计算，鞍钢集团与攀钢、东北特钢联合重组后产能将达5422万吨；同时，宝钢与包钢、宁波钢铁重组后的产能将达4930万吨；武钢整合柳钢以及扩建防城港沿海钢铁精品基地后产能将达4034万吨；河北钢铁产能已达4024万吨，加上我在上文提到的山东钢铁集团，一大批中国钢铁企业在产能上迅速跻身世界一流行列。2014年，在中国营业收入最高的500家企业中，钢铁企业占了 58 家；在中国制造业 500 强中，钢铁企业的数量高达 80 家。

类似钢铁行业里这些由政府主导的"重组"或"合并"在中国经济生活中并不鲜见，直接结果之一就是大量的规模、产能巨大的企业集团的涌现。我在这里想提醒读者注意，这些规模产能巨大的企业集团其实并不一定创造利润。根据 2012 年中国上市公司的年报，在 A 股市场十大亏损大户中，钢铁企业占据了 5 家。其中，鞍钢 2012 年亏损 41.57 亿元，最终被 ST；马鞍山钢铁亏损 38.63 亿元；山东钢铁亏损 38.36 亿元；安阳钢铁亏损 34.98 亿元；华菱钢铁亏损 32.54 亿元。大企业并不一定能够盈利，大不等于伟大！

地方政府对投资项目热捧的一个突出后果就是，在部分行业出现严重的产能过剩。2012 年年底，中国钢铁、水泥、电解铝、平板玻璃和船舶的产能利用率分别为 72%、73.7%、71.9%、73.1% 和 75%。按照惯例，当一个行业的产能利用率低于 75% 时，该行业即可被视为产能过剩行业。

在 2012 年后开启的"去产能"过程中，大规模的横向并购或是横向资产重组更是变为化解过剩产能最有效的手段。以钢铁行业为例，由于地方之间的恶性竞争和大量的 GDP 驱动的钢铁行业投资，中国前十大钢铁企业的行业集中度由 2010 年的 49% 下降到 2016 年的 34%。极低的行业集中度为通过并购和资产重组化解过剩产能提供了合理逻辑。可以预期，未来若干年跨地区、跨所有制、甚至跨行业的大型并购会频频出现，中国还将涌现一批超大型的钢铁企业集团。

相对有利的外部环境

推动中国企业迅速崛起的另一个结构性因素就是，在改革开放期间中国企业所处的相对有利的外部环境。全球化的推进和贸易自由化为中国企业进入海外市场、实现迅速崛起创造了绝佳的机遇。除了固定资产投资和消费以外，出口一直以来都是中国经济稳定的增长引擎。改革开放40年，中国对外贸易按美元计价的年均增长达到了14.5%，远超同期年均9.4%的GDP增长速度。出口占中国GDP的比重也在较长一段时间维持在30%以上。积极参加全球产业链的分工布局，利用全球庞大市场带来的机会，大规模生产和产业的崛起在中国成为可能。中国制造业快速扩张，涵盖诸多领域的制造业集群不断涌现。可以说，中国经济和中国企业是全球贸易自由化最大的受益者之一。

贸易自由化降低了中国企业的出口关税，中国的出口总额自2001年加入世界贸易组织（WTO）以来也大幅提升。贸易自由化和加入世贸组织也极大地降低了中国的进口关税，导致外国资本和商品涌入中国市场，给中国企业的利润率带来了压力。为此，中国企业通过科技创新、产品服务升级以及与国际优秀企业合作等办法来积极应对。这些不仅增强了中国企业的竞争力，也极大地扩张了它们的地域规模和业务范围。

在强劲出口的推动下，中国的外汇储备节节攀升，一度超过4万亿美元。近两年，虽然外汇储备略有下滑，但也有3万亿美元之巨。庞大的外汇储备带来了显著的效果。一方面增强了人民币的稳定，为中国经济发展创造一个相对稳定的国际环境；另一方面也具体反映在不少中国企业尝试进行的跨境收购上。2011年吉利汽车成功赢得竞标，完成对沃尔沃（Volvo）的收购。收购前吉利的总营业收入仅为400亿元人民币，而收购后的合并财务报表显示，吉利的营业收入飙升至1500亿元人民币，于2012年成功跻身《财富》全球500强。

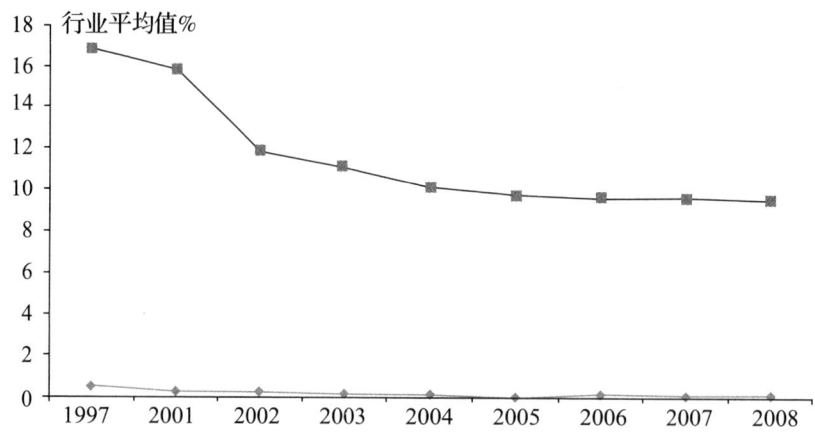

图1.2 中国进口（IT）和出口关税（OT）（行业平均）

注：纵轴里的数字是百分比。上面的曲线代表进口关税，下面的曲线代表中国企业面临的出口关税。

来源：Cai, Liu, and Yu, 2013.

全球化和贸易自由化的影响集中反映在2001年中国"入世"前后中国企业进、出口关税税率的变化上。在我与北京大学的同事共同完成的一篇研究论文中[一]，我们测算了中国1997—2008年每一个由三位数代码来界定的行业的年平均进出口关税税率。具体而言，我们先根据行业中各项产品的进出口关税税率和进出口量计算出每个行业的加权平均进出口关税税率，然后再算出每一年所有被统计行业的平均值。我们发现，中国的平均进口关税（外国企业向中国出口时需要缴纳的关税）税率从1997年的17%降低至2008年的8%（见图1.2）。同样，中国的平均出口关税税率自2001年以来也出现下降，也就是说平均而言，外国各国政府也下调了针对中国产品的进口关税税率。

值得一提的是，关税税率只是反映国际贸易难易程度的其中一个指标，非关税贸易壁垒等因素也会影响进出口贸易。但总的来说，关税税

[一] 见 Cai, Liu, and Yu, 2013。

率和非关税壁垒之间存在着非常强的正相关关系。因此，以上的分析表明，中国企业从20世纪90年代起，尤其是自加入世界贸易组织以来，享有一个相对友好的外部环境。在这样的大背景下，一批企业突破了旧体制的重重包围与束缚，成为全球市场上有力的竞争者。比如，华为2017年在职的非中国籍员工达到了3.2万名之多，占全球员工总数的20%，海外市场对华为总营业收入的贡献达到50%。㊀

《经济学人》（*The Economist*）的亚洲记者乔·史塔威尔（Joe Studwell）在他的畅销书《亚洲做对了什么？》（*How Asia Works?*）中阐述了国际贸易在亚洲大型企业发展过程中所起到的重要作用。他发现包括日本、韩国和中国在内的几个亚洲主要经济体的工业化进程都是从制造业开始的，并给出了两个可能的原因。

第一，制造业主要依靠机器和设备，而服务业的提升依靠的是高技能的人力资本和管理技能。所以在经济发展的早期阶段，通过发展制造业，亚洲经济体能够克服劳动力受教育程度和专业技能水平较低的缺陷。对于工业化早期阶段的发展中经济体而言，相较于制造业，依靠人力资本的服务业的发展则要困难得多。

第二，乔·史塔威尔也指出，制造业对于亚洲经济体工业化进程至关重要的根本原因在于，推动制造业的国际贸易要比推动服务业的国际贸易容易得多。在国际贸易中，服务业的开放意味着人员跨国界的自由流动，尤其是从低收入国家向高收入国家的流动。即使是自由贸易和全球化最忠实的拥护者也会觉得人员的跨国自由流动多少还是令人担忧。当然，乔·史塔威尔没有特别强调的一个原因也至关重要。处于工业化过程早期甚至刚刚完成工业化的国家，在服务贸易方面并没有比较优势，

㊀ 见华为2017年报，http://www.huawei.com.cn。

甚至处于劣势。2017年，中国与美国之间的货物贸易顺差超过三千亿美元（注：美方数字），但是在服务贸易方面，美国是明显的顺差。

通过制造业，亚洲的企业迅速进入国际市场，并从价值链的底端开始逐渐提升。在这个过程中，亚洲企业扩大了自己的规模，提升了自己的竞争力，最终成为本行业的"巨无霸"。索尼（Sony）、现代（Hyundai）、三星（Samsung）和HTC都是沿着这样的路径发展起来的。很多中国企业在过去40年的成长故事也大致如此。可以说，是中国进出口贸易的爆发式增长，以及中国政府所采用的出口导向战略在一定程度上造就了中国企业看似不可思议的崛起。

盛宴仍在继续

我经常定期去中国各地做调研，最近八年走访了数十个城市，采访过多位市长和其他政府高级官员。一个突出的感受就是，官员们对当地拥有多少家大企业津津乐道，如果拥有一两家《财富》全球500强企业，自豪感更是溢于言表。在介绍当地发展规划时，几乎每一位市长或是市委书记都激情澎湃地谈到当地正在推进的大型投资项目、高大上的购物中心、新建的公路网络以及这些投资对于当地GDP和城市形象全面提升的重要性。他们也时常提到《财富》全球500强，当地已经拥有多少家，未来几年预计拥有多少家，具体是哪几家企业，它们对当地就业、税收等的影响……

诚然，拥有大企业有利于地方政府增加税收、扩大就业，拥有知名企业也有利于当地在全国300多个地级市间的竞争中提升其知名度，增加地方政府在经济方面的话语权，更有利于地方政府在全国范围内的产业结构调整和省际经济发展竞赛中占得先机。中国的市长们深信，拥有一批大型企业就意味着在以当地 GDP 和财政收入增长率为衡量指标的"政绩竞赛"中占领了"制高点"——如同追求 GDP 一样，追求大企业也是地方政府重要的施政目标，是地方政府增长主义倾向的一种表现。

2011 年 11 月，我受邀参加在北京举行的一个高端商业论坛并介绍我的一些研究成果。论坛的主题是，未来五年，即"十二五"期间中国企业的战略。在我参与的一场嘉宾讨论环节上，我正好与一家中国超大型国企的董事长邻座。该董事长气场强大，在企业界以强势而闻名。当时讨论的话题是中国经济的大趋势以及中国企业应如何适应中国经济结构的转型。参与讨论的嘉宾从各个角度阐述了不同的观点，有人强调创新的作用，有人谈到多元化的好处。轮到我发言时，我简单陈述了本书的要点：中国企业应调整其战略重点，从追求规模扩张转向打造有竞争力的商业模式，以实现更高水平的投资资本收益率（ROIC）。不出所料，观众的反应不温不火。

最后，轮到该董事长做总结性发言。他手持话筒，用极其简洁又富有感染力的语调说："我无论是在企业内部讨论，还是参加外面组织的论坛，都只讲一件事。对于我们企业而言，'十二五'是一个大发展的机会，是企业更上一个台阶的机会。我们所需做的只有一件事，那就是在这五年内从银行再获得 1500 亿贷款，通过投资或收购兼并进一步扩大产能。只要做到这一点，我们企业的产量和销售就能大幅增加，我们在'十二五'期间就能跻身全球 500 强的序列。企业只有做大了，才能更好地生存，才能增加在国际市场上的影响力和竞争力。所以，讲到'十二五'期间我们企业该做什么，就一件事，做大规模，把我们的企业做进全球 500 强，实现中国企业在这一领域目前零的突破。"

饱含激情的演讲结束后全场响起了雷鸣般的掌声。该董事长也由于激动而脸色泛红，呼吸也变得急促沉重起来。坐在他邻座的我忽然感到有些茫然。虽然我坚持自己发言中陈述的观点，但此时此刻却觉得我的发言与现场的氛围格格不入。"我见青山多妩媚，料青山见我应如是。"中国30多年的经济高速发展，确实培育了一批自信心爆棚的企业家！

高质量发展阶段的中国企业

从零到一百零九，中国企业成功地完成了第一次长征。从经济高速增长阶段转向高质量发展阶段，崛起的中国企业是否能够延续过去40年的辉煌？毋庸置疑，中国企业在规模上的崛起在很大程度上离不开过去40年中国经济的迅猛发展。然而，当高速增长不再是经济和社会发展的首要目标，中国经济的前景又将如何？2015年，中国GDP增长率自20世纪90年代以来首次低于7%；虽然2016年中国的GDP增长速度超过印度，重夺世界第一，但6.7%的增速比起改革开放40年平均9.4%的增速还是放慢了很多；2017年中国的GDP增速提高至6.9%，似乎已经触底反弹，但是中国经济当前面临诸多结构性的挑战，包括大面积的行业产能过剩、对房地产市场的过度依赖、人口老龄化、脆弱的社会保障体系、环境问题、收入不平等问题，以及居高不下的企业和地方政府债务等。但与此同时，我们也看到支持中国经济继续发展的力量也正在壮大起来，其中包括中国正在继续推进的城市化、受教育水平更高的劳动力、迅速成长且有着强劲消费需求的中等收入阶层等。中国经济发展能否充分挖掘这些正在出现的"新红利"？⊖

如果中国经济增速无法恢复到"正常水平"，中国企业将会怎样？

⊖ 中国目前56%以上的人口居住在城市。据估计到2030年，中国的城市化率有可能达到70%~75%。也就是说，在未来的12年，中国将有逾3亿人口转移至城市。

中国经济的成功与几十年前的日本和"亚洲四小龙"有很多相似之处。概括来讲就是高储蓄率、高投资率、出口导向战略、总体有序的财政政策和货币政策、管理良好的汇率、充足且廉价的劳动力、持续提升的全要素生产率水平以及强调经济增长的"政治竞标赛"。然而，进入21世纪的第二个十年，曾经支持中国经济高速增长的许多因素正在减弱。

投资拉动的增长模式在投资效率不高的情况下推高了企业的债务水平。根据麦肯锡咨询公司（McKinsey & Company）的估算，截至2014年6月，中国企业债务总额达到了GDP的125%，而同期美国企业债务总额只占美国GDP的67%。中国人民银行的数据显示，截至2017年年底，中国非金融企业债务总额的GDP占比达到了160%。如此，假设中国企业的平均债务成本为6%，那么每年仅仅是企业债务的利息支出就相当于中国GDP的近10%。中国企业的债务问题非常严重。过度依靠投资率带来的另一个后果就是，许多行业的产能过剩。这个问题我在本章前面已经讨论过。

未来中国继续依靠投资拉动的增长模式将难以为继。与此同时，不断上涨的劳动力成本和人口的老龄化问题也给中国的"人口红利"画上了句号。由于疲软的欧美经济体对中国出口的需求下降，以至于出口这架"马车"对于中国经济变得越来越无足轻重。2017年欧盟和美国经济开始复苏，对出口是利好。但这种复苏的不可预测性和全球范围内的"逆全球化"思潮的蔓延，使得依赖加工贸易的经济体很难在未来把出口作为可靠的增长动能。强调增长的"政绩竞赛"促使地方政府官员想方设法提升当地经济增长率，却不一定能够优化资源配置，导致严重的地方政府负债问题。根据摩根士丹利的研究数字，截至2016年年底，中国地方政府债务就已经高达21.4万亿元，而且还在快速上升中。

毫无疑问，中国经济进入了全新的阶段。放缓的经济增速，众多结构性挑战不可避免地会对中国企业造成深远的影响。而中国企业如何回应也将决定我们是否有坚实的经济微观基础助力中国高质量发展阶段的到来。

一个 2×2 矩阵——中国经济的未来场景

请允许我梳理一下未来中国经济发展可能出现的几种情境。首先，我们先回顾一下这个熟悉的恒等式：

$$增长率 = 投资率 \times 投资资本收益率$$

这个恒等式既适用于企业也适用于国民经济部门。以国民经济为例，该恒等式说明经济增长率由投资和投资效率（以投资资本收益率衡量）两个因素决定。未来中国经济的增长取决于这两个因素的共同表现。

改革开放的前三十五年，中国一直在努力完成工业化进程。在改革开放初期，中国经济的投资资本收益率保持在一个相对较高的水平。一方面是因为当时中国的资本较为稀缺，资本劳动比（Capital-to-labor Ratio）较低，因此资本的边际收益率较高；另一方面是因为中国在工业化的进程中，大量农民涌向城市打工，这伴随着劳动生产率的大幅提升和较高的投资资本收益率。

然而，在中国经济改革的第一阶段，投资率与投资效率两者间微妙的平衡很容易被打破。由于广泛存在的产能过剩和沉重的企业债务问题，中国很难继续维持高投资率。当前，中国已几近完成了工业化进程。2014年，我国第三产业增加值占 GDP 的比重首次超越了第二产业。经济学中的资本边际收益递减法开始发挥作用，中国的投资资本收益率开始下降。

事实上，这一变化也反映在全要素生产率（Total Factor Productivity，简称 TFP）增速的变化上。自从罗伯特·索罗在 1956 年发表日后为他带来诺贝尔经济学奖的索罗模型之后，那些不能由诸如劳动力和资本这样的要素来解释的影响经济增长的因素被笼统称为全要素生产率。简而言之,全要素生产率衡量要素的使用效率,它可能由技术、生产组织形式、更好的激励相容机制、更好的管理水平等决定。实证研究发现,全要素生产率是影响一个国家人均经济发展水平最重要的因素。中国开启改革之后,1980至1989年这十年,TFP的年均增长达到3.9%;1990至1999年,全要素生产率的增速更是高达4.7%;随后十年,中国仍然保持着平均每年4.4%的年增速。然而,随着中国工业化进程接近结束,2010至2016这段时间,全要素生产率的增速已经降至平均每年2.3%。全要素生产率与投资资本收益率之间有着非常强的正向关系。在投资资本收益率降下来后,想要继续保持比较高的增长率,增长杠杆必然是投资率。然而,高投资率背后是企业杠杆的高企和大面积的产能过剩。化解这一悖论,我们急需在投资率和投资资本收益率之间建立新的平衡,而这个平衡如何建立将决定中国经济发展的未来。

图1.3展示了根据投资率和投资资本收益率不同的高、低组合,中国未来经济发展可能出现的四个场景。场景I,即右上象限,对应着高投资率和高投资资本收益率(ROIC)。这里,中国将能继续保持过去40年年均9.4%的GDP增长速度,同时经济增长非常有质量。很遗憾,场景I出现的可能性几乎为零!否则中国政府也不会下如此大的决心推进新一轮的经济改革,以求解决中国经济中深层次的结构性问题。

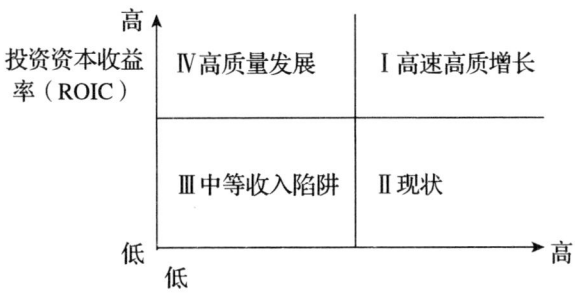

图1.3 中国经济未来可能出现的四种情境

场景 II，即右下象限，对应着高投资率和较低的投资资本收益率（ROIC）。这其实是中国经济的现状。当前中国的投资率仍然居高不下（例，固定资产投资占 GDP 的比重维持在 40%~50% 之间），但投资的效率已经不如以前。在这种情境下，我们仍可以通过积极的财政政策和宽松的货币政策来维持相对较高的经济增长率。但是，由于投资效率低，增长的质量较差。如果这种情境一直保持下去，那么中国的产能过剩问题和企业债务问题会进一步加剧，更加难以解决。

场景 III 对中国最为不利。低投资率加上低投资效率必然导致经济增速大幅放缓。如果出现这种情境，中国将有很大的概率落入中等收入陷阱，经济也将长期陷于停滞，遑论产业升级换代和消费升级。

最后是场景 IV，投资效率高，但投资率可以略微降低一些。通过在科技和商业模式上的创新，增加民营资本投资以及改善制度基础设施，中国的投资资本收益率（ROIC）能够提升到比较高的水平，这样中国经济仍然能保持适度的中高水平增长（每年 5%~6%）。更重要的是，由于提升了投资效率，增长的质量将大大得到改善。中国经济增长的动能将不再是以大量的银行信贷为基础的投资率。若此，中国经济就完成了从单纯的高速增长向高质量发展的转型。场景 IV 就是中共十九大后所倡导的"高质量发展"。

以上四种场景都有出现的可能。而高质量发展是中国经济必须迈入的新时代。而能够将中国经济引向高质量发展阶段的重要变量，如图 1.3 所示，是投资资本收益率。中国经济未来的增长必须依靠恒等式右边的第二个因素——投资资本收益率（ROIC）来实现。

从"大"到"伟大"——中国企业的第二次长征

**实现高质量发展，我们需要全新的经济微观基础。我们需要有一大

批投资资本收益率很高的企业来促进整个国民经济投资效率的提升。中国企业在过去40年在规模上的崛起是由中国经济的高速增长和中国所选择的增长模式共同决定的。对于中国经济而言,原有的高速度持续扩张难以为继。由于路径依赖,我们中的大多数仍不愿放弃对高速增长的依恋,寄希望于决策者的神来之笔。但事实是,中国经济的增速确实是在放缓。为了维持相对稳定的就业水平和人均收入的稳定提高,同时给予政府足够多的资源去解决发展不均衡问题,中国需要一定的增长速度。但未来增长的来源应该更多地放在投资资本收益率而非投资率上。

诚然,政府可以通过财政支出和大量的银行信贷提振GDP,但这种做法会给中国已经不堪重负的金融体系雪上加霜,也会给民营经济投资带来"挤出效应"。未来中国需要一大批具有高水平投资资本收益率的企业,只有这样才能推动中国经济的整体效率。中国的企业家需要转变心态——企业运营的目标不是规模扩张而是价值的创造!

中国企业在艰难地完成了第一次长征之后,马上就面临从"大"到"伟大"的第二次长征。第二次长征将更加艰苦卓绝,将对中国现有的制度环境、市场环境、企业商业模式、企业家精神等提出全面的反思和挑战。中国企业第二次长征的成败与否将直接关系到中国经济结构转型能否成功,中国能否规避中等收入陷阱以及中华民族最终能否以一种令世人敬佩的方式全面崛起。

第二章 什么是伟大的企业

"说好了是一辈子,差一年,差一个月,一天,一个时辰,都不是一辈子!"[一]

——电影《霸王别姬》

[一] 电影《霸王别姬》中张国荣饰演的程蝶衣对张丰毅饰演的段小楼说的一句台词。

2014年9月，中国电子商务领域的巨头阿里巴巴集团在纽约证券交易所宣布首次公开发行股票，发行价每股68美元，总融资金额250亿美元，成为美国历史上规模最大的IPO。2014年11月，阿里巴巴的市值突破3000亿美元，短时间内一度超越了脸书（Facebook）、亚马逊（Amazon）甚至通用电气（GE）。到2017年年底，阿里巴巴的市值更是突破4000亿美元，成为全球市值最大的十家企业之一。对于一家仅仅成立于1999年的企业，阿里巴巴的崛起速度令世人惊叹！

阿里巴巴是一家伟大的企业吗？短短不到二十年的历史可能还不足以让我们做出判断。在世界为阿里巴巴的成功欢呼雀跃时，很多人都忽视了这样一个事实——阿里巴巴只是在2017年才第一次进入《财富》全球500强的排行榜，而且排在第462位。尽管阿里巴巴已经是全球最大的互联网及移动商务平台，2017年平台的成交金额（GMV）超过3.7万亿元，但由于其采用的是市场平台式（Marketplace）的商业模式，所以其中只有一小部分能够算作营业收入（即，电商中常讲的货币化率）。2017年，阿里巴巴实现的营业收入刚刚超过1500亿元。

尽管在2017年才跻身《财富》全球500强的行列,但阿里巴巴无疑是一家获得了世界声誉的中国企业。虽然中远集团、大唐集团、神华集团和鞍钢集团等上榜企业按营收来衡量的规模比阿里巴巴大得多,但海外的普通投资者可能对它们却闻所未闻。其实,上榜《财富》全球500强并不能保证为企业带来品牌或股票的溢价。目前《财富》全球500强中23%的企业来自中国,全球80%的空调、70%的手机、60%的鞋类以及四分之一的汽车都是在中国生产制造的,但中国却鲜有国际知名的品牌和企业。在中国类似阿里巴巴这样的企业只能用凤毛麟角来形容!我们不禁要提出下面的问题:如果规模不重要,那么究竟什么样的企业才算伟大呢?为什么中国拥有这么多"大"企业,却几乎没有"伟大"的企业?

"大"与"伟大"的一字之差

中文里"大"和"伟大"两个形容词仅有一字之差,但意义却大不相同。2017年入选《财富》全球500强的中国企业中,有11家没有盈利。国家电网、中石化、中石油按规模已跃居全球前五强,但利润率和股东回报却差强人意。

中国企业在国际市场上迅速扩张,其中一些企业在高端制造行业中已经显示出强大的竞争力。但是,在高利润率的营销和服务领域,中国企业仍然未实现大面积的突破。此外,中国企业正面临着更加激烈的外部竞争。由于日益升高的劳动力成本,三星(Samsung)、微软(Microsoft)和丰田(Toyota)等跨国企业已纷纷把生产基地搬到了越南、柬埔寨、缅甸、菲律宾和孟加拉国等国。"中国制造"似乎正逐渐失去魅力。

进入21世纪第二个十年，我们观察到美国的制造业也开始出现回暖的迹象。有着巨大商业应用潜力的页岩气可能会全面拉低能源成本，从而彻底改变全球能源行业的格局。制造领域的创新也层出不穷，3D打印、自动化、无人驾驶汽车、基因疗法、可重复使用的火箭以及其他科技已经或即将得以采用，劳动生产率因此将得到极大提升。高端制造业的新时代已经到来！

以中国的汽车产业为例。中国已经发展成为全球最大的汽车市场，年销量突破2500万辆。2017年，上汽集团、东风集团、一汽集团、北汽集团、广汽集团和吉利汽车都已跻身《财富》全球500强，占榜单上汽车企业数量的五分之一。例如，2016年上汽集团实现营业收入1138亿美元以上，成为全球规模最大的汽车制造商之一。但中国汽车企业却并未展示出优秀的核心竞争力，品牌、研发和诸如发动机等关键零部件的制造仍然被戴姆勒奔驰（Daimler-Benz）、大众（Volkswagen）、丰田（Toyota）和宝马（BMW）等跨国企业所把持，它们垄断着价值链的高端。而且这些跨国汽车企业在海外也培育出数家汽车零部件制造巨头，通过直接投资或与本土企业组建合资企业的形式，拿走利润的"大头"。在中国的汽车产业中，自主品牌的市场份额达到了三分之一以上，但在产业链上却只能赚取5%的利润，其余95%的利润都被国外品牌的合资企业获得⊖。中国拥有大的汽车企业，但尚未拥有伟大的汽车企业。

漫步上海外滩，映入眼帘的是高大上的购物中心和琳琅满目的国外奢侈品牌。乔治阿玛尼、杜嘉班纳、普拉达、百达翡丽，应有尽有，不一而足，强烈吸引着中国日渐壮大的中产阶级。就消费额而言，中国早

⊖ 见杨小林，"自主品牌升级悖论"，《经济观察报》，2013年6月14日。

在2012年就已经超越美国,成为全球最大的奢侈品消费市场。然而,中国本土的奢侈品牌至今还未见踪影。

三位美国学者在合作撰写的一篇学术论文中研究了全球价值网络中苹果(Apple)产品的利润分配情况[一],其研究结果令人大为震惊。该研究显示,在2010年,每卖出一台iPhone产生的利润总额中,苹果就能够赚取58.5%;仅次于苹果,排名第二的是塑料、金属等原材料的供应商,拿走了利润的21.9%;而作为屏幕和电子元件主要供应商的韩国,获得了利润的4.7%。剩余利润的分配情况由高至低依次为:未归类项目4.4%、非中国劳工3.5%、除苹果以外的美国劳工2.4%、中国大陆劳工1.8%。几乎全球所有的iPhone都是在中国大陆由中国台湾的富士康(Foxconn)完成组装,富士康在中国大陆的员工总数也超过了100万人,但中国劳工却仅仅获得了每台iPhone利润的1.8%!iPhone的例子说明了这样一个冷冰冰的现实——大多中国制造企业所擅长的是组装或代工,而利润更丰厚的领域,如产品设计和市场营销等则牢牢被跨国企业所控制。曾经,中国媒体还流传着另一个让人瞠目结舌的公式:1=8亿。作为全球最大的纺织品出口国,中国出口8亿件衬衣所获得的利润才够买一架空客A380客机。停留在价值链低端的企业,不论经营规模多大都无法创造巨大的价值,也无法在市场上赢得广泛的尊重。

稀缺容易导致牵强附会!2011—2012赛季在美国职业篮球联赛(NBA)中大出风头的林书豪(Jeremy Lin)在中国有很多拥趸,其一举一动牵扯到国内主流媒体的关注,程度甚至超过真正的超级巨星科比

[一] 见 Kraemer, Kenneth, Greg Linden, and Jason Dedrick, Capturing value in global networks: Apple's iPad and iPhone. UC Irvine, UC Berkeley and Syracuse Working Paper, 2011。

和勒布朗·詹姆斯。而林书豪受到如此欢迎的一个重要原因是他的华裔身份,更容易引起中国人的认同。正如人们开玩笑所说,林书豪与苹果产品有三大相同之处——中国台湾原材料、美国标签、在中国大陆拥有广阔的市场。这种调侃背后其实也反映出许多无奈,虽然我们的市场庞大,但属于中国的有影响力的品牌实在太少。

实现了规模的突破之后,中国企业正面临着更加艰苦卓绝的第二次"长征"。这次"长征"与打造更多的《财富》全球500强企业无关,而是要把中国企业真正转变成伟大的企业。伴随中国企业"第二次长征"之旅的是中国经济增长模式的转变,从投资与出口拉动转向消费与效率驱动,从高速增长转向高质量发展。

分析伟大企业的一个理论框架

王国维在《人间词话》里短短数千言论尽古今词人。他总结:"词以境界为上。有境界则自成高格。"这其实也适用于鉴别伟大企业。**伟大企业是那些有境界自成高格的企业,是那些不拘泥于一时一域,谋求全局和万世的企业。** 显然,"伟大"企业应该具有与众不同的基因。什么才算是伟大的企业呢?对此,不同的管理学者和企业高管显然有截然不同的理解。

1994年科林斯和波拉斯(Jim Collins,Jerry Porras)出版了他们历时六年才完成的《基业长青——伟大企业的成功习惯》(*Built to Last*:*Successful Habits of Visionary Companies*)这本书。此书一经出版,便引起全球追捧,被列为二十世纪最伟大的商业书籍之一。在这本书中,两位作者选取了18个卓越非凡、长盛不衰的基业长青的企业,分析这些公司的成功经验,探讨这些企业之所以成为伟大企业的基因,他们在这本

书中提出的观点盛极一时。在书中,他们这样描述:○

什么是高瞻远瞩的伟大企业?高瞻远瞩的伟大企业是本行业中一流的机构,是无与伦比的明珠。它们被其他公司所仰慕,长期为世界带来了不起的改变。

……

所有的高瞻远瞩领导者,不论多么有魅力或有远见,终有一死;所有高瞻远瞩的产品和服务——所有"伟大的理念"也总有一天会被淘汰。事实上,连某个行业都可能会因过时而消失。作为对比,高瞻远瞩的伟大企业则能够通过多个产品生命周期和多代优秀的领导者的交替而实现基业长青。科林斯和波拉斯选用了六个标准来确定"高瞻远瞩"(Visionary)的伟大公司:处于所在行业中第一流的水准、广受企业人士崇敬、对世界有着不可磨灭的影响、已经历很多代的 CEO、已经历很多次产品生命周期且在 1950 年前创立。○根据这六条标准,他们选出的伟大公司包括:通用电气、IBM、美国运通公司、波音公司、花旗银行、沃尔玛、迪士尼公司等共 18 家。

科林斯的思想在后来略有改变,变得更加简洁。在最近的一次访谈中,他谈到了伟大企业应该具有的两个品质。首先,伟大企业必须是业绩表现非常优秀的企业,能创造价值,给股东高水平的回报;其次,伟大企业能以独一无二的方式通过产品和服务改变人们的生活。如果这些企业消失了,它们所留下的空白没有别的企业能够填充。

麦肯锡公司在 2010 年推出的一系列研究报告中特别针对中国企业

○ 见 *Build to Last*:*successful habits of visionary companies*,p. 1。
○ 这本书出版于 **1994 年**。要求企业在 1950 年前诞生意味着伟大企业至少要有 40 年的历史。

列出鉴别伟大企业的重要指标（麦肯锡公司，2012a，2012b）。一个企业要成为优秀企业需要在下面这九个方面有优异的表现：1. 产品和服务的地位；2. 长期投资价值；3. 公司资产的合理利用；4. 创新能力；5. 管理质量；6. 财务稳健程度；7. 吸引和保留人才的能力；8. 社会责任；9. 全球化经营的有效性。据此，麦肯锡归纳了"世界一流企业"的三个特征：第一，要"大"，即具有足够的体量，对行业乃至全球经济具有显著影响力；第二，要"强"，即不断创造不俗的业绩并保持所在行业的领袖地位；第三，要"基业长青"，即具有发展的长期持续性，经历市场变幻、风吹雨打仍然屹立不倒，积累了长盛不衰的国际名声。

按照上述的标准，我们是否一定能挑出伟大企业呢？或者换一个角度来说，满足上述标准的企业是否一定伟大呢？事实上，判断一个企业伟大与否是一件很主观的事。我们都知道基业长青远比人们想象的要困难。我在上面提到的，也包括一些尚未提到的评价体系，都圈定了各自的伟大企业名单，但很多被圈定的企业并没有经住时间的考验。20 世纪 80 年代有另外一本与《基业长青》齐名的商业畅销书是由皮特斯（Tom Peters）和沃特曼（Bob Waterman）合著的《追求卓越》。该书列举了很多伟大企业的例子，但其中西屋公司（Westinghouse）和 K-Mart 等都陷入倒闭或几近倒闭。这些一度伟大的企业由于不能适应行业的快速变化，再加上日趋严重的企业内部官僚作风和高管层的盲目自大，最终风光不再。

由于对现有分析企业成功的研究不满意，认为此类研究没有控制运气或随机性的影响㊀，来自德勤咨询（Deloitte Consulting）的两位咨询

㊀ 瑞尔和哈迈德在《哈佛商业评论》的文章中这样写道，"由于随机性，一家普通的企业可能会成为业界领袖达一年、两年甚至十年之久，而之后其表现回归平庸。如果我们不能确定企业的成功不仅仅是因为运气好，我们就不知道它们的行为是否值得效仿。"《哈佛商业评论》，2013 年 4 月刊。

顾问迈克尔·瑞尔（Michael Rayor）和穆塔兹·艾哈迈德（Mumtaz Ahmed）对 25,453 家美国上市企业在过去 44 年中的表现进行了统计研究，研究成果发表在 2013 年的《哈佛商业评论》（*Harvard Business Review*）上。在这篇名为"伟大企业三原则"（*Three rules for making a company truly great*）的文章中，两位作者详细介绍了他们是如何发现打造真正伟大企业所需要的最重要的原则的。

迈克尔·瑞尔和穆塔兹·艾哈迈德首先在 2 万多家企业中找到数百家长期表现足够优秀的企业作为真正优异的企业的集合。通过分析这数百家企业他们发现，促使企业走向伟大的许多选择虽然各不相同，但都符合以下三条看似基本的原则：（1）更好先于更便宜，即差异化，不使用价格作为竞争手段；（2）收入先于成本，即"开源"比"节流"更重要；（3）再没有其他原则了，企业需要做出的所有其他调整都是为了遵守原则（1）和原则（2）。

根据原则（1），伟大的企业应该通过为客户提供优越的、和价格无关的利益来参与市场竞争，如伟大的品牌、激动人心的设计、卓越的功能、持久的耐用性或极大的便捷等，否则企业只能在这几方面满足能被接受的最低标准，通过更低的价格来吸引客户。只有平庸的企业才会选择用价格来竞争。根据原则（2），企业不仅必须创造价值而且必须以利润的形式捕获价值。伟大优异的企业通过更高的价格或更大的销量以实现更多的收入，从而获取远高于竞争对手的利润。成本领先战略很少能带来更高的利润率。

显然，以上三条原则并没有具体说明追求伟大的企业应遵循何种行为，它们只是总结了过去这么多年真正伟大的企业所秉承的基本理念。两位作者认为这三条原则体现了伟大的企业是如何思考的！

福斯特（Dick Foster）和卡普兰（Sarah Kaplan）在他们 2001 年出

版的畅销书《创造性毁灭》（Creative Destruction）里大力举荐安然（Enron）的商业模式，把安然塑造为一家敢于创新，勇于进行"创造性毁灭"的伟大企业。事实上，安然从一家表现平平的天然气管道公司成功转型为一家提供天然气期货交易的平台公司，用"轻资产"战略实现投资资本收益率和价值创造的飙升，确实有值得推介的地方。但是，安然几乎是在《创造性毁灭》一书出版的同时被爆出财务作假丑闻，最后把自己真的"毁灭"掉了。当然，《创造性毁灭》一书中有很多分析还是有很大的参考意义的。例如，该书分析了《福布斯》100强企业的历史。1917年《福布斯》杂志的创始人伯尼·福布斯（Bernie Forbes）首次发布了《福布斯》100强名单，挑选了全球最强的100家企业（伟大企业？）。到1987年，在这一名单公布70年后，《福布斯》杂志重新刊登当初入榜的100家企业的名字，并提出一个有趣的问题："这些企业现在在哪儿？"《福布斯》杂志的记者经一番调查后发现，这100家企业中的绝大部分企业（61家）要么倒闭，要么与别的企业合并或被收购，都已不复存在了；剩下的39家企业中的21家也风光不再，跌出了100强排行榜，不再是伟大企业；只有18家企业还存活在《福布斯》100强的排行榜上，其中包括像通用电器、柯达、宝洁、埃克森和花旗银行这样的人们耳熟能详的名字。但这18家企业中，也只有通用电器和柯达的股价表现在这70年间比市场的平均表现要好；即使是柯达，读者可能还有印象，这家企业也在2012年宣布进入破产保护流程，引起业界一片唏嘘。"自古名将如美人，不许人间见白头"。

美国学者Robert Wiggins和Tim Ruefli合作于2002年和2005年发表了两篇极具影响力的文章。他们研究了1974至1997年横跨40个行业的6772家美国上市企业。他们根据这些企业在行业内的相对业绩把它们分为优异、拙劣和一般三个类别，然后观察这些企业的长期表现，他们发现：（1）在逾 6000 家企业的样本里面，只有 5% 的企业能够连续保持 10 年或 10 年以上的优异表现；（2）只有不到 0.5% 的企业，也就是 32 家企业，连续保持了 20 年或以上的优异表现；（3）只有三家企业能够连续保持 50 年的优异表现。企业基业长青非常困难，企业要长时间（例如 20 年）保持竞争优势，并不断创造出价值，绝对是小概率事件。这样的企业是"黑天鹅"。

在《财富的起源》（*The Origin of Wealth*）一书中，埃里克·拜因霍克（Eric Beinhocker）这样总结（Beinhocker，2006）：

> 就长期和整体而言，"卓越企业"之类的书籍所描述的并不是持续的竞争优势和长期的优异表现，而是难以持久的竞争优势和充满了企业兴衰成败的动荡市场。

在中国的改革过程中，有一大批中国企业已经实现了规模上的突破。比如全球家电行业的前三大制造商（按利润计算）都是来自中国的企业（格力电器、美的集团和青岛海尔）；中石油和国家电网雇佣的员工总数都接近 150 万人，来自中国台湾的鸿海科技集团雇用的员工总数也达 120 万人。但是，规模不等同于利润，也无法用规模去衡量企业创造的价值。很多中国的企业家沉迷于对规模的追求中不能自拔，就是因为他们相信企业"做大了就不会倒"。企业的规模大了，在激烈的市场竞争中生存下去的概率就更大。此外，如果大企业倒闭，产生的后果太严重，政府也不得不伸出援助之手。

但这种"丛林法则"如今在中国也发生了变化——规模大并不一定意味着更大的生存和发展的机会，而只会增加对资本和劳动力等生产要素的需求。然而，依靠信贷扩张的增长模式因为节节攀升的企业债务而难以为继；不断提升的工资水平也在不断削弱中国企业的利润水平，给企业未来发展的前景蒙上了一层阴影。"做大了就不会倒"的说法可能仍有道理，但行动缓慢的巨型企业无法灵活地应对市场上的各种颠覆式力量，无法实现长期的繁荣。

中国企业的规模扩张得益于中国经济过去40年的高速发展。虽然中国经济在这个发展过程中也曾出现一些波动，但总体情况顺遂；而且，我们的企业也受益于全球化和国际贸易的发展，受益于相对有利的政策环境。当中国经济增速减缓，面临的外部不确定性和行业颠覆式毁灭的风险大大增加时，我们的企业能否应对？即使失败，它们能否从废墟中重新崛起？

无论是按照《基业长青》的标准还是按照上述其他学者给出的条件，几乎没有中国企业能够符合高瞻远瞩的伟大企业的定义。诚然，我们已经目睹了一些优质企业的崛起，比如华为在电信基础设施、智能手机以及企业级产品和服务方面都已经打造了核心竞争优势，而BAT三巨头，即阿里巴巴、百度和腾讯也成了中国伟大企业的候选者㊀。但是，这些企业仍然太年轻，还需要经历时间的考验才能证明它们在瞬息万变的商业环境中能游刃有余、持续创新、基业长青。但是，这些企业的存在确实向我们昭示了中国企业从大走向伟大的希望。

一声叹息——研究伟大企业有用吗

科林斯和波拉斯不同版本的对伟大企业的界定被广为接受。但是，他们所建议的指标以定性为主，对具体指标表现的判断上有比较大的主观成分。尤其具有讽刺意义的是，许多被他们精挑细选出的伟大企业在

㊀ 我们将在本书第八章讨论华为、阿里巴巴、小米和顺丰。这四家企业有望成为真正伟大的企业。

若干年后被证明不过尔尔。虽不至于沦为笑柄,但确实让人觉得尴尬。

柯林斯在 2001 年又出版了《从优秀到卓越》(*Good to Great*) 一书。在这本书中,他延续《基业长青》的分析思路,通过 11 个从一般企业蜕变成伟大企业的案例,寻找促使这些企业从一般变得伟大的重要原因。柯林斯发现的秘诀里包含了这些成功企业的七个重要特性,体现在领导力、团队、企业文化、技术引领等各个方面。让人有些忍俊不禁的是柯林斯这次续蹈滑铁卢——他所圈定的十一家企业中,Circuit City 于 2009 年宣布破产(注:该书出版 8 年之后);Fannie Mae 和富国银行在 2008 年的金融危机中几乎倒闭,得以存活并不是因为市场,而是因为美国政府的救助;Altria 虽然在柯林斯的研究期间内给股东提供了极为出色的回报,但这是一家烟草公司,选一家烟草公司作为伟大企业让人有些无语,大家开始怀疑柯林斯挑选标准的狭隘。这十一家企业的综合股价表现在 1996 年至 2011 年这十五年间极其一般,年化平均收益率只是 7%,勉强和市场的平均收益率持平;在 2001 至 2012 年间,这些企业的股价表现甚至比标准普尔 500 指数的表现还要差一大截。这一切虽不至于让柯林斯的观点彻底亡逸,但确实大大削弱了柯林斯这本书的说服力和可信度。

这种尴尬几乎适用于任何一本研究伟大企业的书籍。这些书籍的一个共性是用事后整理回顾的方式(Backward Looking)去找寻那些使得企业成功的因素。但是,这些因素并不一定能确保企业在未来的成功。未来是非线性的,充满着不确定性。理解过去并不意味着我们能够预测未来。这些商业书籍预设了一个前提:过去的成功经验能确保企业在未来也同样成功,而这个前提在真实生活并不存在,商业社会充满着各式各样的"颠覆式创新"。

在这本书的写作过程中,我也曾遇到过类似的质疑。《基业长青》

一书只挑出十八家伟大企业。在 Wiggins 和 Ruefli 的 6772 家企业里面，只有 3 家企业，也就是相当于样本 0.04% 的企业能够保持 50 年以上的优异业绩。成为教科书意义上的伟大企业是一个小概率事件。因此，我遇到的最大的质疑是："这 0.04% 的企业在经营、战略、领导力和营销等方面的经验对一般企业有效吗？如果有效的话，那么伟大企业的比例怎么会这么低呢？""对于绝大多数的白天鹅而言，分析几只黑天鹅有什么意义吗？"我承认，第一次被这么质问的时候，我有些张口结舌，有些着急为自己的想法辩解。慢慢地，随着思考的深入，随着自己开始亲自创业并在这个过程中思考有竞争力的商业模式的时候，我相信自己有了更好的角度去组织更有说服力的回答。

中国企业如何成功并走向伟大？如何打造一大批拥有差异化产品或服务及持续创新能力的中国企业？要回答这个问题，我们必须回到伟大企业的共性上，回到企业经营的原点，思考是什么样的本真、什么样的原始动力驱动企业不断向前，最终成就伟大。我找到的答案出乎意料的简单，那就是价值创造！借用德国伟大的军事家卡尔·冯·克劳塞维茨（Carl von Clausewitz）的话来说，企业要成功就应"目标坚定、行动有力、百折不挠"。中国企业应把价值创造作为自己伟大而坚定的目标！

伟大企业立意高远，追求的是为最大数目的人提供最大程度的福祉。价值创造不仅仅是为股东创造价值，从而实现股东权益最大化，也是为所有的利益相关方（Stakeholders），包括雇员、客户、供货商、社区等提供长久的福祉。以这样的目标作为诉求去追求卓越，应该是每一个企业追求的终极目标。如果追求的过程是一个以价值创造为目标的过程的话，那么这种追求本身将促使更多的企业去提升经营表现，这将全面提升中国企业的整体竞争力和素质。中国有句俗语是"取乎其上，得乎其中；取乎其中，得乎其下。"假如我们的企业都以全面的价值创造作为追求目标的话,那么一个很小的概率乘上一个庞大的基数,也就意味着中国一定会出现一些伟大企业。这些伟大企业将带动更多的企业将中国的商业实践向上引领,而非向下沉堕。

伟大而坚定的目标——ROIC ≥ WACC

伟大的企业都有伟大的战略。各种不同的分析企业战略的框架其实都在强调企业战略的两个重要组成部分:第一,战略一定是前瞻的,需要企业做出承诺去长期坚持;第二,战略要包含具体的计划和行动方案从而实现预定的目标。在讨论战略时,哈佛商学院教授、管理学大师迈克尔·波特强调企业竞争优势的重要性,他认为一个企业长期的竞争优势源于低成本、差异化产品、特有的技术优势和伟大的品牌,尤其是和重要的利益相关方(例如:顾客、供货商、员工、竞争对手、监管层等)之间的关系等。例如,用波特的框架分析沃尔玛,可以发现沃尔玛的成功很大程度上源于沃尔玛先进的供应链和存货管理、品牌以及采购优势,这些赋予了沃尔玛可持续的竞争优势(详见第三章)。

德国军事家卡尔·冯·克劳塞维茨在他的名著《战争论》中提到:"有效的战略不是一个长期的行动计划,而是一个随着环境的变化而不断进化的中心观念。"

对于一个伟大企业,这个可以随着环境的变化而不断进化的中心观念应该是持续的价值创造。如果我们理解的企业经营的前瞻性目标是持续的价值创造的话,那么实现这一目标的最基本的手段——持续保持高水平的投资资本收益率——就应该成为企业关注的重中之重。大量的实证研究已经显示,投资资本收益率(Return on Invested Capital,即ROIC)是与企业价值创造关系最为密切的指标。的确,衡量企业是否伟大的指标不是总销售收入或是总资产规模，而是盈利能力、财富创造能力以及企业是否具有一个可持续的具有竞争力的商业模式。

四季更替，日月轮转，所有的一切都在改变。然而，伟大企业的内核一直在那里，从来没有变过。"伟大"的一个重要内涵是能够创造价值，而实现价值创造的微观基础是企业能在很长的一段时间里保持比竞争对手、比资金成本要高出一截的投资资本收益率（Return on Invested Capital，ROIC）。我甚至认为，任何一种新的商业模式的出现或是对旧有商业模式的革新都与企业能找到新的方法去提高投资资本收益率有关。也就是说，如果一个企业能够在较长的一段时间内保持比加权平均资本成本（Weighted Average Cost of Capital，即 WACC）高出一截的投资资本收益率，即该企业能够在较长时间内使得 ROIC ≥ WACC 这个不等式成立，那么该企业堪称伟大企业。

有必要对我在这本书里提出的这个关于伟大企业的定义做进一步的细化分析和解释。我在本书的附录里详细介绍了投资资本收益率和加权平均资本成本的定义和计算方式。投资资本收益率是衡量一个企业用于经营活动的资本能带来的收益率。如果一家企业的 ROIC 是 10%，那么这意味着这家企业每 1 元投入经营活动的资本每年能产生 0.1 元的税后利润。

而加权平均资本成本则衡量企业的总体融资成本。企业外部资金来源主要是两类：股东权益（Equity）和债务（Debt）。因此，加权平均资本成本主要是这两类资金来源的融资成本的加权平均；换一个角度来说，它衡量的是企业使用资金的机会成本。举一个例子，如果一家企业有一半的资本来源于银行贷款，利率是 6%；另一半资本来源于一个出资人的资金（该出资人即是股东），该出资人期望得到 12% 的投资回报。这种情况下，这家企业的加权平均资本成本是 9%。如果一个企业的 WACC 是 9%，意味着这家企业进行外部融资时需要给它的资金提供方（股东或债权人）平均提供一个 9% 的回报。可见，WACC 是一个以市场为基础，基于市场上资金供需所决定的资金的均衡价格，是一个重要的价格信号。

值得注意的是，20 世纪 80 年代发明的一个新概念——经济增加值（EVA）也被广泛地用来衡量企业创造的价值。简单地计算经济增加值的公式为：经济增加值 =（投资资本收益率 – 加权平均资本成本）× 投入资本（IC）。显然，决定经济增加值的两个关键因素就是投资资本收益率和加权平均资本成本。当且仅当投资资本收益率大于加权平均资本成本时，企业的经济增加值才为正，企业才创造经济价值。只有如此，这家企业才有存在的必要性。否则，这家企业完全可以把投入经营活动的资本投入别的用途（例如放入银行）以获得更高的回报。以价值创造为目标的企业在投资时应该坚持的最重要的原则是 ROIC 要大于 WACC。

这里要指出的是，怎样计算加权平均资本成本是一件非常有争议性的事情。中国投资者特别崇拜的投资大师沃伦·巴菲特曾说过："我根本不知道资金成本是个什么概念；对我而言，有关资金成本的一切讨论都是疯狂的，我从没见过一个对我而言是有意义的资金成本。"听上去似乎巴菲特不喜欢或是不用资金成本这个概念，但他其实更想表达的是对市场上通用的计算资金成本的方法的质疑。对他而言，合理估测资金成本很重要。当我们无法对资金成本做出合理估测时，那就只剩下一个选择：把 ROIC 做得足够大！作为价值投资和基本面投资的死忠拥趸，巴菲特强调："我不投股票，我投的是企业。"他在选择企业的时候，强调企业的基本面。而体现企业基本面好坏的是企业的价值创造能力，是投资资本收益率。巴菲特作为一个成功的投资者已变成投资界的传奇。人们普遍相信他有从万千企业中挑选出伟大企业的慧眼。而他用投资资本收益率来挑选具有投资价值的企业，也从一个侧面印证了投资资本收益率对于成就一个伟大企业的重要性。

当一家企业能够长时间地保持比较高的 ROIC 水平时，科林斯和波拉斯在《基业长青》中所用的六个筛选标准——处于所在行业中第一流的水准、广受企业人士崇敬、对世界有着不可磨灭的影响、已经历很多代的 CEO、已经历很多次产品生命周期且在 1950 年前创立——显然都容易成立。一个投资资本收益率长期处于行业领先地位的企业一定处于所在行业第一流的水准，必定会受到企业人士的尊重，这种企业能够做得比较久，也容易对世界产生不可磨灭的影响。迈克尔·波特用企业定位这一视角来界定企业战略，他一再强调企业战略应该围绕着持续的竞争优势（Competitive Advantages）来设计。同理，能够长时间保持投资资本收益率大于资金成本的企业就是那些有能力维持可持续的竞争优势的企业。

这是从公司金融的视角去判断什么是伟大企业。

下面以资本市场为例来解释投资资本收益率的重要性。美国资本市场在过去一百年间给投资者的平均真实收益率达到了 10%～11% 的水平，远远高于同期美国国债给投资者的收益率。这两个收益率之差在金融学里叫作股票市场风险溢价（Equity Market Premium）。应该说美国的上市公司在过去 100 年给了投资者非常吸引人的回报。这个过程中，资本市场也成就了一大批伟大企业。

美国股市给投资者合理回报的背后，是上市公司在业绩上的支撑。根据新古典经济学的分析，投资股票的收益率在均衡状态下应该等于该股票所代表的企业的投资资本收益率。美国资本市场过去一百年能够给投资者 10% 以上的投资回报，说明美国上市公司的投资资本收益率在这一阶段也应该是同样的水平。我曾计算过在纽约交易所和纳斯达克上市的所有企业（金融企业和公用事业企业除外）1963年至2001年间每一年的平均投资资本收益率（见图2.1）。如图所示，在这近40年的时间里，美国上市公司的平均投资资本收益率虽有起伏，但平均值高达11.6%。这与新古典经济学的观点是一致的。美国资本市场之所以能够长期给投资者相对较理想的投资回报，原因在于资本市场的上市公司能够保持较高的投资资本收益率。股市表现归根到底取决于上市企业的表现。只有当一个市场上有一批投资资本收益率很高的伟大企业时，这个资本市场才能维持一个相对平稳的表现，历经经济周期的起伏，满足投资者合理的回报预期。根据本书的第三章的图表，1998—2017年，在中国A股上市的企业，平均而言在经营活动中每投入1美元的资本，仅仅能产生不到4美分的税后利润。由于投资资本收益率较差，中国上市企业在资本市场的表现不如美国上市企业。

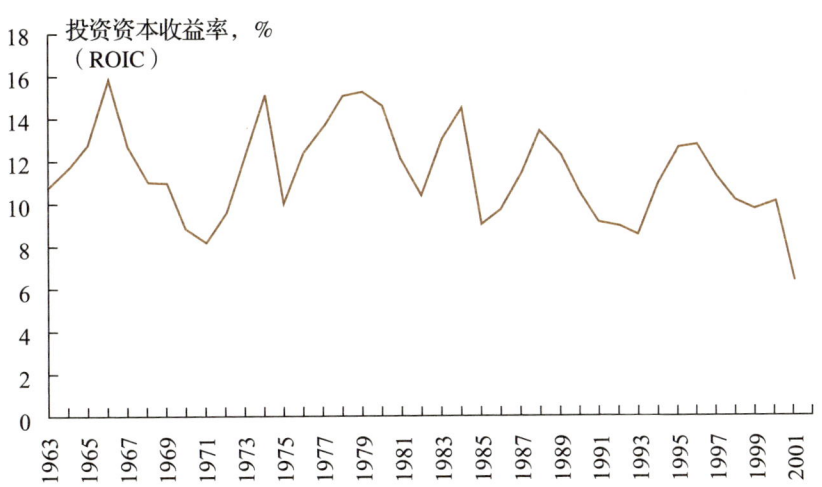

图2.1 美国上市公司1963—2001年平均投资资本收益率

来源：作者计算。样本包括美国所有上市公司，但不含金融服务业和公用事业企业，数据来源是Compustat。

再以戴尔电脑（Dell）的崛起和没落来反映创新商业模式和投资资本收益率之间的必然联系。在 IBM 和惠普等大型的个人电脑制造商主要以店面作为平台销售电脑时，Dell 横空出世，以直接面对消费者的直销方式革新了个人电脑业的商业模式。"直销"似乎只是企业在营销方面的策略选择，但是 Dell 的直销却是颠覆式的，根本原因在于它大大提高了 Dell 的投资资本收益率。当消费者根据自己对电脑各种配置的偏好下单购买 PC 时，Dell 可以把标准化、模块化的配件迅速组装成个人电脑直接邮递给下单的消费者。因为配件是标准化、模块化的，Dell 可以迅速从多个供货商那里购得这些配件。在这种商业模式下，Dell 几乎没有任何库存（Inventory）。读者可以回想一下我在前文引入的投资资本收益率的计算公式。库存是投资资本中经营性流动资金的重要组成部分，大量的库存会增加投资资本。在同等条件下，大量的库存将降低投资资本收益率和企业的现金流。Dell 的成功在于用"直销"这种方式创新性地找到了能够大力提升投资资本收益率的途径，在竞争高度激烈的 PC 市场中，以创新者的形象异军突起。互联网时代来临时，Dell 最早利用新科技与各地潜在客户建立联系，客户可以通过上网直接定制产品。通过这种方式，Dell 赢得了爆炸式的增长，一举成为 PC 行业的领头羊。

Dell 最近几年面临的麻烦正好反映了它在提升投资资本收益率方面遭遇到的瓶颈。在手提电脑逐渐取代桌上电脑成为 PC 市场的主力之后，Dell 因"直销"而获得的竞争优势逐渐式微。手提电脑的配置对规格、型号要求更为严格，标准化的程度相对要低很多。为了满足消费者的需求，Dell 需要大量贮备零部件和成机。它独有的"Build to Order"（根据定制来生产）的模式变得越来越像传统的"Build to Stock"（根据库存囤积来生产）的模式。与桌上电脑时代相比，Dell 在手提电脑时代的库存大大提升。这样，它在投资资本收益率上的竞争优势逐渐荡然无存。其兴也勃焉，其衰也忽焉！我们看到一个曾经伟大的企业慢慢归于平庸。当然，Dell 的没落与来自亚洲的价格上更有竞争力的企业的挑战有关。但根本原因，还是由于自身的商业模式无法与时俱进，竞争优势无法持续。

投资资本收益率与 IBM 的转型——大象跳舞的故事

高水平的投资资本收益率对于成为伟大企业的重要性体现在许多案例中。IBM 在 20 世纪 90 年代的成功转型就是其中一个。IBM 的前 CEO 郭士纳（Louis Gerstner）在他的自传中详细描述了在他主导下 IBM 是如何从一家制造型企业成功转型为一家服务提供商。他的自传名为《谁说大象不能跳舞》（*Who Says Elephants Can't Dance?*）。从此以后，人们开始习惯用"大象跳舞"来形容 IBM 在 20 世纪 90 年代发生的惊心动魄的故事。

IBM（国际商业机器公司），于 1911 年创立，总部设在美国纽约州阿蒙克市，是世界上最大的信息工业跨国公司。目前拥有全球雇员 43 万多人，业务遍及 160 多个国家和地区。该公司创立时的主要业务为生产商用打字机，随后转为文字处理机，然后转到制造计算机和提供相关的服务。IBM 创始人是老托马斯·沃特森。在老托马斯·沃特森的领导下，IBM 形成了非常独特的文化和企业经营风格，包括后人常常提到的穿着得体黑西服的销售人员，对企业的忠诚，以及独一无二的企业口号"THINK"。1952 年，老托马斯·沃特森把衣钵传给了他的儿子小托马斯·沃特森，小托马斯·沃特森率领 IBM 开创了更为辉煌的计算机时代。2007 年，美国的《商业周刊》（*Businessweek*）把老沃特森和小沃特森都评为有史以来最伟大的三十位商业人物之一。他们上榜的理由分别是老沃特森从无到有打造了一家全球公司,而小沃特森将这家公司带到一个新的高度。

IBM 在 20 世纪 70—80 年代作为计算机制造业的龙头企业风光一时。直至 20 世纪 80 年代末,IBM 都是行业内领先的制造商。这个阶段,IBM 的龙头产品是计算机主机(Mainframe)。IBM 在主机市场是如此成功以至于企业内部形成了主机思考(Mainframe Thinking)文化。IBM 虽然在 1981 年就成功地推出了个人电脑,而且大获成功,但是个人电脑与 IBM 的主机文化一直格格不入,因此并不受重视。时过境迁,到 20 世纪 90 年代初期,个人电脑在功能上逐渐强大,IBM 的竞争对手康柏(Compaq)和戴尔(Dell)以更为合理的价格,更为清晰的市场定位抢占了 IBM 大型主机、中小型主机大量的市场份额。于是,订单减少,销售收入和盈利都大幅下滑,IBM 处于风雨飘摇之中。1993 年 1 月 19 日,IBM 宣布 1992 会计年度亏损 49.7 亿美元,这在当时创造了美国历史上最大的年度公司损失的记录。1991 至 1993 年间,IBM 的累积亏损达到了 146 亿美元。人们做出悲观预测,IBM 不出三年必然倒闭。

在这样的背景下,郭士纳(Louis Grestner)出任 IBM 的 CEO,在他的主导下,IBM 启动了艰难的转型过程。图 2.2 给出了从 1990 年 1 月到 2017 年 12 月间 IBM 的股价走势图。作为对比,我也提供了同期标准普尔 500 指数的趋势图,后者被用来衡量同期大市的表现。可以看出,在 20 世纪 90 年代初,IBM 的股票市场表现非常糟糕。从 1991 年到 1997 年这段时间,IBM 的股价表现一直低于市场表现。1990 年 1 月 2 日,IBM 的股价是 16.44 美元;然后一路下滑,至 1993 年 9 月 1 日,IBM 的股价只剩下 8.35 美元。不到三年时间,近 50% 的市值蒸发;而同期标普 500 指数上涨了近 40%。IBM 正是在这样一种内外交困的处境下开始了伟大的转型过程。刚就任 CEO 时，资本市场对郭士纳的判断是他将把 IBM 分拆成若干个公司再逐一出售，因为 IBM 已无法拯救！

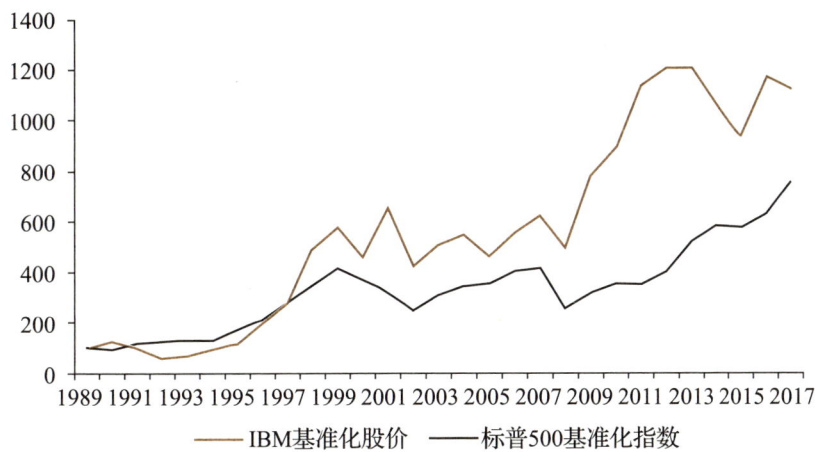

图 2.2　IBM 股价和标普 500 指数对比：1990.1—2017.12

注：1989 年 12 月 29 日的股价水平和指数水平被基准化为 100。

来源：作者计算。

郭士纳强调"One IBM"这一思路，对庞大的 IBM 体系进行大开大合的整合。从公司金融的角度讲，IBM 转型的思路在事后看来非常简单但异常清晰，那就是摒弃规模上的大，追求"伟大"。具体讲，就是逐渐脱离利润率较低的与计算机制造相关的行业，大举进入利润率较高的软件、服务、咨询等业务。而与这个思路相对应的，就是一个不懈提升投资资本收益率的过程。如本书附录所介绍的一样，投资资本收益率的分子是经营利润，分母是经营活动中占用的投入资本总额。剥离计算机及相关业务，有利于大幅减少分母；而大举进入利润率较高的软件、服务、咨询等业务，则有利于提高分子。双管齐下，投资资本收益率得以提高，企业的现金流状况自然就能改善。

我没有办法在这里对 IBM 整个转型的方方面面做出一个全景性的描述，那将是一部厚厚的商业书籍，里面涉及大量的商业细节、眼泪

(IBM 到 1993 年年初就已经累积裁掉了 4 万名员工)、欢笑、失败的阴影和成功的喜悦。我在这里想侧重从公司金融的角度来分析 IBM 这个"沉睡的巨人"是怎样苏醒过来的。

拯救 IBM 急需恢复 IBM 曾经强劲的现金流创造能力。在制造业领域，随着市场需求的疲软和替代产品的出现，单纯依靠在制造业部门里降低预算、裁员、减少投入，作用将极为有限。更何况，仅仅为了维持庞大的制造业部门的运转，IBM 每一年都需要大量的资本投入。据公开资料报道，IBM 在 1993 年有 125 个独立的数据中心，整个 IBM 系统有 128 个首席信息官（CIOs），IBM 在数据处理方面投资很大，但数据处理成本是行业平均的 3 倍。所有这一切合在一起，大大地降低了整个 IBM 的投资资本收益率。要提升投资资本收益率，IBM 面临的挑战是结构性的，IBM 需要对自己的现有业务进行"创造性毁灭"（Creative Destruction）。这也应和了经济学家熊彼特在 20 世纪 30 年代影响深远的论断——"创造性毁灭"是使得一种制度或是一家企业能够成功面对挑战，历久而弥新的重要机制。

围绕这一思路，IBM 进行了一系列的并购、剥离和企业重组。图 2.3 中描绘了 IBM 在 1990 至 1999 年间净资产和市净率的变化情况。图 2.3 的横轴代表净资产，用来衡量 IBM 的规模；纵轴是市净率（即股价除以每股账面值），用来衡量企业的资本市场表现。IBM 在 1990 年到 1994 年间，剥离了四个主要的制造业部门，大幅降低净资产规模。在图 2.3 中，IBM 的位置在向左移动。公司的净资产从 1990 年的 420 亿美元下降到 1993 年的 190 亿美元。降低企业规模，处理冗产和投资回报相对较低的资产，IBM 得以轻装上阵。与此同时，IBM 有选择地增加在软件和服务方面的投资，并于 1995 年 6 月以 35 亿美元收购 Lotus，向软件转型。Lotus 主要从事电子邮件等的协作应用、社交网站和企业办公套件、移动和无线、电子表格和网络内容管理等业务。另外，IBM 于 1996 年收购 Tivoli。Tivoli 从事服务管理、存储管理、资产管理、安全管理、业务应用管理、云计算、虚拟化管理和能效管理等。通过一系列的绿地投资和收购兼并，IBM 大举进入信息技术领域。在将重点从硬件转向软件和服务的时候，IBM 公司在 1995 年率先喊出"电子商务"的口号。除了 IBM 公司自己，没人相信这个概念在其后会带动整个信息科技业乃至整个社会的发展。延续这一思路，2002 年 7 月，IBM 以 35 亿美元的现金和股票形式收购了专业咨询服务公司普华永道咨询公司，加强咨询能力，并于 2004 年把其 PC 业务卖给了中国联想。IBM 在转型过程中越来越把重点放在推动解决企业问题的咨询、服务及软件方面。这一切也反映在过去二十年 IBM 在品牌口号的变化上：从 1995 年的"电子商务"（E-Commerce）到 2004 年的"随需应变"，再到 2008 年的"智慧地球"。

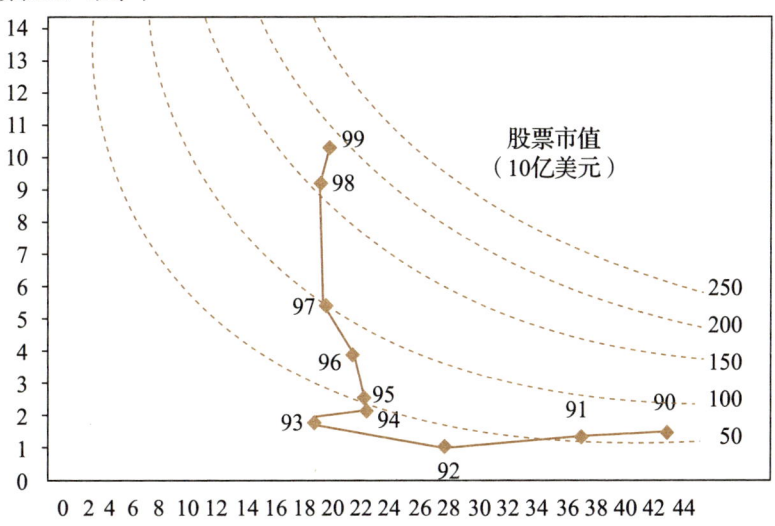

图 2.3　IBM 大象跳舞的路径图

来源：作者根据公开资料整理。数据来源是 Compustat。

图2.3清晰地描述了IBM在这次转型过程中净资产规模和股市表现的变化。转型初期，IBM主要借助资产剥离，我们看到企业按净资产衡量的规模在急剧缩小。从1994年开始，IBM陆陆续续做了一系列的收购，资产数量因此略有回升，规模开始重新变得大起来。但因为收购的新业务集中在服务领域，属于轻资产型业务，所以IBM净资产的规模被严格控制住了。在整个转型过程中，IBM资产规模下降，但盈利能力在迅速上升。反映到资本市场上的表现就是，IBM股票市值大幅提升。1990年到1999年这十年转型时期，IBM的净资产规模下降了55%，但同期股票市值上升了201%，股价上涨了555%，市净率上升了600%。更重要的是，从1998年9月起，IBM的股价终于跑赢了标普500指数。一头曾经笨重的大象终于跳出了轻盈的舞步！

IBM是伟大的企业，它的伟大在于能够因应时势，勇敢转型，寻找可以大幅提高投资资本收益率的商业模式。在面临挑战的时候，IBM能够重新定位，果断卖掉或是剥离掉大量虽带来销售收入但盈利甚微，占用投资资本巨大的制造业部门，确立以服务业为核心的新业务格局。这一转型，大幅提高了IBM的投资资本收益率，使一头已显臃肿、步履蹒跚的大象开始跳出轻盈的舞步。如图2.2所示，至1999年年底，IBM的股价水平是1990年年初的583%，而标普500指数虽然大幅上涨，也只是1990年年初水平的417%。IBM在郭士纳主导下的大转型得到了资本市场的充分肯定。

图2.4中给出了IBM在1981—2017年间的投资资本收益率的变化情况。可以看到，在IBM最困难的1991—1993年，IBM的投资资本收益率确实是非常之低。到了1991年，IBM的ROIC已经下降到了1.4%的水平；到了1992年，IBM的投资资本收益率更是下滑到0；1993年的ROIC水平也只是0.57%。这个时候，IBM应该是不创造任何价值

的。这也是人们在广泛讨论 IBM 濒临破产即将被打包出售的原因。而在 IBM 开始成功转型的时候，企业的投资资本收益率开始攀升，并一直延续至今。IBM 的投资资本收益率在 1994 年恢复到了 6%，基本上与 IBM 的资金成本持平。到 1999 年，投资资本收益率已经上升至 10.4%。此后，IBM 继续提升经营表现。虽然到 2002 年因为互联网泡沫破灭，IBM 的投资资本收益率一度又下滑至 4.8%，但 IBM 业务基本面比较健康，ROIC 水平很快又恢复到 10% 以上，一度高达近 30%。

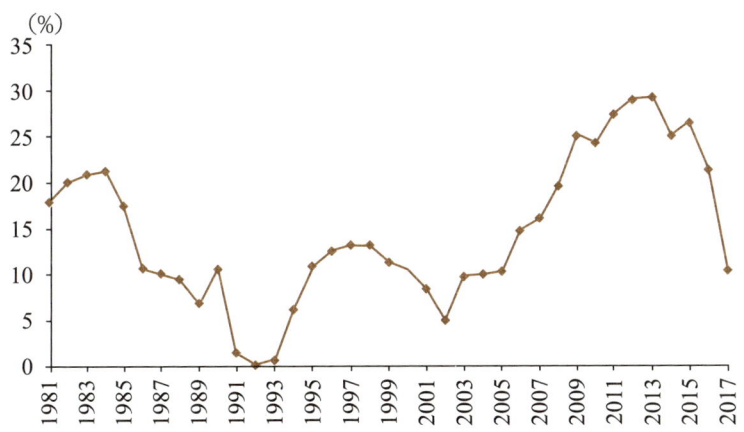

图 2.4　IBM 的投资资本收益率（ROIC）：1981—2017 年
来源：作者根据 Compustat 数据自行计算。

决定企业资本市场变现的，终归是投资资本收益率！

当然，有关"蓝色巨人"的故事不会永远完美。随着互联网时代和移动通讯时代的到来，云计算和大数据在如今的信息产业大行其道，IBM 面临的生态环境正在发生剧烈变化，IBM 面临着巨大的挑战。但是，只要 IBM 关注客户价值，重视人才培养的企业文化能够延续，我相信蓝色巨人具有"创造性毁灭"的转型基因，能够在互联网化的转型中找到适宜自己的、足以提升投资资本收益率的业务重点，延续价值创造的奇迹。

IBM大象跳舞的故事启发我们,"大"并不是企业应该追求的最终的目标,成为伟大企业并不需要在规模上傲视群雄。伟大企业的内涵在于是否拥有稳健的盈利模式,是否能给投资者持续稳定的投资回报。这取决于该企业能否长期保持高水平的投资资本收益率。这对于仍孜孜于追求规模上的"大",而忽略效益上的"强"的中国企业而言,具有极强的启示意义。

从大到伟大,迈步进入第二次长征的中国企业需要学习把经营的思路从规模转向可持续的盈利模式,以创造价值为长期坚守的目标,以提升投资资本收益率作为实现目标的具体手段。

第三章 商业模式与投资资本收益率

真正的寻找之旅不在于寻找新的疆域,而在于找到新的视角。

——普罗斯特

大量实证研究显示，投资资本收益率是与企业价值创造关系最为密切的财务指标之一。对于一个以创造价值为目的的企业，矢志不渝提升ROIC应该渗透在企业战略、经营管理、资本市场运作等方方面面。任何商业模式的创新都与企业找到某类方法、技术或是理念去持续不断地提升投资资本收益率有关。本章用若干成功或是失败的企业案例来讨论投资资本收益率是怎样和商业模式联系在一起的。

什么是商业模式

商业模式并没有一个统一定义。一般来说，商业模式是对一个组织创造、传输和捕捉价值（可以是经济价值、社会价值，甚至是政治利益）的理念和行为的总称。这样一个抽象的描述显然不能帮助我们理解为什么中国企业很少有能让人眼睛一亮的商业模式，也不能帮助我们去思考中国企业应该有什么样的新的商业模式。但是，如果我们把完整构筑的一个商业模式的各个拼板列出来，在每一个拼板上找到未来能够最大程度创造价值（提升投资资本收益率）的新元素，然后把它们拼在一起，形成一个完整的拼图，那么这样一个拼图就有可能给我们提供一个较为具体，而且有可能更为优异的商业模式。

构成一个商业模式的九个拼板是：消费者细分、价值理念、实现价值的渠道、与顾客关系、营收源泉、关键资源、关键活动、关键利益相关方和成本结构。这九个模块对不同行业、不同性质的企业的重要性有所不同。但它们合在一起后，基本上覆盖了某一个商业模式的方方面面。

如果一个企业在这九个板块的若干个环节都能找到独树一帜的方法去持续提升投资资本收益率，那么我们可以确信这个企业就已经找到了一个全新的商业模式。这九个拼块包含着无穷的组合，它们合在一起形成的完整拼盘，决定了走向未来的中国企业所追求的新的商业模式。可以设想，这些差异化的选择将以不同的方式和更高的效率存在于中国实体经济中，从中也孕育着中国出现伟大企业的可能性。

我必须承认，上文关于商业模式的描绘过于技术化，显得机械。一种商业模式是否伟大，不是一件可以预先规划的事情，它甚至不是由企业或是企业家决定的。可以说，市场所起的作用是巨大的。成为伟大企业可能是任何企业的愿景，但真正决定一个商业模式是否能够保持可持续竞争优势（Sustainable Competitive Advantage）的是市场。在市场优胜劣汰的竞争中能够脱颖而出的商业模式是成就伟大企业的不二前提。

套用哈佛商学院教授 Kim Clark 对技术进步的一个观察。在他看来，任何一种技术都是模块式的（Modular）。对构成技术的各个模块的创新会引发技术创新；但是，把各个模块衔接起来的是"建筑"（Architecture），"建筑"层面上的创新才是真正能够产生革命性影响力的创新。

依照 Clark 这个观察，我们可以作一个类比。构成商业模式的各个模块里的创新都有可能帮助推动商业模式的创新，但是真正意义上的创新源于"建筑"上的创新，即把各个模块连接在一起这一个层面的创新。可以这么说，在模块层面的创新是渐进式创新（Incremental Innovation），而在"建筑"层面的创新就有可能是颠覆式的创新（Disruptive Innovation），判断这一层面的创新是否带来价值的最后裁判是市场。回到我在前文中一再强调的内容，伟大的商业模式是不可能依靠顶层设计的！能依靠的是企业自下向上在构成商业模式的各个模块里寻求突破推动创新，是企业在把各个模块组合在一起的组合层面（即"建筑"）上的创新。不管是渐进式或是革命式创新，里面的核心思想都是可以持续的高水平的投资资本收益率（ROIC）。

为了更好地表述上面的思想，我在下文用沃尔玛的崛起作为案例来讨论创新商业模式与投资资本收益率之间的关系。

沃尔玛的故事

1962 年，山姆·沃尔顿创立了沃尔玛。他不仅开启了沃尔玛高速发展的历史，也塑造了 20 世纪最大的商业奇迹之一。沃尔玛于 1972 年在纽约股票交易所上市。之后，它加速扩张，不仅超过了 K-Mart 和西尔斯（Sears）成为全球最大的零售商，同时也成为全球最大的企业之一，比肩埃克森美孚、中石油、壳牌这样的大型综合性油气企业。2011 年，在《财富》全球 500 强排行榜上，沃尔玛以 4218 亿美元的销售收入高居全球第一（沃尔玛当年的税后利润是 164 亿美元），2012 年和 2013 年，沃尔玛的营业收入都高居全球前三甲。在刚刚公布的 2017 年财报里，沃尔玛销售收入达到 5003 亿美元，连续六年名列美国销售收入最高的企业。

零售业竞争激烈、利润率不高、进入门槛低，被很多人认为是夕阳行业，不容易再出现革命性的创新。按照许多企业家的理解，零售业是典型的"红海"，市场分割支离破碎，寻求基业长青的企业应该果断抛弃这个竞争已经非常残酷的行业，进入"蓝海"。然而，就是在这样的一个看起来并没有太多进一步成长空间的行业里，沃尔玛用了不到30年的时间迅速崛起，[一]令人称奇。沃尔玛目前在全球16个国家有8500个分店，在全球范围内雇用了210万员工，国际销售占到整个企业销售收入的25%，已经成为一个名副其实的跨国零售企业。

沃尔玛的成功背后有什么秘诀？管理界和学界有大量的研究和讨论，也有很大的争议。有人把他归结于创始人山姆·沃尔顿对成本控制的不懈坚持。即使贵为全球最有钱的富豪之一，山姆·沃尔顿出门也只坐经济舱，几十年固定去一家理发店花5美元理发（从不给小费），出入开一辆旧式的小卡车。山姆·沃尔顿个人低调、节俭到甚至吝啬的生活方式无疑也给他创立的企业打上了深深的烙印。沃尔顿在他1992年出版的自传中说："在零售这个行业，不管你怎么去划分它，降低成本始终是维持利润率最重要的一环，而员工工资是成本最主要的构成部分之一。"[二]山姆·沃尔顿出于对成本的控制，对工会一直采取非常强势的态度，尽量排斥工会对沃尔玛在员工工资设定上的影响。沃尔玛在劳工关系方面的表现一直备受诟病。

也有人把沃尔玛的成功归结于它历来所严格遵循的低价战略。"每天都是最低价"（Everyday the Lowest Prices）是沃尔玛喊出的口号。沃

[一] 沃尔玛是在1991年超过西尔斯成为美国最大的零售商的。
[二] 参见"A Brief History of Walmart"（T. A. Frank），Washington Monthly, April, 2006。

尔玛在随后的经营中也确实严格遵循这一理念，虽然这一口号在后来的岁月中有诸多调整，逐渐变为"总是低价"（Low prices, always）；"帮人们省钱，让他们过上更好的生活。"（Save money for people so they can live better lives）。这里值得一提的是，许多零售商都采用低价策略，但仅仅限于策略层面，很多时候流于"价格战"这种形式。当一个企业把低价作为一个长期的目标来追求时，它就上升到了战略层面，这就需要持之以恒的战略定力。沃尔玛坚持的低价战略为它吸引和维持顾客流量创造出了比较优势。低价在沃尔玛已经上升到了一个战略高度。

上述对沃尔玛成功的讨论都有道理，但缺乏对沃尔玛整体商业模式中成功要素的系统分析。在我看来，沃尔玛的崛起与这个企业坚持不懈寻找在零售业里怎样提升投资资本收益率有关。

我在图3.1中比较了沃尔玛和另外一家零售商K-Mart在1994—1998年间的投资资本收益率。这五年是这两家零售企业命运发生根本转折的关键五年——在沃尔玛高速发展，持续领先零售业同僚的时候，K-Mart在困境中越陷越深，最终于2001年宣布破产。两家零售企业的命运可以通过它们各自在投资资本收益率上的表现反映出来。如果我们考察这两个企业的税前投资资本收益率（虽然两个企业都是美国企业，但考虑到边际税率上可能出现的差异，用税前投资资本收益率更具可比性），我们容易发现，在1994年至1998年间的任何一年，沃尔玛的税前投资资本收益率都要远远高于竞争对手K-Mart，这意味着沃尔玛比K-Mart具有更强的价值创造能力。这两个企业虽同属一个行业，经营类似的业务，但命运迥异，这和它们在投资资本收益率上的巨大差异有关。1994年至1998年间，沃尔玛的税前投资资本收益率在15%~20%之间，这对于像零售业这样一个高度竞争、投入资本巨大的行业而言，是非常了不起的一个成绩。

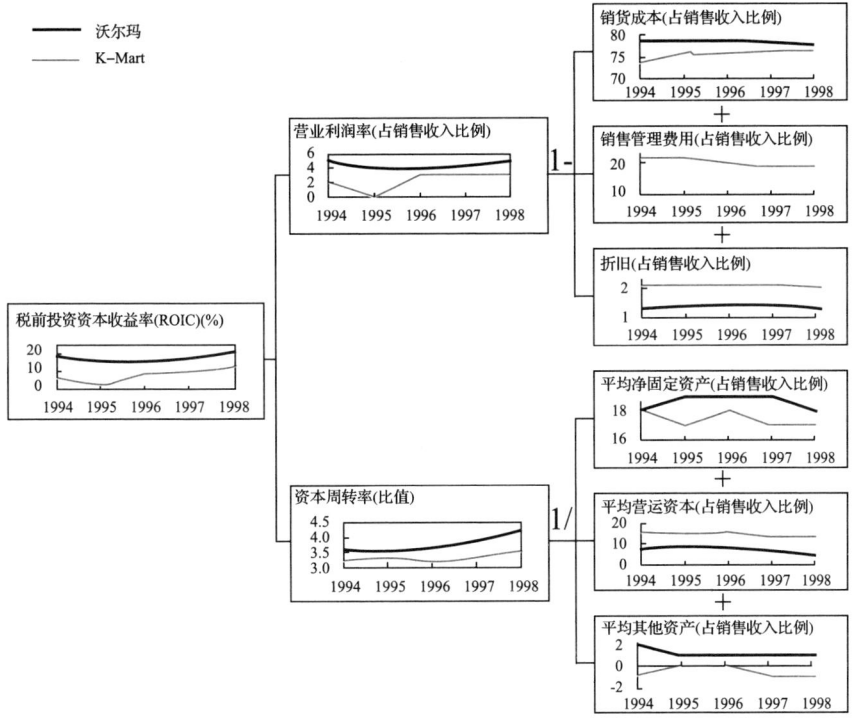

图 3.1　沃尔玛和 K-Mart 的投资资本收益率分解比较：1994—1998 年
来源：作者根据上市公司数据自行整理。

我在这里讨论的焦点是沃尔玛何以能够长期保持一个比竞争对手高很多的投资资本收益率？沃尔玛在商业模式方面有何独特之处？我相信，正是沃尔玛的这些独特之处，使得它能够在激烈的竞争中脱颖而出，成为一个伟大企业。

为了更好地理解、回答上述问题，我在此分析沃尔玛投资资本收益率的构成。如图 3.1 所示，税前投资资本收益率等于营业利润率和资本周转率的乘积。营业利润率是企业的税前利润除以营业收入；而资本周转率定义为营业收入除以投资资本。显然，沃尔玛在营业利润率和资本周转率上的表现都要好过 K-Mart，这也解释了为什么沃尔玛会有比 K-Mart 高许多的投资资本收益率。沃尔玛能够维持一个相对较高的营业利润率，与沃尔玛在商业模式的若干构成模块上的创新有关：（1）沃尔玛实施全球统一采购，由于采购量大，在与供货商的讨价还价过程中有明显的议价能力，这有利于大幅降低采购成本；（2）沃尔玛在与工会的对峙中保持强势，尽量排斥工会对员工薪酬制定的影响，同时，沃尔玛雇用的员工中，30%以上是兼职员工，劳动力成本相对低廉，这进一步降低沃尔玛的运营成本；（3）沃尔玛还大量投资信息管理系统，开发物流和仓储管理的软件系统，更合理地配置资源，降低了对员工数量的需求；（4）沃尔玛的折旧相对较低（这归结于沃尔玛的"轻资产"战略，我在下面会再特别讨论这一点）。综合上述因素，我们发现正是低折旧和低管理费用导致了沃尔玛与K-Mart在利润率上的巨大差异。

沃尔玛的资本周转率也要远远高于K-Mart。这意味着，沃尔玛一块钱的资本投资能够带来更多的营业收入。分析资本投资的构成，容易发现沃尔玛的营运资金占用要远远低于K-Mart，这是导致沃尔玛资本周转率高的重要原因。与此同时，沃尔玛的固定资产占用虽然比K-Mart高一些，但折旧相对低。造成这一切的根本原因在于沃尔玛在商业模式上的创新，而这些创新本身有利于提升投资资本收益率。例如，沃尔玛70%的店铺是通过租赁方式获得的，这有利于大大降低固定资产占用和折旧。沃尔玛是零售商中最早采用计算机技术来支持库存管理、订货和信息发布的。1983年，沃尔玛甚至发射了一颗卫星作为其通信中枢，来维持一个良好的存货管理系统；沃尔玛也通过2000多辆专用货车团队，建立物流主干和网点的合理配置，以此大幅降低存货水平；沃尔玛在考核各个店铺业绩时，明确把存货水平和货物在架时间等作为考核指标，这提供了足够的动力让各个沃尔玛店去降低存货；尤其值得指出的是，沃尔玛利用其强大的采购方面的议价优势，在与供货商谈判时明显处于强势地位，因此沃尔玛可以维持一个比较高的应付款（Account Receivables）规模，这进一步减少了沃尔玛在经营中的资本占用。

综合上面讨论，可以发现，沃尔玛实际上是用一种"轻"资产的战略来做零售业，这使得它区别于传统零售企业。传统零售企业在经营过程中需要占用大量的资本（例如：存货，固定资产等），增加了投资资本收益率计算公式中的分母部分，而零售业的毛利整体不算太高，这两者结合在一起就大大降低了投资资本收益率和企业的整体价值创造能力。**沃尔玛某种程度上逆袭零售业**，在最不可能出现新商业模式的领域用创新型的做法重新梳理零售业领域的价值创造机会，大大提高了投资资本收益率，从而获得极大的成功。

沃尔玛的成功与其在构成商业模式的几大模块找到对应的价值创造机会有关。例如，在消费者细分方面，沃尔玛强调大众市场，中低收入群体，然后逐渐向中产阶级辐射，这种定位使得沃尔玛能长期维持一个深厚的消费者基础；在价值理念方面，沃尔玛的"每天都是最低价"深入人心，把低价策略通过几十年的坚持上升到战略高度，沃尔玛展示了它的独特性；在实现价值的渠道方面，沃尔玛有星罗棋布的网点和精确的存货管理；在与顾客关系方面，沃尔玛在某种程度上用低价来代替更为完整的服务，这对那些对价格比较敏感的顾客而言，有很大的吸引力；在营收源泉层面，沃尔玛通过降低成本、降低投资资本占用等方式创造出相对丰沛的现金流；在关键资源、关键活动、关键利益相关方等方面，沃尔玛针对供货商的议价权、对工会的相对强势等都帮助沃尔玛塑造了独特的商业模式。

事实上，对沃尔玛商业模式最好的一个表述就是图 3.1。长时间保持高水平的投资资本收益率是沃尔玛成为伟大企业的关键所在，沃尔玛特有的商业模式从不同侧面帮助企业提升了投资资本收益率。

为了再次强调投资资本收益率的重要性，也彰显沃尔玛在商业模式上的竞争力，图 3.2 比较了华润创业与沃尔玛 2009 年的投资资本收益率及其构成。后文（本书第七章）将完整讨论华润创业的案例。在这里，我并不打算对华润创业的整体表现及其商业模式做出一个仔细而系统的评价。毕竟，除了零售业务外，华润创业还有很大的一块业务分布在啤酒行业;⊖另外，华润创业也有相当规模的食品业务。我只是想通过对华润创业与沃尔玛的比较，探讨两者在商业模式上的不同。需要在此强调的是，我在分析中没有任何价值判断，绝对是就事论事。

如图3.2所示，华润创业与沃尔玛的税前投资资本收益率有很大的差异。我根据两家企业2009年年度报表分别进行计算，华润创业2009年的税前投资资本收益率是5%，而沃尔玛则高达18%。从盈利能力和企业价值创造潜力来看，沃尔玛的表现要远远优于华润创业。那究竟是什么原因导致了这两家企业在投资资本收益率上的巨大差异呢？

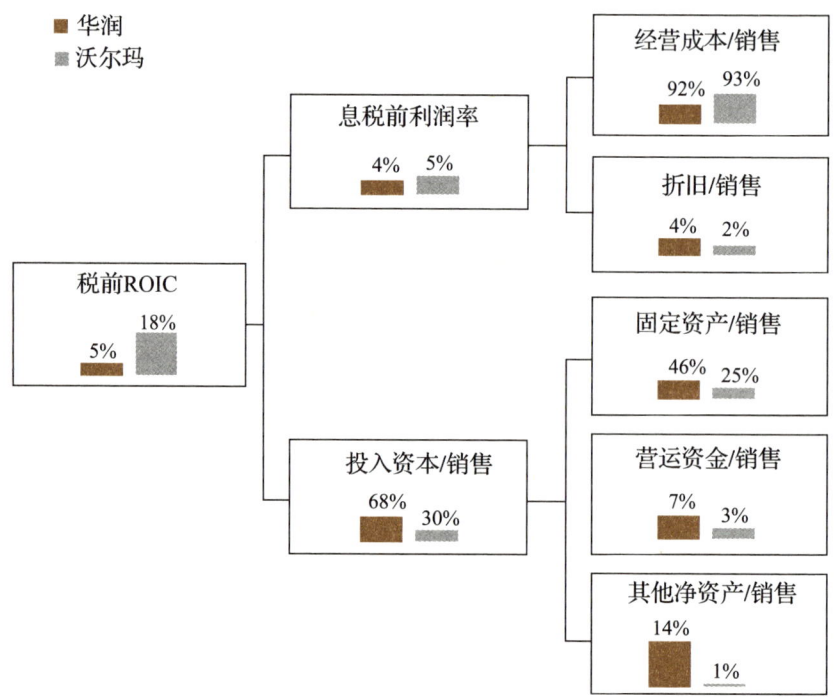

图3.2　华润创业和沃尔玛的投资资本收益率分析，2009年

来源：作者根据上市公司数据整理。

⊖ 正如我在本书第七章中讨论的，华润创业在2015年彻底剥离了零售和其他食品业务，专注于经营啤酒业务。

如果仔细分析两家企业在投资资本收益率上的构成，我们发现两家企业在营业利润率和资本周转率方面都有差距。华润营业利润只有4%，主要是因为华润创业较高的售货成本（92%）和折旧（4%）所致，而沃尔玛在这两项指标上的取值分别为93%和2%，合在一起比华润创业要低1个百分点。沃尔玛的成本控制方面的优势并不明显。但两个企业在投资资本和营业收入比例方面的表现高下立现，华润创业是68%，而沃尔玛只有30%，低了整整38个百分点，可以说导致沃尔玛与华润创业在投资资本收益率上出现巨大差距的根本原因在于华润创业经营活动中过多的投资资本占用。而导致华润创业投资资本过多的主要原因在于其固定资产占收入的比例过高——华润创业的这个数值是46%，比沃尔玛高了整整21个百分点。

至此，我们可以做些初步的判断。在零售业这个领域，如果华润创业想进一步提升价值创造的话，其实有很大的空间。沃尔玛在其商业模式上有许多特点值得效仿。比如沃尔玛的成本控制，还有沃尔玛想方设法利用各种方式降低投资资本占用等，都值得借鉴。有人会反驳，华润创业除了零售业务之外还有啤酒和食品等其他业务，这样比较两个企业并不合适。对此，我的回应是投资者在评估华润创业的零售业务时，主要看其价值创造能力以及体现价值创造能力的投资资本收益率水平。如果企业在这个环节上的差距是因为它同时也在经营别的业务，那么一个更为合理的问题就是，华润创业为什么不分拆这几项业务呢？

通用电气——基业长青背后

2018年6月19日，通用电气（GE）被正式从道琼斯指数中移出,取而代之的是连锁药店沃尔格林联合博姿(Walgreen Boots Alliance Inc.,简称"沃博联")。过去的一年,通用电气的股价下滑了55%,而标准普尔500指数却上涨了13%。通用电气出局,意味着诞生于1896年的道琼斯指数终于与最后一个初始成员告别,而通用电气也离开了坚守逾百年的道琼斯指数。

通用电气是最容易被误读的企业。曾经,许多中国企业很推崇通用电气,因为它的悠久历史,因为它的多元化经营,因为它的庞大规模。最近几年,尤其是在全球金融危机之后,通用电器开始重新调整业务单位组合,逐渐剥离金融类业务,出售或拆分大量其他业务,人们对通用电气又一面倒地大肆批评。尤其是2018年6月19日消息传出后,类似"从辉煌一世到奄奄一息""困局破解,崩溃是最佳结局""从美国偶像到一摊烂泥"等标题频频现于报端。在通用电气126年的历史中,类似的起伏和业务大调整并不鲜见。能够在道琼斯指数存活逾百年这一事实本身,就已经说明通用电气是一家基业长青的企业。作为一个样本,分析通用电气长时间保持良好的盈利成长背后的秘诀,以及投资资本收益率在其中扮演的作用,乃至就此探讨通用电气目前出现僵局的原因,仍有很大的参照意义。

一言以蔽之,通用电气过往成功的秘诀在于始终坚持以投资资本收益率作为衡量是否投资、是否进入一个"看起来很美"的行业的最重要的指标。作为一家多元化的跨国企业,通用电器的业务单位组合在过去一百年进行过无数次调整。但新组合的形成有一个前提,那就是要保证能够带来足够高的投资资本收益率,使得企业的盈利能够持续增长。

通用电气的前身是托马斯·爱迪生在1876年创立的爱迪生电灯公司。1890年,爱迪生将各项业务重组,成立爱迪生通用电气公司，并于 1892 年与汤姆森-休斯顿电气公司合并，成立通用电气公司，总部设在纽约州的斯克内克塔迪。㊀1896 年，道琼斯工业指数榜设立，通用电气公司是当时上榜的 12 家企业之一。时至今日，它也是唯一一个仍在指数榜上的企业。创建 126 年来，通用电气不断推出新的美好产品，改变着人类的生活。通用电气的飞机引擎统治着全球市场；各种天然气、煤炭和核能电厂的机组大多由通用电气制造；通用电气的 CT 和核磁共振成像仪器像是艺术品级别的存在……可以说，通用电气完美地体现了基业长青这样一个企业经营的终极梦想。

通用电器发展到今天已经变成全球投资最分散的跨国企业之一。它的投资涉及管理、能源、工业生产和服务行业。其中，通用资本服务公司（GECS）已经成为通用电气最重要的收入来源之一。除了通用电器资本服务外，通用现在的主要业务还包括：飞机工程、器械、工业产品和系统、塑料工业、能源系统、科技产品及服务，还有大名鼎鼎的美国国家广播公司（NBC）及其下属公司。

通用电器在 2008 年金融危机前的发展一直都很顺遂，赢得了一个企业几乎能够获得的所有荣耀。包括《福布斯》杂志的世界最令人钦佩的企业；《金融时报》的世界最受尊敬企业；《财富》杂志的美国最伟大的财富创造者等。通用电器被公认为是 20 世纪最伟大的企业，其前任 CEO 杰克·韦尔奇也被广泛认为是 20 世纪最伟大的企业家之一。通用电器基业长青背后是企业最长时间地保持高水平的投资资本收益率的追求。图 3.3 给出了通用电器的投资资本收益率在 1982—2017 年期间的变化。

㊀ 1892 年被确认为通用电气的成立年份。

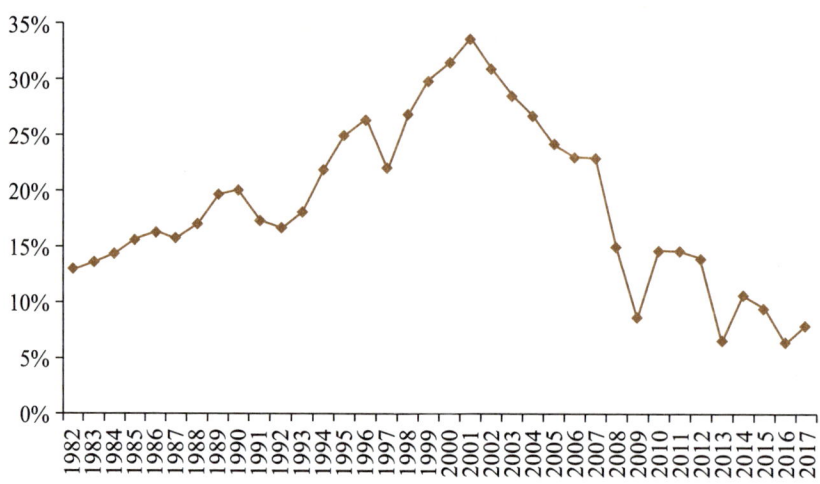

图 3.3　通用电气投资资本收益率：1982—2017 年

来源：作者根据 Compustat 数据计算整理。

图 3.3 显示：（1）通用电气在 1982—2008 年这段时期，历经数任 CEO，多次经济周期，仍然维持了非常卓越的表现，总体投资资本收益率长期保持在 15%~20% 之间；（2）作为一个年销售收入在千亿美元以上这样级别的企业，长期保持 15%~20% 左右的投资资本收益率是通用电气能够在资本市场上有突出表现的根本原因；（3）2008 年开始的金融危机对通用电气的投资资本收益率伤害比较大，2009 年 ROIC 一度下滑到个位数水平（8.8%），虽然绝对水平并不低，但对比过往 15%~20% 的水平下滑甚多。2016 通用电气的 ROIC 进一步下滑到 6.6% 的水平，这解释了为什么通用电气的股票市值自 2016 年 11 月起会大幅缩水。㊀

㊀ 关于通用电气在伊梅尔特领导下在战略布局等方面的种种争议，并不是我讨论的焦点。事实上，它也不会影响我们对 GE 过去一百多年在企业战略和经营能力方面的判断。

对于一个辉煌了一个多世纪的成功企业，最近的业绩下滑只是一个新的挑战。通用电气仍然拥有一系列几近完美的产品，从电力系统、飞机引擎到医疗设备。或许通用电气最终会变成一个普通一些的工业公司，但很少有人能否认它是过去一百年最伟大的企业之一。通用电气过往的成功验证了我在前面所强调的长时期保持高水平的投资资本收益率对成就伟大企业的重要性。通用电气在一百年前就在强调、其企业战略是保证给投资者提供持续和可预测的盈利成长（Consistent and Predictable Earnings Growth）。为了能够长期实现这一战略目标，通用电气并不是盲目追求做大，而是精心挑选投资项目，尤其是参与竞争的行业。对于通用电气而言，如果在一个行业里不能做到世界第一或第二的话，那么它就没有进入这个行业的必要。通用电气的多元化是有取舍的多元化，多元化的目的是保证企业有一个配置合理的业务单位组合，多元化却能保持对主业的专注，规模庞大却身手灵活，从而能保证整个企业的投资资本收益率，实现盈利的稳定和持续增长，而且可以成功避免任何一个行业周期性波动所带来的冲击。

通用电气一般会选择进入什么样的行业呢？图 3.4 给出了一个行业分布示意图。其中，纵轴衡量产品技术的时钟速度，用的是麻省理工学院的著名学者 Charles Fine 提出的"时钟速度"（Clockspeed）这一概念。这个变量取值越大，表明这个行业中产品革新率越高，即产品迭代的速度越快。图 3.4 的横轴用的是行业经济的变动率，我们用行业平均每股盈利的方差来衡量。这个变量取值越大，表明该行业的整体盈利波动性越大，位于该行业的企业的盈利状况容易大起大落。

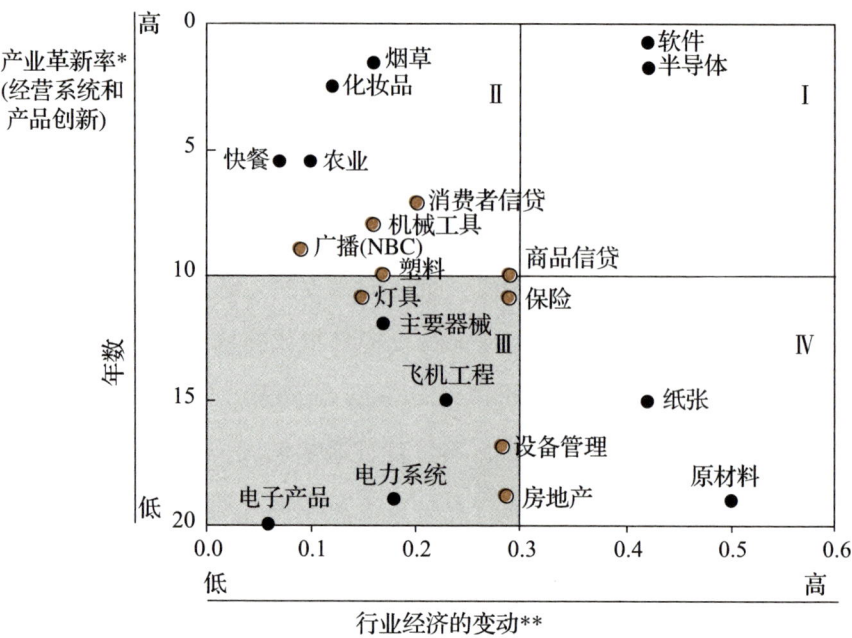

图 3.4 通用电气的区域

注：＊采用麻省理工学院 Charles Fine 的时钟速度来衡量。
＊＊用行业平均每股收益的方差来衡量。
来源：Measuring Clockspeed，（Charles Fine）；作者整理。

按照图 3.4，一个孜孜追求基业长青、盈利持续增长的企业，显然应该避免进入东南区域，因为这些行业盈利极不稳定，容易导致企业整体投资回报大起大落；出于同样的原因，企业也应该避免进入东北区域，除了盈利不稳定之外，进入这里的行业还得面临产品迭代速度过快的挑战，更不易维持盈利的稳定增长；西北区域里的行业虽然整体盈利相对稳定，但过快的产品迭代速度使得企业长期维持竞争力和高水平的投资资本收益率变得极具挑战；剩下的就是西南区域，这就是著名的通用电气区域（GE Zone）。事实上，通用电器一直在避免投资经营那些位于在通用电气区域之外的业务。经营系统创新或者产品创新以及盈利的大幅波动都会扰乱管理层并影响收益的稳定增长。通用电气通过积极的收购和剥离，以将其投资经营的组合保持在目标区域内（西南区域）。

通用电气历史上最伟大的CEO杰克·韦尔奇对于通用电气的行业投资选择有偏执狂式的坚持。他在1981年出任通用电气的CEO时，通用电气也一度处于风雨飘摇之中。企业过去大肆扩张，不断进入新的行业，摊子越铺越大，正面临"多元化"折价（Diversification Discount）这一困境和分崩离析甚至被收购的命运。杰克·韦尔奇果断重塑公司愿景，他把调整业务单位组合和提升企业价值创造作为战略上的侧重。他对下属这么说："对于我们选择进入的每一个行业，我们都必须成为第一或是第二；我们必须革命性地塑造我们的企业，让它重新具备一个小企业所特有的速度和灵敏性。"他把这种思路贯穿到管理层薪酬考核、公司内部资源配置和企业文化建设等方面。

对于他果断剥离掉的业务，他不曾流露出任何感情色彩，展现他铁血的一面。他对当时的高科技行业半导体有过如下叙述："我从不喜欢半导体……这是一个资本密集的周期性行业，它的产品生命周期非常短，并且它对于大多数投资者的回报已经落到了历史性的最低点。"

在剥离掉Utah International之后，对于这个通用电器在1976年花费22亿美金收购的矿业企业，杰克·韦尔奇评论说："我觉得Utah International业务上的周期性使得我们持续盈利的目标无法实现。我不喜欢能源和原材料方面的生意，它让我感觉事情经常超出我们控制的范围……"杰克·韦尔奇还说："我们是在舞会中跳得最快的庞然大物。但是要想成为一名最快的舞者，我们还有很长的路要走呢。"

通用电气基业长青背后是通过对企业战略的坚守，沿用灵活的资本市场运作来保证企业能够长时间地保持高投资资本收益率。通用电气身上体现的是对伟大的追求，绝非只是简单的对规模的追求。

当然，通用电气最近的际遇让人唏嘘。但是唏嘘之余，通用电气命运的变迁也给企业经营者带来了若干启示。首先，保持基业长青非常之难；其次，如果战略、资本市场运作、企业内部管理等不能够为企业带来高水平的投资资本收益率，那么再伟大的企业也会面临困境。

尚德的兴衰

一个企业在短时间内实现规模上的突破并获得较高的投资资本收益率，但不能长期保持高水平的投资资本收益率，不能长期创造价值，就不能称其为伟大企业。无锡尚德不到十年由盛转衰的历程，证明企业应该追求的伟大，并不是简单的市场份额或是企业规模。换而言之，大绝非伟大！

1988年，年轻的施正荣满怀抱负，以公派留学生的身份赴澳大利亚留学，在悉尼的新南威尔士大学的物理系主攻太阳能技术，师从该领域赫赫有名的马丁·格林（Martin Green）教授。1992年，施正荣博士毕业，毕业后随即加入了马丁·格林教授创立的太平洋太阳能公司（Pacific Solar），任研究总监。在太平洋太阳能公司工作的8年，施正荣深入研究了如何通过减少制造过程中原材料硅的使用量来控制太阳能光伏的成本。尽管对悉尼的生活非常满意，但施正荣总觉得自己的潜力没有充分发挥出来——中国经济正在高速发展，而自己仅仅是一个旁观者而已。最终，施正荣决定回国，以创新者和创业者的身份开启新的生活。

施正荣于2000年回到国内,当时太阳能光伏对大多数中国人而言都是个全新的概念。施正荣花了一年多时间,辗转游说各地政府来支持他的太阳能光伏项目。最终,他成功说服江苏无锡市政府出资600万美元,占股75%,启动了他的创业项目。而施正荣本人则出资40万美元,并以技术入股的形式,占有公司25%的股份。2001年1月21日,无锡尚德太阳能电力有限公司(无锡尚德)正式成立。

尚德故事

无锡尚德于2002年8月建成第一条产能10兆瓦的太阳能光伏电池生产线,之后便开始"跨越式发展"。随着经营规模的扩大,无锡尚德的产品质量也在稳步提升。2004年,无锡尚德被国际权威光伏杂志《*PHOTON International*》评为全球领先的太阳能光伏制造商。无锡尚德追求低成本的生产模式,努力实现高于行业平均水平的光伏转换效率。2005年年底,无锡尚德成功跻身全球光伏产业前五强,产能达到150兆瓦。

2005年,通过所有权变更重组,无锡市政府从无锡尚德中退出。同年,施正荣在英属维尔京群岛注册成立尚德电力控股有限公司(尚德电力),100%控股无锡尚德。同年12月,尚德电力在纽交所上市,成为第一家在纽交所成功上市的中国民营企业。2006年,尚德电力的股价飙升至每股40美元以上,施正荣也以23亿美元的财富荣登当年中国的首富宝座。到2007年年底,尚德电力的产能达到360兆瓦,全年实现销售收入超过100亿元人民币,市值突破100亿美元,进入全球光伏电池前三强。2008年,随着欧美市场对太阳能电池的需求增加,全球的光伏产业达到顶峰。尚德在银行贷款的支持下继续大力投资,到2010年,产能和出货量都跃居全球第一,成为全球最大的光伏电池制造商。

但就在尚德刚刚达到顶峰之际，它的好运气似乎用完了。美欧是尚德主要的出口市场，而到 2008 年第四季度，由于美欧爆发经济危机，市场对光伏组件的需求大幅下降。另一方面，由于越来越多的中国厂商在各地政府的支持下纷纷进入光伏行业，光伏电池的供给仍然保持在高位，巨大的产能过剩导致价格和利润率大幅下滑。尽管 2010 年尚德的财务报表显示当年的净利润为 2.623 亿美元，但利润主要来自投资收益，而并非来自其主营业务——光伏电池。

图 3.5　尚德电力的股价走势：2005 年 12 月 14 日—2013 年 11 月 8 日
来源：雅虎财经。

2011 年，尚德与其主要的硅片供应商美国 MEMC 公司提前终止长期合同，并为此支付了巨额违约金，致使当年尚德出现了净亏损。同年，尚德电力的股价也下跌至每股 9 美元左右。进入 2012 年，尚德电

第三章
商业模式与投资资本收益率

力的股价继续急剧下挫,全年大部分时间在每股 1 美元左右徘徊。尚德一直努力打造的模式——即低成本生产放在国内、销售和市场面向海外的模式受到了广泛质疑。

2012 年 9 月,尚德的疯狂扩张之路终于走到了尽头。时任 CEO 金纬宣布削减四分之一的产能,并裁员 1500 人。2013 年 3 月 4 日,尚德的董事会投票罢免了施正荣的董事长职务。紧接着在 3 月 15 日,占上市公司尚德电力总产能 90% 的无锡尚德,因无力偿还 5.41 亿美元的到期可转债而宣布违约。尚德电力的股价也因此在一日内暴跌 24.91%,最终报收于每股 44 美分[一]。

从一鸣惊人、走向顶峰到盛极而衰、跌落谷底,尚德一共只用了 12 年多一点的时间。尚德无休止地追求经营规模,无视投资资本收益率(ROIC)的提升是尚德轰然倒塌的根本原因。尚德的困境由很多外部原因造成,一是由于产能过剩导致产品价格大幅下滑;二是受到了 2008 年金融危机的波及;三是因为美国和欧盟针对它的反倾销活动。但是,除了这些外部因素以外,尚德的衰败从根本上讲,是由其激进的扩张战略和一系列糟糕的投资决策所导致的。

2007—2010 年间,尚德电力的利润率从 14.8% 一路下滑至 8.2%,甚至在 2011 年出现主营业务严重亏损,利润率狂跌至 -19.3%。2007—2010 年间,虽然尚德的销售收入保持着强劲的增长势头,但由于利润率下降严重,其息税前利润(EBIT)几乎没有增加,而固定资产的规模却大幅上升,导致投资资本收益率逐渐恶化。

尚德的利润率逐年下降的主要原因是中国光伏产业的产能严重过剩。光伏产业顶着"新兴清洁能源"的光环,是地方政府眼中的宠儿。

[一] 尚德电力 90% 的产能来自无锡尚德。

类似尚德这样的项目很容易得到税收、土地、外部融资等各方面的优惠政策。大量资本因此涌入光伏行业，很多企业也渴望复制尚德的奇迹。早在 2007 年年初，国内就有超过 100 个地级市宣布在当地建设光伏产业园。经过几年"大跃进"式的发展，中国光伏产业的产能过剩问题变得非常严重。

中国光伏产业不断下滑的利润率也与其发展模式有关。长期以来，尚德和其他中国光伏企业主打本土低成本制造战略，而技术、原材料和销售严重依赖海外市场。大部分企业缺乏核心竞争力，只能依靠价格恶性竞争。自 2010 年以来，由于美欧对中国太阳能光伏企业实施了反倾销关税，海外市场对光伏电池产品的需求骤减，致使中国光伏企业的盈利能力进一步恶化。

对尚德败局的反思

2010 年，尚德成为全球最大的光伏产品供应商，但自此之后，它非但没有走向伟大，反而一落千丈。尚德的轰然倒塌对于中国企业而言有着非常重要的借鉴意义。首先，尚德的失败与地方政府的政策不无关系。在尚德发展的初期，当地政府给予尚德诸多补贴和税收上的优惠，极大地促进了尚德的生长，但同时也不断向尚德施压，要求它通过追加投资进一步扩大产能。由于各地政府都采取了类似的手段以促进本地光伏产业的发展，中国的光伏产业迎来了一轮又一轮的投资热潮，致使整个行业陷入严重的产能过剩。尚德虽贵为行业龙头企业，但亦受到日益激烈的竞争和不断下滑的产品价格的冲击。强调经济增长指标的"政绩竞赛"是中国地方政府重要的行为特征，不仅孕育并极大地推动了中国的太阳能光伏产业在短期内的高速发展，也决定了中国光伏产业的辉煌注定不能长久。

第三章
商业模式与投资资本收益率

当然,尚德的衰败归根结底还是由其不成熟的商业模式和过度激进的发展战略造成的。作为全球最大的太阳能光伏制造商,尚德并没有通过研发来努力打造自身的智力资产以形成竞争优势,每年投入研发的预算只有销售收入的1%,核心技术大都来自海外,最大的竞争优势就是成本。然而,随着竞争加剧、需求疲软,尚德的成本优势也不复存在了。短期内尚德虽然实现了高水平的投资资本收益率(ROIC),但很快就无法继续保持下去。图3.6给出了2007—2011年间尚德的投资资本收益率,这段时间尚德既经历了高速的崛起也经历了突然的衰落。本书的技术附录提供了尚德投资资本收益率的详细计算方法和分项解释,以帮助读者更好地理解尚德投资资本收益率变化背后的因素。

2007年,尚德电力的税前投资资本收益率达到了创纪录的16.2%,之后就一路下滑,2008年降至8.8%,2009年稍微回升至9.9%,2010年再次下降至8.4%。而到了2011年,尚德的税前投资资本收益率甚至降为负值。根据我的估算(见技术附录),2007—2012年间,尚德的加权平均资本成本在10%~12%之间,这就意味着,从2009年起,尚德的投资资本收益率就已经低于其融资成本。经济增加值(EVA)为负的企业不创造任何价值,注定无法成为伟大的企业。

图3.6对尚德投资资本收益率的分析清楚地解释了尚德的崛起和衰落的原因。首先,这段时间尚德的利润率从15%一路下滑至-19%,反映出产能过剩对尚德的不利影响。然而,我们发现尚德在利润率大幅下滑的同时竟仍然继续大肆投资,2007—2011年间,尚德的固定资产占销售收入的比例翻了一番以上。这也导致折旧大幅上升,进一步降低了尚德的利润率。

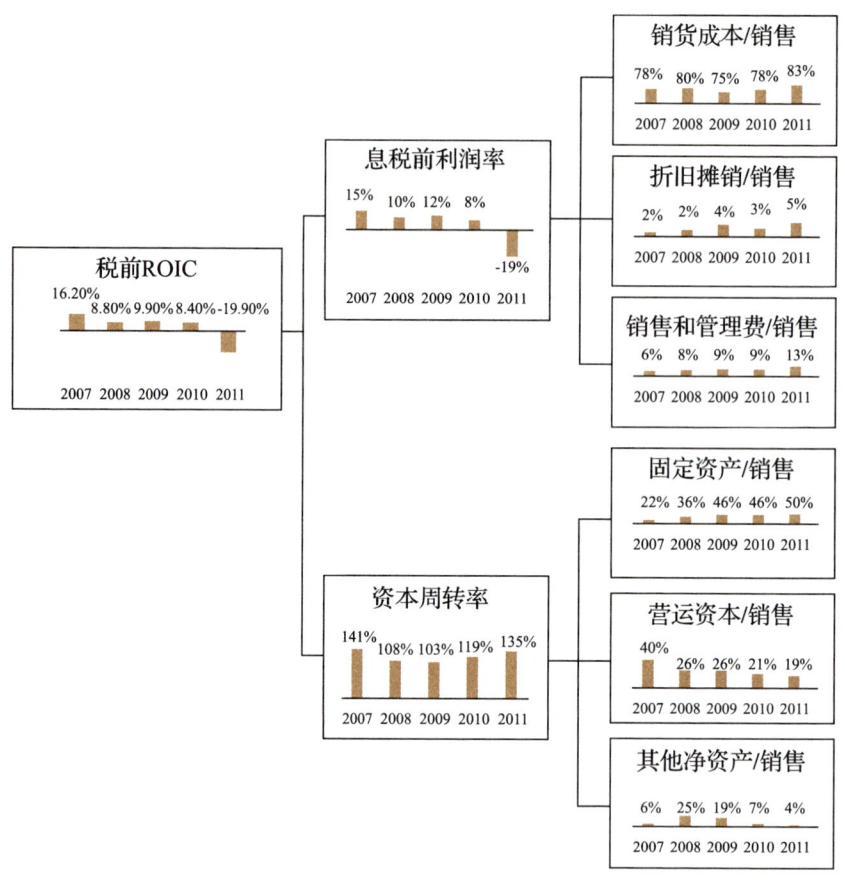

图 3.6　尚德的税前投资资本收益率（ROIC）：2007—2011 年
来源：作者计算。细节见本书技术附录。

尚德之所以在这段时期大肆投资主要是因为它追求的目标就是市场份额，而不是利润或价值创造。施正荣一心想把尚德打造成全球最大的太阳能光伏制造商，而无锡市政府也多次表达了同样的愿望。决策者有了这种心态，我们就不难理解为什么尚德如此渴望扩大产能了。回头来看，尚德也错误地选择了顺周期的投资策略——市场需求强劲时举债投资新建产能；而市场需求趋于疲软时仍旧如此。这种资本投资大都是不可逆的，一旦市场需求疲软，尚德大部分的产能只好闲置起来。膨胀的资产负债表，再加上不断下滑的利润率，就使得尚德的投资资本收益率自 2010 年以来不断恶化。

这种顺周期的投资策略对于太阳能光伏这样的行业绝非最佳选择。为了降低上游原材料硅的供应风险和价格波动，尚德入股了数家硅片生产企业，旨在确保高质量硅片的供应。同时，尚德也与数家硅片生产企业签署了长期采购协议，以期降低硅片供应短缺的风险。例如在市场对太阳能光伏产品的需求处于顶峰的 2006 年，尚德与多晶硅生产企业美国 MEMC 公司签署了为期十年、总金额高达 60 亿美元的采购协议，以支持其野心勃勃的扩张计划。2007 年 10 月，尚德又与亚洲硅业有限公司（Asia Silicon）签署了为期七年、总金额高达 15 亿美元的采购协议。

这些投资的目的主要是进一步扩大产能，但金融危机爆发却使得这些投资得不偿失。我们来看一组数据：尚德与 MEMC 签署采购协议时，多晶硅的价格为 500 美元/公斤，而到了 2009 年，多晶硅的价格骤降至 50 美元/公斤。在 2011 年短暂的反弹之后，多晶硅的价格再次暴跌至 2.4 美元/公斤。由于在采购协议中约定了固定的采购价格，在经济周期下行时尚德遭受了巨大的损失。

尚德投资项目的资金主要依赖债务融资。截至 2011 年年底，尚德的债务总额高达 23 亿美元，其中有 15.7 亿美元是两年期的短期负债，5.8 亿美元为可转债。如此高的杠杆率是尚德轰然倒塌的直接原因之一——2013 年 4 月尚德因无力偿付其到期可转债而申请破产。

饱受争议的公司治理机制也是导致尚德衰败的重要原因之一。无锡尚德申请破产时，施正荣在尚德所持有的个人财富几乎归零。然而，施正荣及其家族却通过交叉持股的架构成立了数家受其紧密控制的企业，这些关联企业参与了与上市企业尚德电力的各种交易。最典型的例子就是亚洲硅业（Asia Silicon）和辉煌硅（Glory Silicon），这两家由施正荣及其家族控制的企业与尚德签署了数份长期供应协议，并根据协议以固定的价格向尚德供应多晶硅原材料。即便多晶硅的市场价格已降至协议价的10%以下，但尚德仍然需要按照协议价格支付，这两家企业因此锁定了丰厚的利润。我们尚不清楚这样的设置是判断失误还是有意为之以对冲风险，但不论市场如何变化，施正荣及其家族都因此而立于不败之地。如图3.6所示，尚德投资资本收益率的变化清楚地解释了尚德快速崛起和骤然衰落的原因。投资拉动式的增长战略无疑能够推动企业做大规模，但规模不等同于价值创造。如果一家企业缺乏令人信服的商业模式，无法长时间保持高水平的投资资本收益率，那么我们就无法称之为伟大。

台湾宏碁集团（Acer Group）创始人施振荣（Stan Shih）曾提出著名的"微笑曲线"（Smiling Curve）理论。在1992年他运用该理论框架对宏碁集团进行分析诊断，并规划了未来的战略方向（见图3.7）。"微笑曲线"理论认为制造业可进一步细分为研发、组装生产和品牌营销三部分，而研发及品牌营销的利润率要远高于组装生产。施振荣也进一步指出，大部分亚洲企业都是从组装做起，定位在价值链的低端。要想进入价值链的高端、实现高利润率，亚洲企业需要打造自身的品牌并积极推进研发。没有研发，企业只能从事代工生产（OEM）；没有品牌营销，再好的产品过了产品周期就只能当作废品处理。

根据"微笑曲线"理论，尚德的衰败似乎是不可避免的，因为尚德的主要业务集中在低利润率的组装和生产。由于缺乏扎实的研发能力和营销能力，尚德只能算是高科技行业中的一家代工厂商而已。虽然它在短期内由于当地政府的补贴和有利的市场条件实现了高水平的投资资本收益率（ROIC），但长时间保持下去则要困难得多。尚德本应尽早进入研发环节并重视品牌打造，对顺周期的投资策略三思而后行，毕竟太阳能光伏是一个新兴产业，有着太多未知的风险。

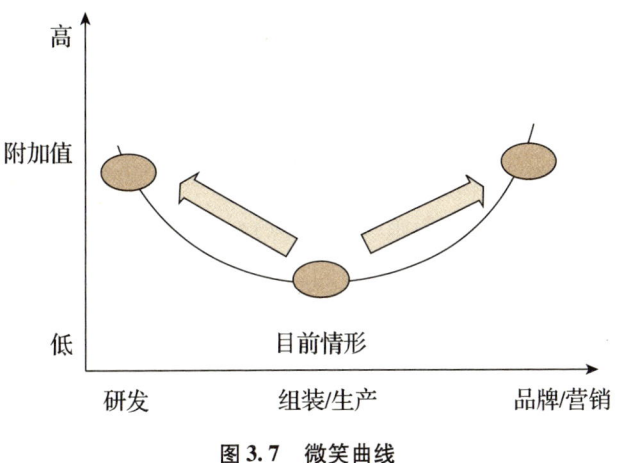

图 3.7 微笑曲线

经济危机时期成立的企业

通过研究伟大的企业，我们试图去寻找塑造伟大企业的规则。通过研究广为推崇的伟大企业，我们能够找到些许线索。通用电气、微软和联邦快递（Federal Express）被普遍视为伟大的企业，那么这三家企业有什么共同点呢？有一点也许很容易被忽略——这三家企业都成立于经济衰退期。美国的考夫曼基金会（Kauffman Foundation）在2011年的一项研究中发现，标普500指数的成分企业中有超过50%都是在经济衰退期成立的，而过去100年中，发生经济衰退的年份只有15年而已。经济衰退期成立的企业有什么特点？这些特点能否解释这些企业伟大的原因？

我和北京大学光华管理学院的金融学博士生汪小圈联合完成了一篇工作论文，尝试回答这个问题。[一]我们研究了1975年起在美国上市

[一] 详见"Those born in the winter know how to weather the storm: an empirical investigation of firms born in recession"（Qiao Liu and Xiaoquan Wang），PKU Guanghua working paper, 2013。

的所有9000多家企业，根据它们的诞生年份，我们发现其中有1281家企业诞生于危机时期。于是我们比较这1281家企业和其他企业（诞生在正常年份的企业）之间的异同。我们发现，诞生于危机期间的企业整体上比其他企业有更高的投资资本收益率，也就是说，它们的经营业绩更为出色。反映到资本市场上，我们发现由危机时诞生的企业组成的投资组合比其他组合能产生更高的投资回报。参照图3.8，假如1980年投资一元钱到危机企业组合，30年后，这一元钱能变成26元；而同期投资一元钱去其他企业组合，这一元钱只能升值到13元。显然，诞生于危机的企业比其他企业的资本市场表现更为卓越，而这背后的推动力量是危机企业普遍具有较高的投资资本收益率。

一个相关的问题是：为什么危机时诞生的企业会有比较高的投资资本收益率？是否是因为这些企业具有更好的商业模式？我们研究这些企业在一系列决策上的差异性发现：（1）危机时诞生的企业在投资方面具有逆周期性。它们绝不追涨杀跌，经济繁荣时它们在投资上比较节制，绝不片面上规模、上项目；当经济出现危机，别的企业都恐惧时，这些企业反而大胆投资，利用危机提供的机会去"创造性毁灭"（Creative Destruction）。"在别人贪婪的时候谨慎，在别人谨慎时贪婪"；（2）危机时诞生的企业总体上比其他企业有更多的专利，显示这些企业在技术创新方面更有优势。我们也发现，这些企业的研发投资也显现出"逆周期"性，危机时期，相对别的企业，这些企业反而加大研发的投入；（3）危机时诞生的企业整体上采用的是一种"低风险"的经营方式，这使得它们不至于在波诡云谲的商业世界里大起大落，从而更容易维持一个相对稳定的表现。

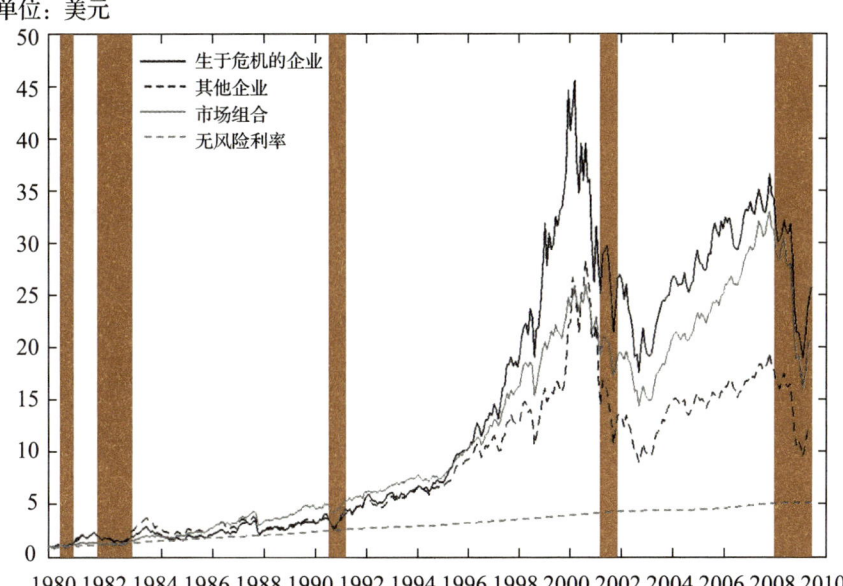

图 3.8　危机时诞生的企业和其他企业的资本市场表现：1980—2010 年

注：1980 年被设为基准年，取值为 1。

来源："Those born in the winter know how to weather the storm: an empirical investigation of firms born in recession" (Qiao Liu, and Xiaoquan Wang), PKU Guanghua working paper, 2013.

危机时诞生的企业为什么会形成这样一种独特的决策方式呢？这方面显然还有待更深入的研究去挖掘出背后的深层次原因。我们的解释是，企业诞生时身处的外部环境本身会给企业打上深深的烙印（Imprint），这种烙印将伴随企业很长时间，成为企业自身文化和历史的重要一环，并对企业未来的经营决策产生深远影响。危机时诞生的企业对风险、对企业经营的目标可能有更好的坚持，对风险有更清晰的防范，因而更容易基业长青，成为伟大企业。中国先贤孟子说过："生于忧患，死于安乐。"西谚云："出生于冬天的人更知道怎样抵御冰雪雹。"（Those born in the winter know how to weather the storm!）讲的是同一个意思。

关于危机期成立的企业的实证研究对中国企业尤其有借鉴意义。进入21世纪第二个十年，中国经济面临增速放缓、人口老龄化、债务过高和产能过剩等多重挑战，中国企业亦感到忧心忡忡。然而，不利的外部环境也能够磨炼企业对于不确定性的适应能力。对于中国企业，尤其是一些规模巨大的"僵尸企业"，立足长远、把重心从规模扩张转向价值创造是应对未来颠覆性力量的最佳选择。企业的伟大在于长时间保持高水平的投资资本收益率的能力。经济增速放缓对企业来说，无疑是严峻的挑战，但是也可能是救赎的机遇。这也是中国经济从高速增长转向高质量发展在微观基础层面的核心要义！

第四章 投资资本收益率适用于中国吗[一]

事情应该而且必须是越简单越好,但不能过于简单。

(*Everything should be made as simple as possible, but not simpler.*)

——爱因斯坦(Albert Einstein)

[一] 特别感谢我的博士生汪小圈和研究助理于嘉文对本章的贡献,她们负责完成了本章大部分的实证分析。

伟大的企业之所以伟大，就在于它能够长时间保持高于竞争对手和行业平均水平的投资资本收益率，更重要的是，伟大的企业能够长时间保持自身的投资资本收益率大于其加权平均资本成本。在第二章和第三章 IBM、沃尔玛和 GE 的案例中，我们指出高水平的投资资本收益率是决定一家企业是否伟大最重要、最有意义的变量。透过尚德的兴衰我们发现，这一结论似乎也适用于中国企业。事实上，中国直到 1978 年以后才出现了真正意义上的现代企业，那么同样的判断标准是否适用于中国企业呢？中国的企业家是否应该关注投资资本收益率呢？

当我向许多我非常尊敬的中国企业家提起投资资本收益率这个概念的时候，得到的反馈经常是这个概念本身很有道理，但它在中国并不适用。"企业规模更重要。"中国的企业家们总倾向于向我这样解释："我们向银行申请贷款，向政府申请税收优惠条件、土地使用权和营业许可证时，看的就是企业的经营规模，比如资产规模有多大，员工总数有多少，等等。""企业做大了才有可能生存下去。"有些中国企业家甚至说："在中国做企业，离不开政府的支持。大企业能给当地带来更多的

第四章
投资资本收益率适用于中国吗

就业和税收,所以政府会更照顾它们。有了这种'照顾',企业才能发展成长。"

我曾经和一位在中国备受尊敬的企业家促膝长谈。在几轮推杯换盏和热身问题之后,他告诉我,当企业面临激烈的产品竞争和严峻的融资挑战时,要想生存下去最好的办法就是通过信贷投资迅速扩大经营规模。

"您不担心杠杆太高吗?"我谨慎地问道,尽量不去冒犯到他。

"做大了就不会倒呀!"他笑道——他比我想象的要坦诚得多,而且明显心情不错。

在另一个场合,一位在行业中以手法激进著称的企业家仔细给我分析了不断通过新的融资扩大规模的另外一个考虑因素:"你现在有五口锅,三个盖子,显然盖子不够,手忙脚乱;如果增加一口锅和一个盖子,那你就有六口锅,四个盖子,那么就没那么被动了;如果再增加一口锅和一个盖子,有了七口锅,五个盖子,基本上就能应付裕如,而且这个时候规模也上去了……追求规模不一定是初衷,可能只是迫不得已的结果。"

或气势磅礴或惆怅无奈,林林总总,但都反映出企业在规模上的诉求。这些观点都有道理,也在很大程度上反映出在中国目前制度背景和商业环境下,企业家们一直在和一个不完美的环境争斗着。但是,除了生存或者说在生存之上,企业似乎应该还有更高的诉求,尤其是在中国企业已经成功地完成了第一次长征,已经在规模上大面积崛起的当下。

企业的经营目标是什么?美国企业发展史上曾有一个著名的案例——道奇(Dodge)起诉福特汽车(Ford Motor)。截至1916年,福特汽车累计持有6000万美元的资金盈余,时任福特总裁兼大股东的亨利·福特(Henry Ford)打算停止向股东发放特别股息,而把这笔资金用于投资新建厂房。福特认为这样的战略选择符合企业的长期利益，但是福特汽车的小股东并不认可福特的战略。拥有10%股份的道奇兄弟（Dodge brothers）更是向福特公司提起了诉讼，要求密歇根州高等法院负责对此案进行审理和裁决。1916年，密歇根州高等法院判福特汽车败诉，下面一段话就来自当年的判决书[一]：

一个商业企业的组织和运营必须首先为股东的利益服务。企业的董事应行使其权力以推动此目标的实现。董事可行使自由裁量权，选择实现该目标的途径，但不能涉及改变该目标，不能减损股东利益，不能因其他原因停止对于股东的利润分配。

这个裁决奠定了美国股权文化的法理基础。企业经营应该为股东权益最大化服务。这一思想被广为接受，也反映在柯林斯和波拉斯对伟大企业的界定之中。在《基业长青》一书中，他们曾说道[二]：

盈利是企业存在的必要条件，也是实现更重要目标的途径。但对于很多高瞻远瞩的伟大企业而言，盈利本身并不是目标。利润之于企业就好比氧气、食物、水和血液之于身体；生命的意义不在于此，但若没有，也便没了生命。

人们一直对"简单地把利润最大化或股东价值最大化定义成企业的终极目标"这一理念存有争议。股东能代表企业的整体吗？除了股东以外，还有债权人、顾客、员工、供应商及其他利益相关方。企业是否应该照顾他们的权利呢？我们还记得，就在不久以前，安然

[一] 详细了解本案例，请参阅 A Modern Library Chronicles Book 于 2003 年出版的 *The Company: A short history of an evolutionary idea* 一书，作者为约翰·米克勒斯维特（John Micklethwait）和阿德里安·伍尔德里奇（Adrian Wooldridge）。如今美国大多数州要求董事依据自己的商业判断，平衡各利益相关方之间的利益。"道奇"判例虽未被明确否决，但在美国大多数州已不再有代表性。

[二] 见 Collins and Porras, 1994, p.55。

第四章
投资资本收益率适用于中国吗

(Enron)、世通(WorldCom)、安达信(Arthur Anderson)等鼓吹股东利益最大化的著名企业引火自焚。2008年，贝尔斯登(Bear Sterns)和雷曼兄弟(Lehman Brothers)的破产倒闭引发了全球金融危机。人们对企业应该为谁的价值服务，以及谁的利益应该排在第一位还未达成共识。但是企业应该以创造价值而不是扩大规模为目标，在这一点上人们没有太多的争议。真正的问题就在于，我们如何准确地定义价值和衡量价值。与企业价值有关的指标为数众多，令人眼花缭乱却又各有缺陷，而我则坚定地认为**投资资本收益率是我们所能找到的最有意义的指标，它能够用来有效地指导企业以创造价值作为追求的方向**。

过去40年，随着中国改革开放的深化推进，人们渐渐认识到，中国的企业——不论是国有企业还是民营企业——首先都应该创造价值。诚然，价值是一个非常宽泛的概念，除了经济价值以外，还包括社会价值以及某些特定政治群体的价值。尽管许多中国企业，尤其是大型国有企业，同时肩负着重大的社会责任和政治责任，但如果我们把价值定义为经济价值、社会价值和政治价值的集合，那么价值最大化与社会、政治责任之间也就不存在冲突和矛盾了。事实上，中国企业家对价值创造内涵的理解一直在丰富中。除了为股东创造价值之外，保护债权人、顾客、企业所处的社区的利益和周边自然环境等也是企业价值创造的一部分。事实上，**对于价值创造内涵理解的不断丰富，标志着商业文明的进步**。

企业归根到底必须靠创造价值来证明自己存在的合理性。对于立意创造价值，并以追求基业长青为目标的企业来说，规模或许可以让企业生存得更久一些，获得更多的关注，但规模不能保证价值创造，更不能成就伟大企业。我在前文讨论过福斯特(Dick Foster)和卡普兰(Sarah

Kaplan）在 2001 年出版的畅销书《创造性毁灭》（*Creative Destruction*），他们用大量的数据显示那些市场竞争的幸存者（即长寿企业）的资本市场表现要比其他企业差一些；仅仅在竞争中幸存不足以成就一个伟大企业，一个伟大企业必须能够创造性地因应时势的变化，勇于革新自己的商业模式，实现高投资资本收益率。这一观点，不仅适用于我在前文中讨论过的一般意义上的企业，也适用于制度背景完全不同的中国企业。

在这一章，我将以中国 A 股上市公司作为样本，从不同侧面、不同角度论述投资资本收益率对于中国企业价值创造、基业长青，以及成就伟大的重要性。我想着力强调的是，即使是在中国资本市场这样一个混沌、无序、看起来似乎像是赌场的市场里，投资资本收益率高的企业，也能够给投资者带来满意的投资回报。投资资本收益率同样是衡量中国企业是否伟大的重要指标。

强经济，弱股市

研究中国和中国经济的学者常常困惑于中国股市与中国经济之间的矛盾——在过去 40 年，中国 GDP 保持了年均 9.4% 的增速，然而自 1990 年中国股市重新开启以来，它的表现却长期乏善可陈。中国股市与实体经济之间似乎存在着令人费解的"脱节"现象。这一点也可以从图 4.1 得到验证。在图 4.1 里，我给出了中国 GDP 和上证指数在 1999—2017 年期间的变化情况。从 1999 年到 2017 年，中国的 GDP 增长了整整 9.13 倍，从近 9 万亿元上升至 82.7 万亿元；而同期上证指数在经历了若干次起起落落后，只上升了 1.42 倍。这十九年间，中国名义 GDP 的增长率平均每年为 12.3%，而投资中国的 A 股市场的平均年化收益率只有 4.7%（注：在这个简单的测算里，我没有考虑股票投资的股息红利部分)。中国的股市并不是实体经济的晴雨表,它的表现与实体经济的表现严重背离。

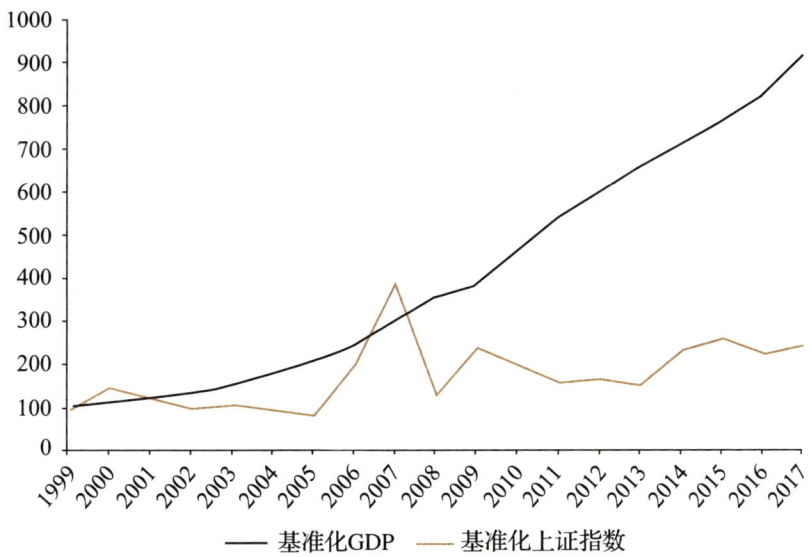

图 4.1　中国 GDP 与上证指数对比：1999—2017 年
注：1999 年年底的上证指数和 1999 年的 GDP 被基准化为 100。
来源：作者根据公开数据计算整理。

中国资本市场的低迷表现与相对亮丽的实体经济表现之间的长期脱节,是有关中国经济的诸多之谜中最让人困惑的一个。在金融学术语里,投资一只股票或一个组合所获得的收益率中,超出预期收益率或基准收益率的部分称为 α（阿尔法）, α 越大说明投资该股票或组合获得的回报越高。预期收益率通常采用市场组合的收益率,或根据各种资产定价模型来计算,最常用的模型叫作资本资产定价模型（Capital Asset Pricing Model, 简称 CAPM）。资本资产定价模型（CAPM）假设投资者都是理性的个体,市场是高效的且处于均衡状态。但由于资本资产定价模型经不起实证的检验,诺贝尔经济学奖得主尤金·法玛（Eugene Fama）和他长期的合著者肯尼斯·弗兰奇（Kenneth French）联合提出了一个使用三因子来计算预期收益率的模型。这三个因子分别用来反映市场平均收益率、企业的规模和账面市值比（反映企业的成长性）。这个模型被称作 Fama-French 三因子模型，在实证研究和金融实务中得到了广泛的运用。

回顾过去的发展我们发现，中国股市并没有产生什么 α，甚至从过去糟糕的表现来看，可以说中国股市没有什么投资价值。发生在中国资本市场的这种情况并非绝无仅有。事实上，几乎所有的新兴市场在 2008 年全球金融危机后的表现都不尽如人意。以 2010 年和 2011 年为例，新兴市场国家作为一个整体，在这两年 GDP 累计增长了 12%，远超同期发达国家的 4%；但资本市场却呈现出截然不同的景象。摩根士丹利资本国际（MSCI World Equity Index）全球股票指数显示，2010—2011 年间，发达国家的综合股票指数累计上涨了 7 个百分点，而同期实体经济表现更加亮丽的新兴市场国家，其综合股票指数却下滑了 2 个百分点。

对于研究资本市场的学者，这其实并不是一个新的议题。长期以来，中国股市都不是中国实体经济的晴雨表，它有自己的运行法则，有许多令人叹为观止抑或扼腕长叹的荒谬之处。但对于跻身中国股市的诸多投资者，寻找股市的投资价值，寻找阿尔法却是一个大问题。截至 2017 年年底，在中国已有 1 亿 3 千多万个账户在积极或不积极地从事股票买卖。能够保本甚至增值，是关系到这些资本市场沉默的大多数能否从高速增长的中国经济中获利的大问题。如果一个资本市场中，绝大部分投资者都不能从资本市场的发展中获益的话，这个资本市场存在的合理性显然就值得怀疑了！

如果我们把资本市场的表现和实体经济表现做一个时间序列上的长期比较，就能发现中国股市并非总是乏善可陈，它也有爆发的时

第四章
投资资本收益率适用于中国吗

候,以至于长期浸淫于中国股市的老股民津津乐道"等候下一波行情的到来。"这样的悲喜剧过去二十多年在不同地方、不同时间,以不同的强度和大致相似的故事情节一直在不断地上演着。如果把中国资本市场和发达国家资本市场的表现做一个横向比较,最为显著的一个差异是这两个市场在经济表现好的时候都能交出亮丽的成绩单;而在实体经济表现下滑,遇到挑战时,中国资本市场(甚至所有新兴市场)往往跌得比发达国家资本市场更为厉害。也就是说,中国资本市场的"抗跌性"远比发达资本市场要差。导致中国资本市场总体表现平庸的原因,并不是它在经济运行顺畅时的表现,而是它在经济遇到挑战,显现危机时的表现。"抗跌性"是衡量一个资本市场是否成熟的重要标志。

上面的简单比较告诉我们,中国股市远远不是资金的避风港。国内资金和国际游资踊跃于中国资本市场的时候,整个市场弥漫着乐观情绪,多空交锋中多方占据绝对优势。而一旦时势逆转,多、空转换速度极快,同样的资金甚至会以更快的速度逃离这个市场。

中国股市为什么没有阿尔法?中国资本市场为什么缺乏"抗跌性"?人们常常把这归结为中国上市公司的公司治理问题,例如,财务信息不透明、内幕交易严重、上市公司与关联公司之间有大量的关联交易,等等。公司治理显然是影响中国资本市场表现很重要的一个因素,我也将在本书的第六章详细讨论中国上市公司的公司治理问题。除此之外,我更想强调的是,中国资本市场缺乏抗跌性的本质原因在于我们的上市公司普遍质量不高。因为上市公司整体质量不高,所以投资者在市场情绪低迷时就很容易不看好这个市场,选择快速逃离。没有一批基本面健康、质量良好的上市公司作为资本市场的压舱石,股市或许真像经济学家凯恩斯在《通论》中所说的那样,"只是实体部分的穿插表演

(Sideshow)。"

低水平的投资资本收益率是罪魁祸首

中国乏善可陈的股票市场与强劲增长的实体经济之间的脱节确为中国经济的未解之谜。根据新古典经济学的观点,在均衡状态下,股市的表现应该由实体经济的表现决定;而且在均衡状态下,保持企业杠杆率不变,一家企业股票的回报率应该等于这家企业的投资资本收益率。显然,要想理解中国股市,我们就需要回归到企业的基本面上——企业层面的信息要比宏观经济信息更有意义。

研究显示,美国资本市场在过去 100 多年,每年平均给投资者的真实回报大约在 10% 左右,这样一个表现取决于美国企业的投资资本收益率。过去 100 年,美国上市公司的平均投资资本收益率是 10%,两者大致相当。图 2.1 中计算了美国上市公司从 1963 年至 2001 年这三十八年的投资资本收益率。虽有起伏,但这些企业的投资资本收益率在这期间的平均值是 11.6%,这表明美国资本的上市公司总体质量还是比较高的。这样一个资本市场的微观基础有利于给投资者提供一个相对合理的回报。

那么中国上市企业的投资资本收益率究竟如何呢?归根结底,任何论点要想站得住脚都需要靠数据来说话。我没有预料到的是,尽管投资资本收益率如此重要,但几乎很少有研究系统地分析中国 3000 多家 A 股上市企业的投资资本收益率及其分布情况。白重恩、谢长泰和钱颖一三位学者在 2006 年对中国整体经济的投资资本收益率曾做过估算,发现在改革初期,中国的投资资本收益率一直保持在较高水平(约 20%

左右)。但是他们的研究使用的是中国国家统计局的数据,而没有使用企业数据㊀。尽管他们得出的结论与中国改革初期强劲的宏观经济增长情况基本符合,但仍与另外几项基于企业数据的研究结果相矛盾。例如麦肯锡(McKinsey & Co.)2011 发布的报告显示,2006—2010 年间,中国上市企业的投资资本收益率比美国上市企业平均要低 6 个百分点。㊁美国同期上市公司的投资资本收益率大约在 10%,按照这一估测,中国上市公司平均的投资资本收益率大约在 4%~5%之间。

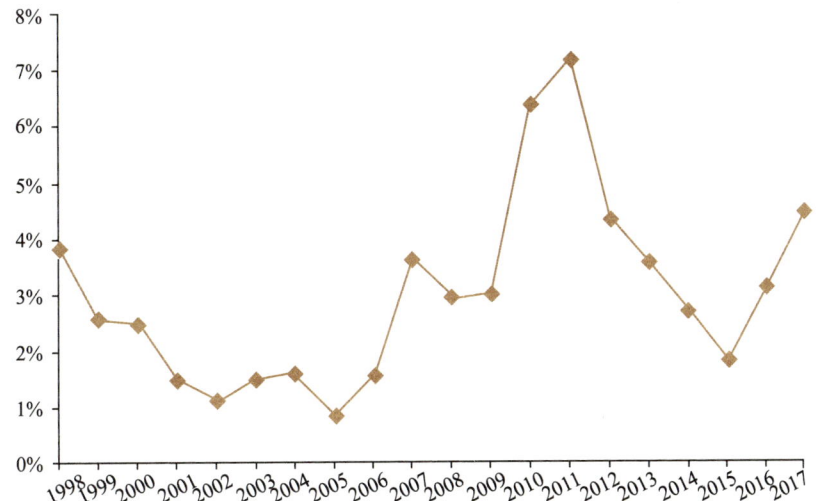

图 4.2 中国上市公司平均投资资本收益率(算术平均):1998—2017 年
来源:作者根据公开数据计算。

在本书的准备过程中,我自己对中国上市公司从 1998 年到 2017 年投资资本收益率做了一个估测。根据上市公司年报所提供的数据,我计

㊀ 见 Bai, C. E., T. Hsieh, and Y. Qian, "The return to capital in China", 2006。http://www.nber.org/papers/w12755。

㊁ 见 McKinsey on Finance (David Cogman and Emma Wang), "Can Chinese companies live up to investor expectations" Spring, 2011。

算出1998年至2017年中国上市公司每一年的平均投资资本收益率（见图4.2）。按照惯例，我在计算时没有包括银行股和保险股。在每一年都去掉两端各1%的异常值之后，我给出了中国上市公司每年投资资本收益率的平均值（用简单平均的方法计算得出）。

结果可以说是惨不忍睹！二十年间，中国上市公司平均每年的投资资本收益率在0.8%至7.2%之间，而且起伏很大，极不稳定。这二十年投资资本收益率的平均值只有3%。这意味着在这二十年间，中国上市公司每一元的资本投入只能带来3分钱的税后利润。3%的平均投资资本收益率远远低于美国上市公司在过去100年的投资资本收益率。中国A股市场上的上市公司质量真的不高，而且这些企业普遍都还没有形成稳定的商业模式，以至于它们的投资资本收益率在年与年之间起伏不定，表现出很强的顺周期性。上市公司基本上还是"靠天吃饭"！

图4.2提供的是用简单平均的方法计算的中国A股市场上市公司每一年的平均投资资本收益率。一种更为合理的计算方法是用加权平均的方法来计算，给不同的企业赋予不同的权重。图4.3给出了用企业总资产作为权重计算的上市公司从1998年到2017年每一年的平均投资资本收益率。加权平均的方法可以凸显规模更大的企业的重要性。如图4.3所示，用加权平均的方法来计算投资资本收益率，我们发现1998年至2017年，中国上市公司加权平均的投资资本收益率在1.5%至8.1%之间。二十年平均为3.9%，比用简单算术平均计算的平均值要高将近1%，但仍远远低于美国上市公司同期的投资资本收益率。中国上市公司平均投资资本收益率比美国上市公司低6个百分点。

有这样的上市公司，中国资本市场表现不彰就不难理解了。中国经济在宏观层面上看数字很漂亮，但是经济增长的质量不高，反映在经济的微观基础企业上，表现为企业的盈利性不强，投资资本收益率太低。

中国的股市与实体经济其实并不背离——中国上市公司距离伟大企业还有很长很长的路要走。

讨论中国上市公司为什么质量不高并不是这一章的主题。这涉及中国政府发展资本市场的初衷，涉及中国资本市场的特殊的上市制度和退市制度，也涉及资本市场的寻租者们利用资本市场在制度设计上的漏洞所进行的近乎疯狂的寻租套利。事实上，在圈钱、内幕交易、暗箱操作盛行的市场环境里，逆向选择（Adverse Selection）是资本市场运行的最可能出现的结果。逆向淘汰导致"劣币驱逐良币"，导致资本市场完全失效（Market Breakdown）。于是，中国资本市场只剩下融资功能，完全丧失了合理配置资源的功能。大量的投资者变成沉默的大多数，用脚投票或者用沉默来表达对这样一个低效资本市场的抗议。

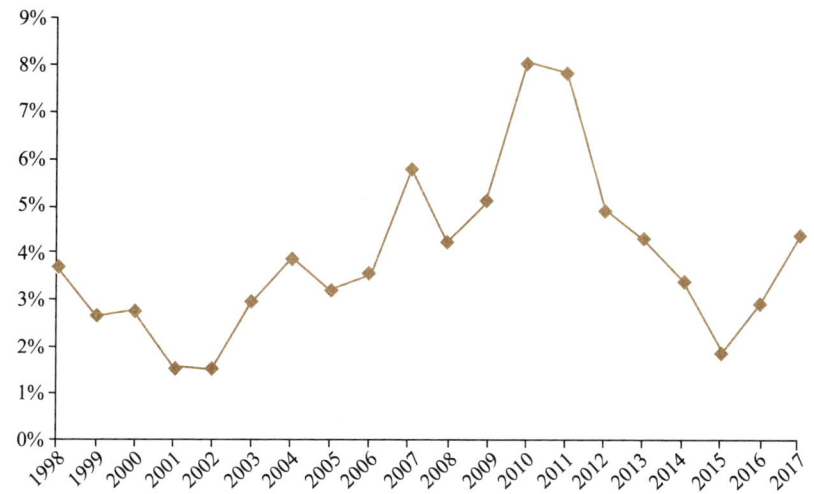

图4.3　中国上市公司加权平均投资资本收益率：1998—2017年
来源：作者根据公开数据计算。

在这样一种市场环境下，鲜有企业会长远规划，致力于寻找可持续的商业模式，追求基业长青。换一个角度来说，如果一个资本市场里有几家甚至几十家像IBM、微软、强生、通用电器这样的能够在较长时间给投资者带来精彩投资回报的企业，那么这个资本市场的抗跌性自然就会非常强大，因为这些企业能够给投资者带来困境时他们最需要的——持续的投资信心。

中国需要一批伟大企业，中国资本市场需要一批高质量的上市公司，这背后其实反映的都是同一个诉求：中国企业应该追求高投资资本收益率。

高投资资本收益率带来高回报

提高投资资本收益率会给投资者带来回报吗？会给企业带来回报吗？在这一节中，我将对中国上市公司在1998—2017年间的股票收益率做出全面评估。我分析的焦点在于一个投资资本收益率较高的企业是否能够给投资者提供更高的回报。我将以此论证投资资本收益率对企业价值创造、追求卓越的重要性。

我首先按照本书技术附录中关于投资资本收益率的计算方法计算中国A股上市公司从1998年起每一年的投资资本收益率，同时也计算出上市公司每一年的年化股票收益率。我发现企业的股票收益率与其投资资本收益率之间存在一个明显的正向相关关系。投资资本收益率比较高的企业其股票收益率也相对较高。提升上市公司的投资资本收益率能够改善它们在资本市场上的股价表现。

为了具体展示投资资本收益率与股票收益率之间的这种正相关性，我进一步针对中国资本市场上的每一个由两位数代码来界定的行业，按照企业投资资本收益率的取值把这个行业内的所有上市公司分成10组。我把各个行业中投资资本收益率最高的10%的企业组合在一起形成一个组合；把投资资本收益率最低的10%的企业也组合在一起，形成另一个组合；其他以此类推。即，在这十个组合中，第一组对应着投资资本收益率最低的10%的企业；第二组对应着投资资本收益率位于各行业10%~20%的企业；……第十组对应着投资资本收益率最高的10%的企业。这十个组合里的企业每年都根据它们上一年的投资资本收益率重新进行调整（Re-balancing）。在这十个组合形成后，我用简单算术平均的方法计算每一个组合从1999年5月到2017年12月的月平均股票收益率，然后比较它们的取值与投资资本收益率之间的关系。（见图4.4）

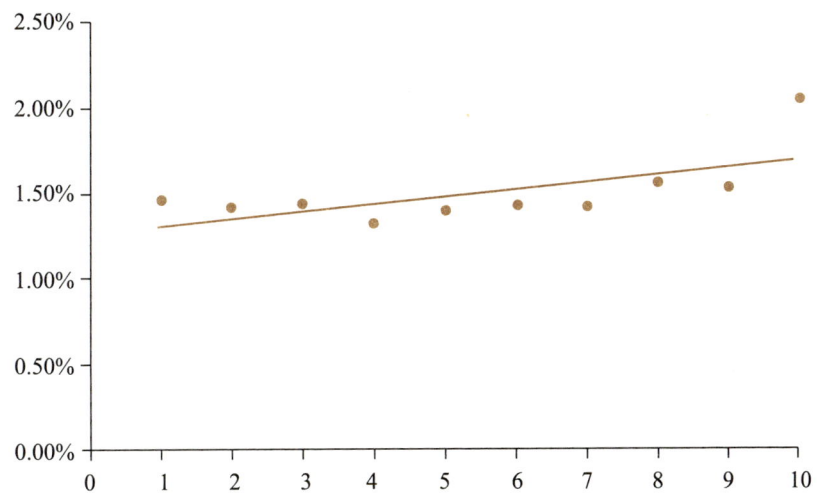

图4.4　月度平均股票收益率（简单算术平均）与投资资本收益率
来源：作者分析。

图4.4中，横轴代表投资资本收益率（从1到10经过标准化处理去控制异常值的影响）；纵轴代表月平均股票收益率。显然，组合的平均收益率与标准化后的投资资本收益率之间有一个明显的正相关关系。当ROIC从第一组跃升到第十组时，股票月收益率从1.45%提升到2.04%。在图4.4中，我做了一个简单的回归分析，发现ROIC从1到10的取值能够解释不同组合之间41%的收益率差异（回归的R平方是

41%)。显然,标准化后的投资资本收益率能够解释企业组合的资本市场表现——投资资本收益率越高,企业资本市场表现越好!

我在图4.5中重复图4.4的分析。唯一的区别是,在图4.5中,我用加权平均的方法计算这十个组合的月平均收益率,我用每一家企业上个月末的股票市值作为权重。这种处理方法赋予大企业更高的权重,所以每个组合的月平均收益率更可能反映的是组合中大企业的股票收益率。

图4.5揭示的结论与图4.4几乎完全一致。投资资本收益率对组合的月加权平均收益率有很强的解释能力。回归的R平方达到51%,意味着ROIC能解释不同组合之间51%的收益率差异。投资资本收益率显然是影响企业资本市场表现的一个重要指标。在图4.5中,回归拟合线的斜率是0.2。意味着当一家企业的投资资本收益率能够向上提升一个层级时(例:从第2组上升到第3组时),它的月均股票收益率能提高0.2%,年均股票收益率能提高2.4%。提升投资资本收益率能够带来更好的资本市场表现!

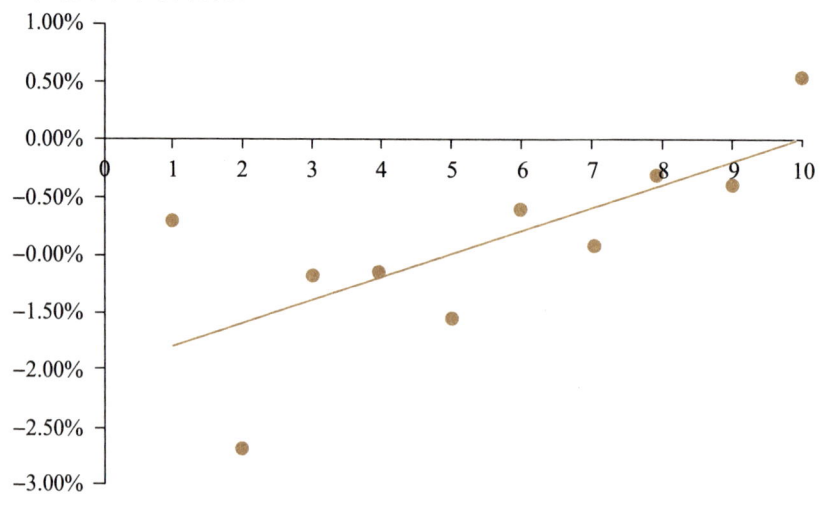

图 4.5　月度平均股票收益率(加权平均)与投资资本收益率
来源:作者分析。

第四章
投资资本收益率适用于中国吗

再进一步分析图4.4和图4.5中揭示的股票收益率和投资资本收益率这种正向相关关系的量度到底有多大。针对中国资本市场上的每一个由两位数代码来界定的行业,我按照企业投资资本收益率的取值把这个行业内的上市公司分成五组,然后形成五个投资组合,分别是:P1,P2,P3,P4和P5。其中P1由每个行业中投资资本收益率最低的20%的企业的股票组成;P5则由每个行业中投资资本收益率最高的20%的企业的股票组成。

对于每一个组合,我用简单平均和加权平均这两种方法计算组合的月度收益率(Monthly Portfolio Returns)。这五个组合的组成每年都进行调整(Rebalancing)。以我分析的第一年,即1999年为例,根据1998年每个企业的投资资本收益率,我确定它们归属于P1至P5中的哪一个组合。在形成组合之后,对于每一个组合,计算从1999年5月份到2000年4月份该组合的月度收益率(我选择从5月份开始计算是因为绝大部分上市公司的年报在5月份之前都已经公布,企业的财务信息变成公开信息,可以为投资者所用)。然后,基于1999年的企业的投资资本收益率,我重新确定P1到P5这五个组合中的股票,再计算出从2000年5月份到2001年4月份的组合的月度平均收益率,以此类推,直到2017年12月底。

图4.6给出了1999年5月至2017年年底,P5组合(高ROIC组合)的月度收益率、P1组合(低ROIC组合)的月度收益率、市场平均月度收益率(A股股票组合),以及国债收益率(无风险利率)的累积收益情况(注:在图4.6,我用加权平均的方式计算组合的收益率,这里权重取的是每家企业在上一年年末的股票市值)。

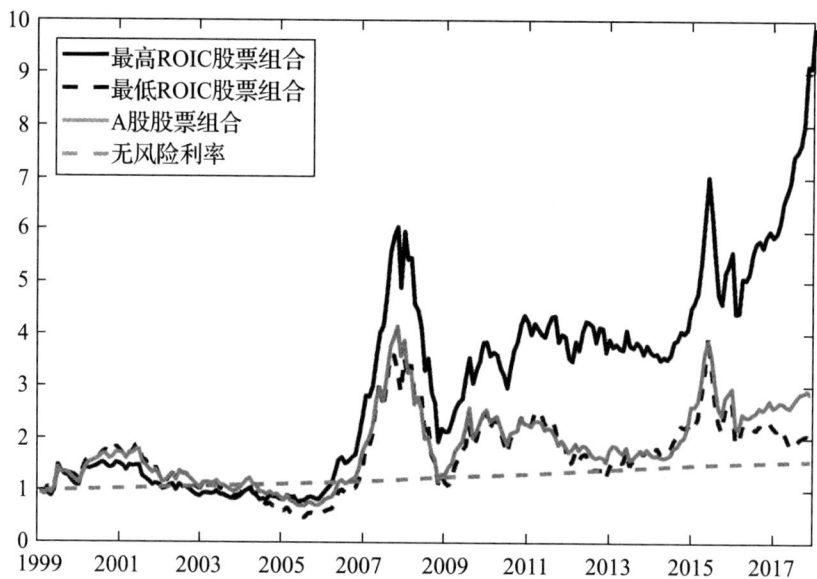

图4.6 高(低)投资资本收益率企业组合的累积月度收益率：1999—2017年

来源：作者分析。

一如我们的直觉，由投资资本收益率高的企业的股票构成的组合（P5）在资本市场上有非常出色的表现。如果在1999年5月投资1元钱到投资资本收益率最高的企业的股票中，即高ROIC企业组合，那么到2017年年底，这1元钱能变成9.9元。虽然涨幅并不算惊人，但年平均收益率已经高达12.8%，这已经基本跑赢了同期中国名义GDP的增长率（12.3%）。显然对于投资者而言这是一个非常不错的回报。这也意味着如果投资者购买中国资本市场上投资资本收益率最高的20%的企业的股票并长期持有的话，组合的表现将会与中国同期的实体经济的表现同样亮丽。在这一层面上，中国的股市与实体经济并不脱节。

作为对比，我也考察投资资本收益率处于行业底部的20%的企业的股票收益率（P1组合的收益率）。从1999年到2017年，如果投资者把1元钱投到P1这个组合，那么到2017年年底，这1元钱只增加到1.94元。这十九年间投资这个组合的年平均收益率是3.6%。显然，这是一个会让投资者非常失望的收益率。

高投资资本收益率的企业的资本市场表现远远好于大市的表现。同期，如果把 1 元钱投到市场 A 股股票组合（即 A 股市场组合），那么到 2017 年年底，这 1 元钱就会变成 2.89 元。这对应着 5.7% 的年平均收益率，显然远远低于高投资资本收益率组合 12.8% 的年化平均收益率。图 4.6 也显示，投资投资资本收益率高的企业的股票会获得远比国债高的投资收益率（2.3%）。

图 4.6 提供了直观的证据显示投资资本收益率较高的企业有更好的资本市场表现。在畅销书《漫步华尔街》（*A Random Walk Down Wall Street*）中，经济学家伯顿·马尔基尔（Burton Malkiel）指出，长期而言，共同基金和专业投资者在风险调整后收益上是不可能在统计意义上显著地高于标普 500 这样的市场指数的[一]。而我的分析却显示，中国的普通投资者如果能够基于上市企业的投资资本收益率来制定自己的投资策略，那么就能够持续地跑赢市场大盘！这个结论可能会让绝大部分中国股市的投资者感到意外。中国最著名的经济学家之一吴敬琏曾说过："中国的股市甚至还不如赌场。赌场里至少还有赌场的规矩呢。"吴敬琏可能有他的道理，但透过混乱甚至动荡的股价，我们仍然能够找到中国股市中一条简单的法则——即企业的基本面在中国股市有重要的意义，而且投资资本收益率是衡量企业基本面最可靠的指标。

寻找隐藏的阿尔法

前面已经论证了高投资资本收益率的中国企业，其股票的回报率也

[一] 见 Malkiel, 2000, pp. 161–172。

更高。但略懂金融学的人也许会提出质疑，认为这种联系是由高投资资本收益率的企业所具有的高风险所导致的。我在上述分析中并没有排除风险因素，投资资本收益率高的企业或许具有更高的风险，高回报率或许只是对其高风险的一种合理补偿。因此，我需要解释高投资资本收益率的企业是否具有风险溢价。幸运的是，2013 年获得诺贝尔经济学奖的尤金·法玛（Eugene Fama）所倡导的实证金融研究为我们提供了许多普遍接受的分析方法。在本章接下来的这部分，在控制风险因素的情况下，我将计算风险调整后的、与投资资本收益率有关的超额收益率。我将证明中国股市中 α 是存在的，并且 α 与投资资本收益率有着密切的联系。

在我们的分析中，阿尔法被定义如下：

$$\alpha = 组合的收益率 - 组合的预期收益率$$

按照实证资产定价研究中常用的方法，我们分别用资本资产定价模型（CAPM），Fama-French 三因子模型和 Carhart 四因子模型去计算一只股票或组合的预期收益率（基准收益率）。没有太多金融学背景的读者可以略过这里的技术细节，甚至可以跳过下面三页。读者唯一需要了解的是我如何用阿尔法（α）来衡量一只股票或一个组合能够带来的超额回报：阿尔法越大，表明这只股票的资本表现越好，支撑这只股票的企业也越优秀；同理，一个组合的阿尔法越大，组成这个组合的企业也就越优秀，越能够给投资者带来超额收益率。

表 4.1 中给出了用加权平均方法计算组合的收益率时所获得的结果。当我用资本资产定价模型计算预期收益率时，我们发现 P1 组合，也就是由投资资本收益率最低的 20% 的企业所形成的组合，在 1999 至 2017 这十九年间的年平均超额回报（即阿尔法）是 –6.39%。显然，

这些企业不能给投资者任何收益。作为对比，我们发现由投资资本收益率在各行业里最高的20%的企业所形成的组合，即 P5 组合，在同期能够给投资者超出预期收益率 5.46% 的年平均超额回报。也就是说，这个组合能提供的阿尔法是 5.46%，这样的超额回报如果累积十九年的话，将是一个惊人的数目。

表4.1 用不同定价模型测算出的不同组合的超额收益率（加权平均法）

	最低 ROIC 组合（1）	最高 ROIC 组合（2）	最高-最低（3）
	资本资产定价模型（CAPM）		
阿尔法（%）	-6.39 * (-1.95)	5.46 * (1.69)	11.86 *** (2.89)
MKT	1.08 *** (17.67)	0.93 *** (20.01)	-0.15 * (-1.69)
R 平方（%）	80.66	80.11	4.21
	Fama-French 三因子模型		
阿尔法（%）	-13.94 *** (-5.17)	8.76 *** (2.88)	22.71 *** (6.71)
MKT	1.07 *** (27.32)	0.91 *** (27.78)	-0.15 *** (-2.91)
SMB	0.65 *** (8.08)	-0.2 *** (-3.12)	-0.85 *** (-8.89)
HML	0.04 (0.35)	-0.66 *** (-7.64)	-0.70 *** (-4.82)
R 平方（%）	89.52	84.59	43.42
	Carhart 四因子模型		
阿尔法（%）	-14.2 *** (-5.31)	7.53 *** (2.90)	21.73 *** (6.84)
MKT	1.07 *** (27.26)	0.94 *** (28.92)	-0.13 *** (-2.61)
SMB	0.65 *** (8.10)	-0.17 *** (-3.17)	-0.83 *** (-9.09)

(续)

	最低 ROIC 组合（1）	最高 ROIC 组合（2）	最高-最低（3）
HML	0.05 (0.39)	-0.64 *** (-7.93)	-0.69 *** (-4.87)
UMD	0.08 (1.34)	0.37 *** (4.99)	0.29 *** (3.33)
R 平方（%）	89.58	88.05	48.33

如果中国资本市场允许卖空的话，我们可以设计一个零成本的对冲组合。在这个组合里，我们在买入高投资资本收益率的企业的股票的同时（买多 P5 组合），卖空低投资资本收益率的企业的股票（卖空 P1）。那么这个零成本的对冲组合在 1999 年至 2017 年这十九年间，能够产生 11.86% 的年均超额回报（Annualized Abnormal Return）。由这个投资策略所产生的阿尔法在经济意义上和统计意义上都是显著的。

上面的分析与图 4.4、图 4.5 和图 4.6 中分析所得的结果是完全一致的。在中国上市公司整体素质不高的情况下，那些具有较高水平的投资资本收益率的企业仍旧可以创造价值，给它们的投资者带去可观的回报。这也呼应了我在前文中提出的观点，即提升投资资本收益率是企业"伟大"的必经之路。

在表 4.1 中，我用常见的定价模型——Fama-French 三因子模型去计算组合的预期收益率。三因子模型由芝加哥大学的著名金融学家尤金·法玛（Eugene Fama）[一]和他的合作者——美国达特茅斯塔克商学院的金融学教授 Kenneth French 联合提出，在实证金融学的研究中被广泛运用。他们经过大量的实证研究发现，基于企业的规模（SMB）、成长

[一] 法玛于 2013 年与本书后面将要提到的罗伯特·席勒及另一位芝加哥大学教授拉斯·皮特·汉森共享了诺贝尔经济学奖，实至名归！

性（HML）和市场平均收益率（MKT）所构成的三个变量能够有效地解释一只股票或是一个组合的预期收益率，剩下不能被解释的部分就是阿尔法。

当我用 Fama-French 三因子模型计算预期收益率时，发现由投资资本收益率最低的 20% 的企业所形成的组合在 1999 至 2017 这十九年间的年均阿尔法是 –13.94%，比用资本资产定价模型算出的阿尔法在数值上更大一些；而由投资资本收益率在各行业里最高的 20% 的企业所形成的组合，即 P5 组合，在同期能够给投资者超出预期收益率 8.76% 的年平均超额回报。同样，这样的阿尔法如果累积十九年的话，将对应着一个极其惊人的财富积累。

我也在这里设计一个零成本的对冲组合去展示投资资本收益率的重要性。在这个组合里，投资者可以买多 P5 组合，卖空 P1 组合。那么这个零成本的对冲组合在 1999 年至 2017 年这十九年间，能够产生 22.71% 的年均超额回报，即年均阿尔法。投资高 ROIC 的企业能够带来如此之大的一个风险控制后的超额回报，足以说明提升投资资本收益率在中国也具有适用性。

在表 4.1 中，我也用最近二十年在实证资产定价研究中更为常用的 Carhart 四因子模型去计算预期收益率。Carhart 四因子模型在 Fama-French 三因子模型的基础上增加了动量因子（Momentum Factor，即模型中的 UMD）。动量因子拟捕捉一只股票或一个组合最近一年的市场表现对预期收益可能产生的影响。基于 Carhart 四因子模型，一个组合的预期收益率可以被四个因子充分解释，余下不能被解释的部分即为超额收益率——阿尔法。

运用 Carahart 四因子模型，我得到了与运用其他模型非常一致的结果。投资资本收益率最低的企业形成的 P1 组合在 1999 至 2017 这十九年间产生的年平均超额回报（即阿尔法）是 -14.2%，不仅在统计上非常显著，而且在经济意义上也是非常大的一个数量。这说明低投资资本收益率的企业在资本市场上的表现非常非常糟糕。同样，我发现由高投资资本收益率的企业形成的组合，即 P5 组合，在同期能够给投资者提供超出预期收益率 7.53% 的年平均阿尔法。再者，买多高投资资本收益率的企业的股票、卖空低投资资本收益率的企业的股票所形成的零成本的对冲组合在 1999 年至 2017 年这十九年间，能够产生 21.73% 的年平均超额回报。

谁说中国资本市场上没有价值投资的机会呢？

表 4.2　用不同定价模型测算出的不同组合的超额收益率（算术平均法）

	最低 ROIC 组合（1）	最高 ROIC 组合（2）	最高 - 最低（3）
	资本资产定价模型（CAPM）		
阿尔法（%）	7.51 (1.54)	12.4 *** (3.75)	4.89 (1.44)
MKT	1.08 *** (14.32)	1.02 *** (20.43)	-0.07 (-1.36)
R 平方（%）	69.50	81.58	1.25
	Fama-French 三因子模型		
阿尔法（%）	-7.11 *** (-3.59)	6.29 *** (2.65)	13.4 *** (4.74)
MKT	1.06 *** (45.77)	0.99 *** (33.21)	-0.07 ** (-2.51)
SMB	1.23 *** (21.02)	0.56 *** (8.28)	-0.67 *** (-10.27)
HML	0.25 *** (3.26)	-0.23 ** (-2.48)	-0.48 *** (-5.32)
R 平方（%）	95.27	91.99	44.32

(续)

	最低 ROIC 组合（1）	最高 ROIC 组合（2）	最高 – 最低（3）
	Carhart 四因子模型		
阿尔法（%）	−7.01 *** (−3.60)	5.51 ** (2.43)	12.52 *** (4.79)
MKT	1.06 *** (44.25)	1.01 *** (35.05)	−0.05 ** (−1.98)
SMB	1.23 *** (20.44)	0.57 *** (9.31)	−0.66 *** (−10.7)
HML	0.25 *** (3.21)	−0.21 ** (−2.22)	−0.46 *** (−5.03)
UMD	−0.03 (−0.58)	0.23 *** (3.98)	0.26 *** (4.46)
R 平方（%）	95.27	93.17	51.44

为了保证结果的稳健性，我也用简单平均的方法去计算了一个组合的月度平均股票收益率。表 4.2 给出了用这种方法计算收益率时我们的分析结果。表 4.2 的结构与表 4.1 的结构完全一样，在此不赘述。仔细分析表 4.2 所报告的结果，我们可以发现以前的结论基本上没有改变。由那些投资资本收益率较高的企业的股票所形成的组合（例如 P5 组合）能够带来在统计意义上和经济意义上都很显著的超额投资收益率。谁说中国股市上没有投资机会呢？超额收益率 α 就隐藏在投资资本收益率中！

特别值得我们注意的是，像投资资本收益率这样如此简单的概念竟然与企业创造价值的能力以及在股市的表现有着如此紧密的联系！但同样值得我们注意的是，如此重要的概念竟然没有引起中国企业家和投资人更为广泛的共鸣！在企业做决策时，如果满脑子想的都是规模的扩张，那么像投资资本收益率这样如此简单却有力的概念就无法获得应有的重视。这也意味着，要想创造价值、真正走向伟大，中国企业就应该把重心从规模转向投资资本收益率上。过度关注规模，给中国企业埋下了投资资本收益率普遍偏低的种子。本书中多次强调的概念——投资资本收益率，才应该是企业追求的首要目标。

行业间和行业内投资资本收益率的分布情况

为了帮助读者了解中国资本市场上不同行业投资资本收益率的情况，我计算了每一家上市公司从 1998 年到 2015 年的投资资本收益率。按照中国证监会对行业的分类，图 4.7 中讨论了 20 个行业在这 18 年间投资资本收益率的分布（注：没有包括银行股和保险股）。

先对图 4.7 的结构做一个介绍。纵轴是行业；横轴是投资资本收益率。对于每一个行业，均提取五个投资资本收益率数字，从左至右依次是，该行业内位于第 5 百分位、第 25 百分位、第 50 百分位（中位数）、第 75 百分位和第 95 百分位的企业的投资资本收益率。图 4.7 中，每一行对应一个行业；每一行的两个小菱形"◆"分别对应着位居第 25 百分位和第 75 百分位的投资资本收益率；这两个小菱形之间的距离衡量的是每一个行业中间 50% 的企业在投资资本收益率上的差距；每一行的"×"衡量的是该行业投资资本收益率的中位数。

仔细研究图 4.7，有几个发现：第一，如果用行业在 1998—2015 年间平均的投资资本收益率（中位数）来排序，那么交通运输设备是中国上市公司中投资资本收益率最高的行业，行业投资资本收益率的中位数是 5.85%；其次是其他制造业，行业平均投资资本收益率为 4.97%；排名第三的是房地产，平均投资资本收益率为 4.32%；再往下依次是建筑业（3.63%），机械、设备、仪表（3.47%）等。第二，1998 年至 2015 年间，平均投资资本收益率最低的行业是文化、体育和娱乐（0.1%）；再次为农、林、牧、渔业（0.61%）；造纸、印刷、文体用品（0.88%）和木材、家具（0.90%）。第三，如果以行业内投资资本收益率的差距来排序（第75百分位数减去第25百分位数），行业内表现差异最大的是交通运输设备，中间50%的企业的投资资本收益率相差14.43%；其次是采矿业（14.18%）；文化、娱乐、体育排第三（12.59%）；然后是电子信息技术（12.43%）。第四，行业内差距最小的行业是交通运输、仓储和邮政（4.88%）；电力、燃气及水的生产和供应业排第二，中间50%的企业的投资资本收益率之差是6.49%；其次为造纸、印刷、文体用品（6.92%）；排第四的是综合类（7.6%）。

图4.7还揭示了几个有关中国上市公司非常值得讨论的现象。首先，综合类企业在1998年至2015年间用中位数来衡量的平均投资资本收益率并不高，只有0.96%。这样的投资回报在所有行业中排倒数第五，表明多元化并没有带来明显的价值创造。企业通过多元化来追求"大"，反而离"伟大"越来越远（我在第七章中将详细分析这一观点）。

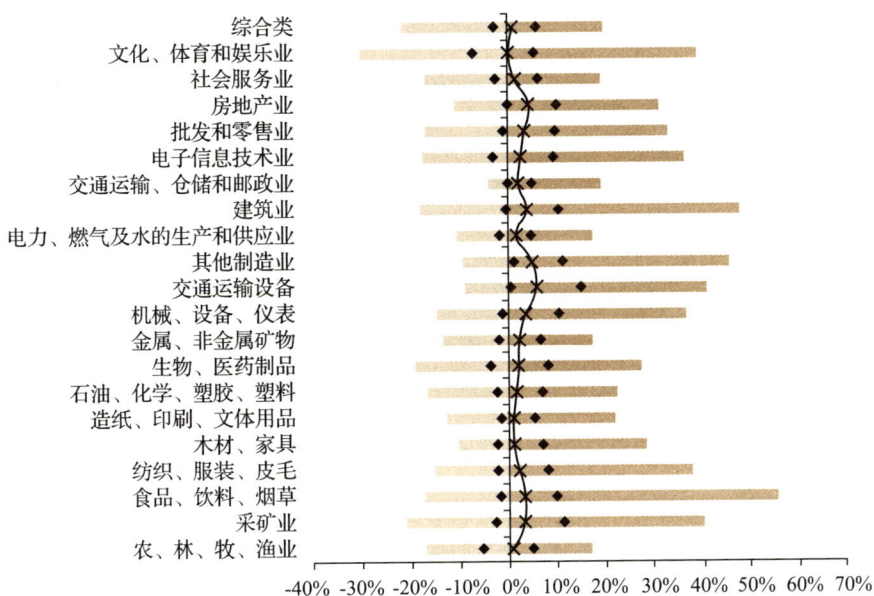

图 4.7　上市公司行业间（Cross Industry）和行业内
（Within Industry）投资资本收益率：1998—2015 年

来源：作者根据上市公司年报数据计算整理。

其次，如图 4.7 所示，1998 年至 2017 年，中国行业间的平均投资资本收益率（中位数）分布在 0.1% 至 5.85% 之间；而行业内差距（第 75 百分位数减去第 25 百分位数）在 4.88% 至 14.43% 之间。显然，**行业内差距远远大于行业间差距**。这一结论对中国上市公司思考和设计未来企业战略有深远的影响。投资拉动的中国经济近年出现的一大痼疾就是大面积的产能过剩，过剩产能使得很多行业的利润率大幅下降。许多企业于是开始"寻找"蓝海，把多元化、进入新的行业作为企业未来发展的主导思路。我们看到大量的企业开始投资房地产和金融等热门行业。这种对于"蓝海战略"的片面理解其实不能帮助企业创造价值。行业内的差距要远远大于行业间的差距，与其盲目进入一个"看起来很美"的新行业，还不如扎根自己的主业，着力于挖掘自己的新定位，力争实现盈利模式上的差异化，成为行业龙头。后者提升投资资本收益率的空间比前者要大很多！

白酒中的中国

我在本章开启的关于投资资本收益率在中国的介绍之旅已经接近尾声。我希望我已经说服了那些有耐心读完本章的读者，投资资本收益率是鉴别一个企业是否创造价值、是否有可能成为伟大企业最重要的指标。作为一个插曲，我来讲一个中国资本市场上关于白酒类企业股票表现的小故事。

中国股票市场与实体经济表现严重脱节。但在资本市场的惨淡经营中，有一个版块的表现却异于其他版块——白酒类企业的股票在 2013 年至 2017 年大部分时间表现都很突出。贵州茅台的股票市值甚至一度突破一万亿元人民币。以 2017 年年底的股价为准，茅台在中国 A 股市场上市公司中总市值排在第八位（见第一章表1.2），达到了1348亿美元，甚至超过中国人寿和中国石化。坊间甚至有玩笑，如果把茅台看成奢侈品牌，茅台是世界估值最高的奢侈品公司。事实上，除茅台外，其他的白酒类企业诸如洋河股份、五粮液等都是资本市场上的宠儿。

白酒类企业在资本市场上的突出表现其实是有基本面的支撑的。我在表4.3给出了根据2017年年报算出的主要白酒类企业的投资资本收益率。贵州茅台、泸州老窖和五粮液的投资资本收益率都在40%以上；相对低一些的山西汾酒也有22.23%的投资资本收益率。60%的投资资本收益率意味着1元钱的资本投入能够带来6毛钱的税后营业利润。难怪酒类股票在资本市场上会获得投资者的大量追捧。中国的投资者其实还是很关注企业盈利能力的。

表4.3 主要白酒类企业的投资资本收益率，2017年

企业名称	投资资本收益率（ROIC）%
贵州茅台	65.25
泸州老窖	43.08
五粮液	41.23
洋河股份	32.60
水井坊	30.54
古井贡酒	26.88
山西汾酒	22.23

以茅台为例，茅台的投资资本收益率在2017年达到65.25%之高。显然，茅台的运营绩效非常优秀。茅台的净资产收益率（ROE）是28%。它与投资资本收益率之间的差异主要反映在两个方面：其一，利润概念不同。ROIC用的营业利润，反映的是企业的主营业务带来的利润；而ROE用的是税后利润，包括非经营活动带来的利润，其中可能含有一次

性的收入（例如，出售资产、房屋等），这些利润并不一定能反映真实的企业运营情况。其二，ROE 的分母是净资产，而 ROIC 的分母是企业用于经营活动中的运营资本，包括短期流动资金的占用（例如，库存、应收、运营中占用的现金等）和运营中占用的长期资产和其他资产。茅台的 ROIC 与 ROE 的差异主要来源于分母部分。在计算茅台的投资资本收益率时，我只是把相当于茅台销售收入 10% 的现金算成运营现金○。此外，茅台还有很多其他资产，被算为是净资产但并没有用于经营活动。由上亦可见，投资资本收益率是衡量企业运营状况即基本面更好的指标。

图 4.8 给出了茅台从 2013 年至 2017 年的税前投资资本收益率的水平及分解。2014 年至 2017 年，茅台保持了非常强劲的资本使用效率，而高投资资本收益率的主要原因在于茅台的高利润率。

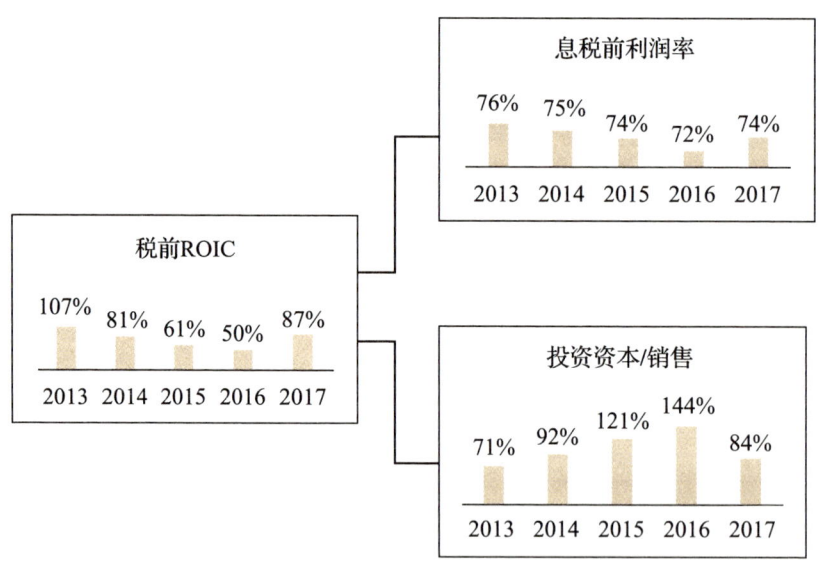

图 4.8　茅台的税前投资资本收益率及分解，2013—2017 年

○ 国际惯例是 2%，但考虑到茅台是一家消费类企业，运营中对现金的要求会高一些，所以这里用的是 10%。

贵州茅台是伟大企业吗？60%以上的投资资本收益率已经远远高于公认的伟大企业的投资资本收益率（例如：通用电气在全盛时期的投资资本收益率），甚至已经高于国际资本市场上最受宠的医药生化行业和IT行业的平均投资资本收益率。事实上，如果茅台能够在比较长的一段时间内保持高水平的投资资本收益率，表现出商业模式上的优越性和在价值创造上的恒久性，那么它就可以算成是一个伟大企业。而如果一个企业无法延续其卓越的表现，那么就很难被称为伟大企业。从大到伟大，茅台同样在路上。

"白酒中的中国"给我们两个启示：（1）高水平的投资资本收益率是企业获得资本市场认同的前提条件；（2）只有长时间保持高水平投资资本收益率的企业才能称其为伟大企业。

第五章 "伟大"的希望仍未实现

太上有立德,其次有立功,其次有立言,虽久不废,此之谓不朽。

——《左传》

中国正在进行艰苦的转型——从高速增长转向高质量发展。经历了40年高速的经济发展，中国的经济增速如今正在放缓。结构性挑战正日渐凸显——人口正在快速老龄化；债务，尤其是企业债务高速增长；我们的增长动能仍然是基础设施和房地产市场的投资，而这些领域的投资资本收益率在呈现下滑趋势。中国未来的增长必将依靠全要素生产率的提升。中国的经济转型对于中国企业也将产生深远的影响。在成功完成了第一次"长征"，崛起于国际市场之后，中国企业现在所面临的挑战就是要大幅提升自身的投资资本收益率。中国经济的微观基础必须得到大幅改善，唯有如此，我们才可能顺利实现从高速增长向高质量发展的转型。我们如今面临的最艰巨的任务就是要打造一大批伟大的中国企业！

伟大的企业能够长时间保持高水平的投资资本收益率。但为什么我们拥有这么多大企业，却几乎没有伟大的企业呢？为什么中国企业很难长时间保持高水平的投资资本收益率呢？究竟是哪些因素拖了中国企业的后腿呢？这些因素是通过什么机制影响到中国企业的行为的呢？为什么中国企业大都把扩大经营规模而不是提升投资资本收益率和创造价值作为自己的首要目标呢？

为了解答以上这些问题，我们首先要回顾过去40年有哪些结构性因素推动了中国经济的高速增长，然后再分析这些因素是如何影响了中国企业的决策习惯和行为模式，最终塑造了如今的中国企业。从外部来说，有两个结构性因素起到了决定性作用：投资拉动的增长模式和相对薄弱的制度基础设施。

投资拉动的增长模式

中国企业大而不强，首当其冲的原因是中国经济增长的模式。长期以来，中国经济增长主要靠三驾马车来拉动：投资、出口和消费。三驾马车中，消费对经济成长的拉动作用长期贫弱；2008年全球金融危机之后，随着中国经济外需环境的恶化，出口对经济成长的贡献也在减弱；只有投资，尤其是基础设施和房地产投资，始终是支撑中国经济增长最有力的推动力量。大规模的投资拉动GDP迅速成长，但是也带来了产能过剩、周期性的经济过热等结构性问题。中国的固定资产投资还有一个特点，那就是超过50%的固定资产投资集中在国有或准国有板块，投资主体是国企或地方政府。⊖

政绩竞赛与投资热潮

在从计划经济向市场经济转型的过程中，地方政府在经济事务上拥

⊖ 关于导致中国高固定资产投资的制度因素的讨论，见 Qiao Liu and Alan Siu, "Institutions and corporate investment: evidence from an investment implied return on capital in China", Journal of Financial and Quantitative Analysis, 2011。

有非常大的自主权①。中国经济改革战略的一个突出特点是"政治上权力集中"（Political Centralization）与"经济决策分权"（Economic Decentraliztion）相结合。在政治方面，通过各级组织部门，中国共产党采用了"向下一级"的任命制度②，地方政府官员的表现由上一级的党内官员进行评估。中国共产党也通过党内官员轮值轮岗等办法来解决潜在的既得利益问题和腐败问题。中央政府一方面严格把控地方官员的晋升，另一方面又将经济决策权下放到地方政府。在中国经济改革初期，经济分散化是非常重要的。在缺乏市场竞争的环境下，各地政府之间的竞争为政府官员带来了推进经济增长的动力。

在经济分权化的同时，中国也推出了一系列税收体制的改革，尤其是1994年的分税制改革。在新的税制下，中央政府和地方政府共享财政收入。地方政府获得的财政收入越高，能够保留下来的部分就越多，并且超出财政预算外的财政收入完全归地方政府所有。

为了在政治生涯上有所建树，除了政治上忠诚以外，地方政府官员也需要展现出自己发展经济的能力③。中央向地方的放权使得地方政府在本辖区内的经济发展、公共服务和执法等方面拥有很大的自主权，在具体法律的实施、税收、补贴和竞争监管方面也保留了相当大的灵活性。地方政府也是当地国有企业实际的控制者，在国有企业领导班子的

---

① 关于中国政府在改革时期在经济事务中扮演的重要角色，见 Chenggang Xu, "The fundamental institutions of China's reforms and development", Journal of Economic Literature（2011），49（4）：1076-1151。

② 见 Yasheng Huang, "Inflation and Investment Controls in China: The Political Economy of Central-Local Relations during the Reform Era", Cambridge, New York and Melbourne: Cambridge University Press, 1996。

③ 见 A. Nathan and B. Gilley, "China's New Rulers: The Secret Files", New York: New York Review of Books, 2002。

选拔和商业决策的制定等方面，地方政府都有着相当大的影响力。在运用自治权方面，表现更好的地方政府官员更有可能获得晋升。通过鼓励各地之间的标杆比照和竞争，中国共产党的干部管理体系有效地促进了中国经济的发展。在经济改革初期，中国依靠的就是地方政府官员之间的政绩竞赛来弥补商品市场竞争的不足。

简言之，在从"攫取之手"向"帮助之手"的职能转变的过程中，中央政府借助强调经济增长的"政绩竞赛"来激励拥有较大自由裁量权的地方政府官员推动当地经济的增长。在这样的制度安排下，地方政府官员在追求政治晋升的竞争中，当地 GDP 的增长是一个重要的考量指标。在 2005 年发表的一篇论文中，两位经济学家李宏斌和周黎安发现的实证证据表明，当地的 GDP 增长是解释地方政府官员晋升与否最具相关性的解释变量〇。

既然地方政府控制了企业成功所需的大部分关键要素，那么中国的企业要想成功，就需要与当地政府搞好关系。参与"政绩竞赛"的政府官员为了自己的政治生涯，也很关心当地的经济表现。引人注目的大型项目往往能够给当地的 GDP 和税收带来极大的贡献，因而更会受到地方政府官员的欢迎。不论是国有企业还是民营企业，其保持强劲的投资势头与地方政府以投资拉动 GDP 增长的愿望相一致，对软预算约束的国有企业而言尤为如此。由于政府在背后的隐性担保，国有企业从金融机构获得的债务几乎不可能出现违约，因此，许多由银行贷款支持的投资往往缺乏效率，甚至过剩。信贷投资推动了企业规模和市场份额的扩张，企业领导者也因此赢得了政府官员的关注，同时当地的 GDP、税收和就业都因此得以提升。大规模的投资也增加了国有企业领导者获得

〇 见 Hongbin Li and Li-an Zhou, "Political Turnover and Economic Performance: The Incentive Role of Personnel Control in China", *Journal of Public Economics*, 2005。

晋升，从而担任政府要职的可能性。国有企业和地方政府都具有强烈的投资冲动，对规模有无限渴求，但它们却忽视了投资资本收益率。

中国的民营企业也表现出强烈的投资倾向。通过投资做大规模能够提升民营企业在地方政府心目中的地位。因此，民营企业这种出于政治目的的投资经常体现在帮助当地政府解决"头痛"问题和提升当地"形象"的项目上。举例来说，通过投资收购当地亏损的工厂，民营企业能够帮助地方政府缓解工厂破产、员工下岗及犯罪率上升的压力。

这些投资虽然能够推动当地GDP的增长，让企业迅速扩大经营规模，但是这些投资并不是以盈利作为出发点，大部分投资都无法产生足够高的投资资本收益率。

中国远洋的起伏

以银行信贷为支撑的投资能够迅速扩大企业的规模，但如果投资的效率低下并且无法产生足够高的投资资本收益率的话，那么盲目投资只会大幅提高企业的债务水平，最终增加企业的债务风险。一个著名的例子就是中国远洋运输（集团）总公司（中远集团）。成立于1961年的中远集团如今已成为中国最大的央企之一，中远集团旗下的中国远洋控股股份有限公司（中国远洋）在上交所和港交所交叉上市（股票代码分别为601919.SH和01919.HK），该公司占中远集团收入的90%以上。所以在后面的讨论中，我将不再刻意区分母公司中远集团和上市公司中国远洋。

自1961年成立以来，中远集团已成长为世界最大的综合性航运企业之一。主要业务范围涵盖航运业的各个领域，包括干货运输（主要包括杂货与特种杂货、集装箱货物、干散货等）、湿货运输（主要包括原油、成品油及其他液体货物）以及航运业务的辅助配套服务（包括码头、修造船、燃油供给、船舶贸易服务和管理服务以及金融服务等）。中国远洋在规模上是一家全球领先的综合航运服务供应商，经营着世界最大的干散货船队和全球第五大的集装箱船队，货代和船代业务也在国内处于领先水平。公司主营分为集装箱运输、干散货运输、物流、码头及租箱五大板块，其中集装箱运输、干散货运输权重较高。

作为中国远洋运输行业在全球市场的代表，中国远洋（中远集团的上市公司）的资本市场表现大起大伏（见图5.1）。2007年回归A股市场之后，中国远洋曾在2007年和2008年分别创下190.85亿元和108.30亿元的利润纪录，股价一度高达68.40元。但公司在2009年出现75.41亿元的亏损，2010年短暂扭亏后，中国远洋又在2011年和2012年连续亏损，亏损额分别为104.49亿元和95.6亿元。中国远洋在上海证券交易所的股票交易代码自2013年3月29日起，由"中国远洋"变更为"＊ST远洋"，并停牌1日。

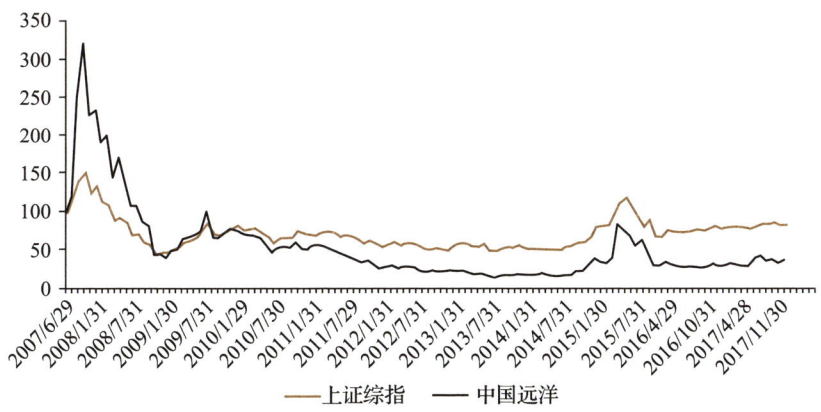

图5.1　中国远洋股价和上证综合指数：2007.6.29—2013.6.28
注：2007年6月29日的指数水平被基准化为100。
来源：作者根据公开信息计算整理。

如果我们把中国远洋在2007年6月29日的股价设为基准，定为100的话（当时的实际股价是18.26元），至2013年6月28日，中国远洋的股价只剩下16.5%（实际股价是3.01元），超过80%的市值在6年间蒸发掉，但上证综合指数同期只是从100下跌到51，表现仍然要远远好于中国远洋。到了2017年11月30日，中国远洋的股价虽有恢复，但是也只是其 2007 年 6 月 29 日股价的 34%，虽然同期中国资本市场整体表现都不好，但上证指数也只是从 100 降到了 84。

曾经的绩优股，为何会遭遇如此命运？这与中国远洋身处周期性行业，遭遇全球经济持续低迷，市场形势的波动以及燃料等相关成本居高不下等不利因素的影响有关。诚然，这些都是拖累中国远洋业绩的直接外在原因。但除此之外，中国远洋相对粗放的战略扩张模式，而不是严格追求投资资本收益率（ROIC）是其深陷困境的根本原因。

简单分析中国远洋 2012 年年报，可知其集装箱航运及相关业务的营业收入为 484.5 亿元，亏损 15.3 亿元；但干散货航运及相关业务收入 160.9 亿元，亏损 77.7 亿元，此部分亏损占到 2012 整个财年亏损额的 81%。运营稍好的是物流、码头和集装箱租赁等业务，分别获得利润 5.9 亿元、6.8 亿元、9.9 亿元，此三项业务的利润在一定程度上缓冲了中国远洋的整体亏损现状，但因为业务本身规模不大，所以对公司整体的扭亏影响幅度并不强。

显然，中国远洋的亏损与干散货航运及相关业务有关。目前，世界贸易对干散货运输的需求基本处于波谷，反映干散货市场景气程度的波罗的海干散货运价指数（Baltic Dry Index，简称 BDI）在 2012 年的平均值仅为 920 点，进入 2013 年虽有上升，但一直在 1250 点左右徘徊，距航运业公认的盈亏线 2000 点相去甚远，这表明在相当长的一段时期内，国际干散货航运市场仍会持续低迷。然而，同样面对低迷市场，中国远洋的竞争对手日本邮船和马士基（APM-Maersk）都能基本保持盈利。这说明除了行业周期因素之外，中国远洋在战略和运营上都有问题，表现有二：

过分追求运输能力（规模）

中国远洋干散货航运业务亏损最大，成为中国远洋旗下业绩最差的业务板块。但 2007 年后，中国远洋却一直在增加在干货散运方面的投资。中国远洋虽然贵有全世界最庞大的干散货运输船队，主要运输大宗的铁矿石、煤炭和其他商品，却不得不面临干散货航运市场供需严重失衡这一困局。这背后反映出中国远洋在过去几年对全球形势的误判，极力买船租船扩大规模这一失误。在中国远洋极力加快扩张步伐的同时，全球航运市场却面临着运力过剩的尴尬——过于激进的扩张战略注定了中国远洋业务亏损的命运。据公开信息，即便运力如此过剩，中国远洋仍持有干散货船舶新船订单17艘，约155.9万载重吨位，这种逆市场而动的扩张举措显然值得商榷。

干散货业务一直是中国远洋的盈利重点，这也是中国远洋大力发展干散货业务，不断扩大其产能的原因。但是，干散货业务具有进入门槛低、二手船市场火热和竞争激烈等特点，极易出现运力过剩的问题。同时，干散货运输市场（不定期船运）买方是煤炭、铁矿石等干散货大货主，卖方是运力相对分散的航运公司。卖方根据与特定货主签订的长期合同和货主的需要，决定起运港以及到达港的装货量。在这样的竞争模式下，即使是中国远洋这样拥有全球第一大干散货运力的航运公司，也难以主导某条航线或某块市场。干散货船公司受市场（货主）的影响非常大，传导性明显，一旦市场不景气，航运公司就受挫。增加干散货的投资，其实不易保持较高的投资资本收益率。

而在这样一种业务特性下，中国远洋却忽视了经济的下行风险，在2003年至2008年航运业的高速发展期，中国远洋以长期协议的方式，签下了多条高额租船协议。2007年和2008年BDI指数上冲万点时，中远判断市场还会继续上涨，因此签下200多条干散货船的中长期租入合同，但市场很快就反转。据公开信息，经济形势好的时候，好望角型船的锁定租赁价格是日均八万美元；当经济形势变坏时，租船率下挫，租金跌穿一万美元。因为被锁定了租船价格，所以中远的租入船每天都需支付大量的租金，但从货主手中获得的运价却远低于租金，这进一步带来了巨额损失。

图 5.2 中提供了中国远洋 2008 年至 2012 年这五年间的税前投资资本收益率及其分解构成情况。不难发现，这五年间，中国远洋的税前投资资本收益率从 2008 年的 46% 一路下滑到 2011 年的 -13% 和 2012 年的 -8%。这意味着 2012 年中国远洋平均 1 块钱的投资带来的是 0.08 元钱的亏损，投得越多则亏得越多。**企业投资资本收益率的恶化，是中国远洋在资本市场上遭遇滑铁卢的根本原因。**

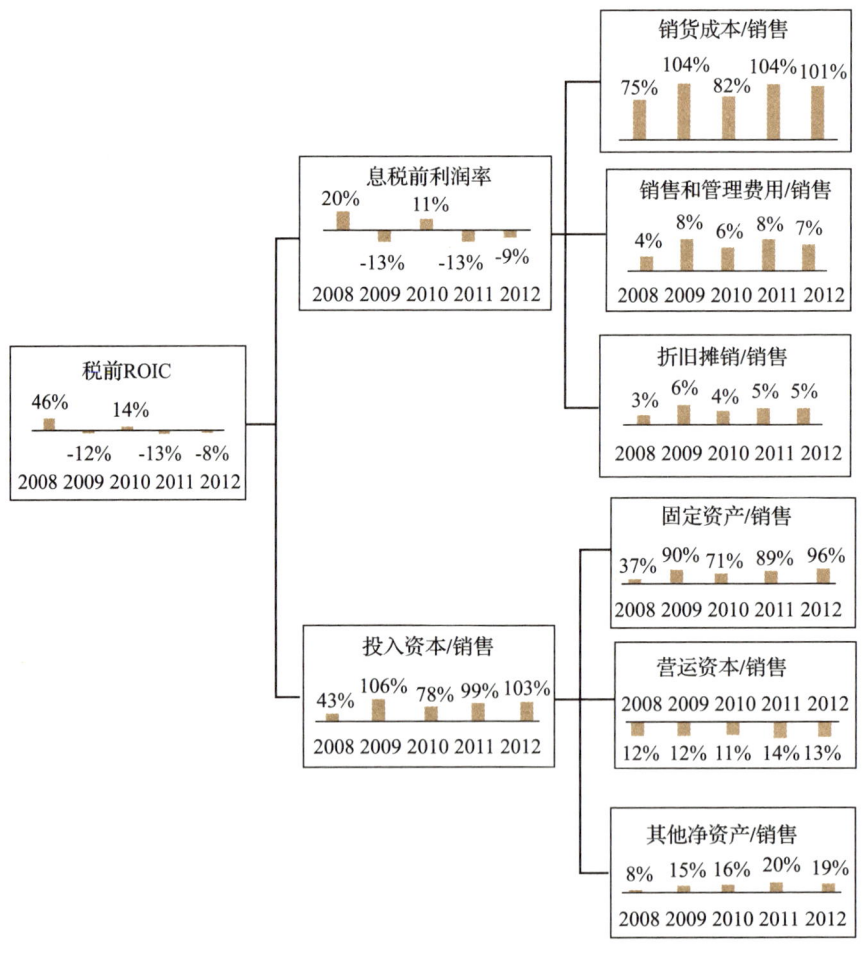

图 5.2　中国远洋（税前）投资资本收益率及其构成：2008 – 2012 年

分析中国远洋投资资本收益率的构成可以发现，这五年间中国远洋的营业利润率（定义为息税前利润除以销售收入）从2008年的20%降到2011年的-13%和2012年的-9%。企业营业利润率的变化诚然也反映了不利的行业周期性因素对中国远洋的影响，但必须指出，在这个过程中，中国远洋的折旧摊销占销售的比重从2008年的3%飙升至2012年的5%。折旧的上升反映的是固定资产投资的大幅上升。如图5.2所示，2008年至2012年间，中国远洋的固定资产占销售的比例从37%一路上升至96%。固定资产短时间内如此扩张，反映的是中国远洋以规模为诉求的扩张性投资战略对企业投资资本收益率的负面影响。

对图5.2进行初步分析即发现，中国远洋业绩恶化的很大一部分原因在于经营活动中占用的资本过多，这增加了投资资本收益率中的分母部分；同时，分子部分由于行业周期性因素表现不彰，企业的投资资本收益率大幅下滑，最终受到了资本市场和投资者的惩罚。

追求产能之殇

中国远洋的业务包括集装箱业务和干散货船运，但干散货却是拖累其整体业绩最为严重的一块业务。相比之下，集装箱船运老大马士基的集装箱业务利润在2012年却有大幅度提升。马士基从发家到如今成为行业巨头，集装箱运输业务就一直贯穿其中，从未深入涉足干散货。干散货运输和集装箱运输同是贸易下游的运输环节，必然都会受到经济波动的影响，然而，集装箱业务的特点使得其对经济波动的反应要小得多。首先，进入集装箱班轮运输市场的门槛比较高，需要布局航线以及与港口签订靠船合同等，新投资者一般很难进入。其次，集装箱运输航线固定，属于公共运输，买方分散，多为各地发货人，而卖方为掌握着大多数运力的集装箱班轮公司，集中度高，公司有相当的话语权。尽管也受到市场不景气的影响，但马士基可以通过订舱、联盟、提价等方式来主动改善经营情况。

马士基选择集装箱作为主要业务,保证其拥有应对经济周期的能力,从而在竞争市场上保证核心竞争优势,有利于公司维持一个相对较高的投资资本收益率。长期以来,马士基船队在全球海域的主要航线占据主要地位。马士基抓住了历史上的几个关键时期,适时地兼并收购,壮大了公司的实力,并不断建造性能更强的大船,提升运力;在萧条的大环境中,马士基仍可以通过提升服务来提高效益,并以降速、改造船舶结构等基本方法来降低成本,从而维持投资资本收益率。

而中国远洋选择多元化模式且把侧重放在干散货业务上,导致其应对经济周期能力不强,因此当遇到不利的外部因素时,公司盈利自然会大受影响。中国远洋应更多地学习马士基的专业化经营精神。

当然,重点发展干散货业务跟中国的贸易结构特点有关。经济高速发展需要我们大量进口煤炭、铁矿石等干散货,这些贸易结构特点决定了干散货业务的重要性。但是,基于干散货业务对经济波动反应明显、竞争激烈、易于出现产能过剩问题等特点,中国远洋在扩大干散货业务的运能时,应该充分考虑风险因素。只是追求产能的话,很难保持高水平的 ROIC,难以做到长期稳定营利。如图 5.2 所示,中国远洋在 2008 至 2012 年间,投资资本收益率大起大落,而盲目追求规模的扩大难辞其咎。

中国远洋在 2007 和 2008 年启动了一轮疯狂的投资热潮,运输能力几乎翻了一番,船长出身的总裁魏家福也因此而声名大噪。2005 年魏家福当选为 CCTV 中国年度经济人物,2009 年又当选为 CCTV 十年商业领袖。公众看到的是中国远洋的规模和运力,而政府也认为中国必须拥有一支强大的商船队,因此中国远洋的决策者有无数理由来满足公众和政府的渴望和要求。魏家福顺水推舟地启动了中国远洋的扩张战略,并因此广受褒奖。然而，魏家福把他掌舵的中国远洋打造成了"巨无霸"，为自己收获了种种赞誉之后，中国远洋却由于负债累累、产能过剩以及利润率骤降等问题而步履维艰。直到 2014 年，得益于国家的大力援助以及剥离亏损资产，中国远洋才得以扭亏为盈。

反思中国远洋过山车式的盈利和资本市场表现，其根本原因还是与企业片面追求规模而非投资资本收益率有关。这就涉及了一个非常严肃且重要的问题：为什么中国企业对规模和多元化有如此偏好？我将在本书后半部分揭秘。

投资还带来什么

企业，尤其是国有企业如果陷入大量投资的泥沼，把扩大经营规模放在第一位，那么就会忽视股东回报和价值创造。这种心态在中国经济的方方面面都有所体现。2013 年，湖南省的远大集团在湖南省省会长沙开工修建名为"天空城市"的项目。根据其宏伟蓝图，该项目建成后将成为世界第一高楼，高度高达 838 米，比世界第一高楼迪拜塔（Burj Khalifa，高 2722 英尺[一]）还要高 8 米。当大家纷纷为这个高楼的拟建高度和中国即将收获的另一个世界纪录感到欢欣鼓舞时，却很少有人严肃地思考这座摩天大楼能创造的价值以及这个项目的经济可行性问题。后来，由于开发商遭遇财务困难，这个曾广受瞩目的项目最终被彻底放弃。项目宣布开工五年后的今天，当年挖掘出的地基已被一个巨大的水池所淹没，工地变成了鱼塘。

尽管"天空城市"项目无疾而终，但世界第二高楼，坐落在上海浦东陆家嘴的上海中心大厦则于 2015 年向公众开放。上海中心大厦总

[一] 1 英尺 =0.3048 米。——校者注

高 632 米（2073 英尺），共 128 层，位于上海陆家嘴金融区，造价高达约 30 亿美元。该大厦的开发商为上海中心大厦建设发展有限公司，也是一家国有企业。自落成开放之日，上海中心大厦每天接待访客高达 2 万~3 万人次。

本书第三章中讨论过的太阳能光伏产业同样体现了中国各地对投资的过度热情。在光伏产业鼎盛的 2008—2011 年间，中国几乎每一个省都把光伏产业列为战略优先产业，地方政府给予了强有力的支持。大力发展太阳能光伏产业与政府大力推动的高科技及绿色战略相一致。各地政府纷纷推出税收优惠政策、政府支持的投资基金、易于获得的银行贷款等优惠安排，推动光伏产业在中国的高速发展。全国有超过 300 个地级市在发展自己的光伏企业，有超过 100 个城市建立了光伏产业基地，入驻了大批新成立的光伏企业。地方政府所推动的投资项目导致中国太阳能光伏产业的产能迅速扩大。然而，正如本书第三章尚德的案例中所讨论的那样，这些项目的投资资本收益率（ROIC）都不尽如人意。由于缺乏核心技术和周详的发展战略，同时市场主要又在境外，大部分光伏企业都在价值链的低端艰难竞争，遭受巨额亏损，许多企业在 2013 年和 2014 年被迫从该行业中退出。

由于投资拉动的增长模式，中国的大型企业主要集中在提供与固定资产投资相关的生产要素行业，如金融、能源和大宗商品等（包括煤炭、铜、钢铁和铝等）。疯狂的投资热潮拉高了中国对这些生产要素的需求，固定资产投资所需的原材料也从世界各地销往中国。近几年，中国固定资产投资在 GDP 中的占比接近 50%，许多巨型企业也因此而变得更加庞大。此外，由于中国政府严格控制要素市场，限制民营企业在该领域的发展，所以这些规模巨大但效率低下的企业往往都是国有企业。

第五章
"伟大"的希望仍未实现

从高速增长转向高质量发展，中国正在开启新一轮的改革与开发。在新的发展阶段，企业需要全新的观念。习惯性地假设中国经济在未来将继续保持高增长，往往会导致企业陷入追求规模的泥沼不能自拔。追求规模只能把企业做大，但却无法把企业做强，无法成就伟大。

脆弱的制度基础设施

良好的制度在推动经济增长方面有着重要的作用。在制度主义的学者们看来，寻找到有效率的制度安排是一国经济能够发展起来的重要原因。与经济发展和商业文明进步相关的制度，是人们在其中思考、互动和从事商业往来的框架。[一]从实证数据分析来看，在制度的优劣和经济发展之间很难建立确定的因果关系，因为两者间的因果关系反过来也说得通：经济增长亦能为制度建设打下良好的基础，即，经济基础决定上层建筑。在2001年的一项重要实证研究中，三位经济学家——达龙·阿西莫格鲁（Daron Acemoglu）、詹姆斯·罗宾森（James Robinson）和西蒙·约翰逊（Simon Johnson）使用了一个新颖的自然实验来解答了制度与经济增长之间是否存在反向因果关系这一问题。这三位经济学家巧妙地使用了欧洲的殖民政策作为基础，指出不同的社会会受到不同历史进程（如不同的殖民政策）的影响，从而产生不同的制度。通过使用数百年前的殖民政策作为影响一国制度的外生变量，他们发现有显著的实证证据表明，拥有更好制度的国家，其人均收入也更高。

阿西莫格鲁和罗宾森在他们的畅销书《国家为什么会失败：权力、繁荣和贫困的根源》（*Why Nations Fail: The Origins of Power, Prosperity,*

[一] 详见道格拉斯·诺斯的一系列论著。

and Poverty）中进一步展开了论述，认为缺乏"包容性"的制度是国家陷入贫穷和停滞的根本原因。他们以埃及为例，指出"埃及之所以陷入贫困就是因为这个国家由少数精英阶层统治，社会的组织形式仅对他们有利，而牺牲了广大人民群众的利益[一]。"阿西莫格鲁和罗宾森的这个理论迅速引起了激烈的辩论。反对者举出许多反例，认为他们的理论无法解释自1978年以来中国所取得的经济奇迹，也无法解释新加坡在独立后所实现的经济腾飞。这场大辩论最终归结到一个点上：那就是，我们究竟如何对"包容性制度"（Inclusive Institutions）和"榨取性制度"（Extractive Institutions）做出明确的定义？什么样的制度会促进经济的发展，而又是什么样的制度会阻碍经济的发展？

许多学者都把中国经济上的成功作为这个理论的反例。事实上，阿西莫格鲁和罗宾森提出的理论是否正确并非重点。我们关注的重点是怎样识别出中国现有制度中有哪些因素有利于推动经济增长的质量，哪些因素在阻碍中国企业实现"从大到伟大"的转型？中国改革开放40年来，有很多成功的制度创新，真正推动了中国经济的崛起。但是，我们必须认识到，国家主导的金融体系和政府对经济事务的大量干预已经成为当前中国最不利于伟大企业出现的外部原因。它们的存在决定了中国企业和地方政府特定的行为模式，导致了中国企业进入追求经营规模而非企业价值的误区。

国家主导的金融体系

在改革期间，中国政府采取了适度的"金融抑制"政策。对于一个资金相对稀缺的国家，集中力量把稀缺的金融资源优先配置到国家重

[一] 见 Acemoglu and Robonson, 2012, p. 3。

第五章
"伟大"的希望仍未实现

点发展的领域，这是一个很自然的选择。尤其是中国在推进工业化进程中，对资本的需求很旺盛，采用"有所为，有所不为"的金融发展战略有极大的合理性。适度的金融抑制在改革期间有两种主要的表现形式：第一，政府严格管制关键利率，确保商业银行等金融机构存贷款利差的稳定。第二，政府严格把控金融服务业的许可证。

金融抑制不可避免地会带来一些不利的经济后果。首先，稀缺的资金配置到受政府特别照顾的企业和部门中，但这些部门由于软预算约束，投资效率不佳[一]。而企业由于软预算约束，不需要履行其债务约定，导致企业决策者所考虑资本成本很低，这反过来又会促使企业进一步投资。这种过度投资的倾向往往会更进一步拉低投资的效率。事实上，如果"刚兑"不能打破的话，企业感受到的资本成本是零。在这种情况下，没有真正的金融。

其次，在利率受到管制的情况下，企业的资本成本不是由市场的供需情况来决定的。政府设定的利率水平低于自由市场，将财富从储户转移至银行，然后又转移至借款方（企业）。银行从中获益，因为政府规定的存贷款利差大且稳定——大约在3个百分点左右，银行只需要把存款贷出便可轻松获利。银行因此可以获得稳定且丰厚的利润。能够得到融资的借款方（企业）也从这种制度安排中获益，因为借款利率被人为地压低，企业能够以较低的成本获得信贷。但与此同时，辛苦挣钱将钱存入银行的储户却只能拿到微薄的回报。

扭曲的资本成本导致资本配置失当，损害了资本的使用效率。资本成本偏低时，能够获得融资的企业就更容易受到诱惑，使用"廉价"

[一] 关于国家垄断的金融体系及其影响的研究，请参见 Brandt and Li, 2003; Cull and Xu, 2003; Boyreau-Debray and Wei, 2005。

的信贷做出不必要的投资。对于理性的企业家而言,只有当项目的投资资本收益率大于加权平均资本成本时才会决定投资。然而,由于利率受到政府的管制,银行的贷款利率并不能反映市场上资金真实的供需情况。当国有企业能够从国家垄断的金融体系中以远低于市场利率的成本获得资金时,将导致国有企业巨大的投资冲动。举例而言,对于一家国有企业而言,根据其信用评级,它在市场的资本成本应为12%,那么这家企业应该只有在投资资本收益率高于12%时才会决定投资。但如果国家垄断的金融体系把贷款利率设定为7%,那么这家企业投资决策的门槛便立刻降低了。此外,按以往的惯例,国有企业不论财务表现如何,政府从未允许其破产。只要不担心有违约破产的风险,国有企业就会尽可能地多借贷用于投资。因此,许多本不应该获得投资的项目纷纷启动。这些投资项目虽然能大幅扩张企业的规模,但并不能提升企业的投资资本收益率,也并不能提升企业的价值。

如果投资的决策者是地方政府的话,那么情况同样糟糕。由于地方政府之间存在追逐经济增长的政绩竞赛,因而地方政府有着强烈的投资冲动。由于软预算约束,地方政府官员所考虑资金成本非常低,在极端的情况下他们甚至会认为资金没有任何成本。他们认为银行是由国家控制的,所以银行的债务便无须偿还。因此,考虑欠妥的投资项目纷纷启动,虽然推动了当地 GDP 的增长,但却没有创造较高的经济价值。

在这里,无论是地方政府还是国有企业,其决策行为都是理性的,都遵循了价值投资的原则,即投资资本收益率(ROIC)≥加权平均资本成本(WACC)。但是,由于金融中介的扭曲及其所导致的低于市场利率的资本成本,这些看似理性的投资决策却没有产生理想的结果——人为压低的资本成本对应着的是低水平的投资资本收益率。

金融抑制对私营部门也产生了深远的影响。当金融资源的配置向国有部门倾斜时,民营企业和中小企业就难以获得资金,因此被迫借助非正规的融资渠道,如地下钱庄、典当行、信托公司以及近期兴起的P2P借贷平台和大量的资管计划等,不可避免地承担了高昂的资本成本。这也在一定程度上解释了近几年影子银行系统在中国大行其道的原因——影子银行为民营企业和中小企业提供某种融资支持,帮助它们缓解了融资难的问题。然而,大量的影子银行业务置身于金融监管体系之外,本身并不透明,这也带来了系统性金融风险的汇聚。

民营企业和中小企业仍然无法像国有企业那样轻易地获得融资支持去扩张规模。举例来说,一家典型的民营企业从影子银行获得的资本成本可能高达24%。那么,理性的决策者只有在项目的投资资本收益率高于24%时才会决定投资。但是,在中国经济高速发展了40年以后,还有多少项目能够实现这么高的收益率呢?由于金融中介的低效,中国的民营企业不得不放弃许多不错的投资机会,私营企业在这种背景下存在着投资不足的现象。因此,中国大型的民营企业只是凤毛麟角。

市场竞争的重要性

中国制度基础设施的另一个根本性问题就在于,缺乏一个开放统一的国内市场。在改革开放期间,中国实现了较高程度的对外开放,但国内市场由于地方保护主义仍然呈现出"条块化"的特点。正如本书前文所述,中国经济改革始于中央政府将经济决策权下放至地方。通过鼓励地方政府之间的竞争,中国成功地克服了市场竞争缺失的不利因素。这种强调经济表现的政绩竞赛虽然推动了经济的增长,但却带来了明显的副作用——它滋生了地方保护主义,大幅提升了企业在国内市场上的交易成本。中国钢铁、煤炭、铝、玻璃、水泥等许多行业面临严重的产能过剩,跨地区的企业兼并不失为有效推进行业整合、消化过剩产能的好办法。然而，地方政府却往往对本辖区的企业决策指手画脚，设置各种行政障碍，致使企业跨地区的兼并整合难以实现。

地方保护主义之严重，已影响到中国企业的行为模式。在国际贸易的实证研究中，中国也成了一个特例。在 2003 年《计量经济学》(*Econometrica*) 期刊上发表的一篇论文中，哈佛大学经济学教授马克·梅利兹（Mark Melitz）研究了国际贸易对行业内和全行业劳动生产率所带来的影响。梅利兹模型中的一项重要的实证推论就是，只有劳动生产率高的企业才会进入国际市场，而劳动生产率低的企业只能留在本国市场，外向型企业往往比内向型企业拥有更高的劳动生产率。根据梅利兹的理论，只有劳动生产率更高的企业才能够克服跨国贸易的困难障碍，在国际市场上取得成功。

梅利兹的假设得到了绝大多数实证研究证据的支持，但中国却是一个例外。研究者发现，中国的外向型（出口）企业的劳动生产率往往比内向型企业更低。我们如何解释中国的这个矛盾现象呢[一]？其深层次的原因在于，中国缺乏一个开放统一的国内市场。在中国，国内市场竞争的成本甚至比国际市场竞争的成本更高。中国的地方政府总是使用各种行政手段干预市场竞争，而劳动生产率较低的企业通常发现把产品或服务出口至国际市场会面临相对较低的成本，甚至还能得到一些优惠待遇。因此，我们才看到中国表现出与其他国家截然相反的特征。

不论是国有企业还是民营企业，通过市场竞争都能提升其经营能力和劳动生产率，进而提升投资资本收益率。国有企业如果能在充满市场竞争的地区和行业运作，那么也能提升其竞争力。例如，格力电器是一

[一] 见 Dan Lu, "Exceptional exporter performance? Evidence from Chinese manufacturing firms", University of Rochester working paper, 2015。

家国有家电制造商,在董事长董明珠的领导下成功转型成了一家极具竞争力的制造业企业。

一个经济体制下的不同路径

制度决定企业行为,而企业行为则决定企业表现。这就是由爱德华·曼森(Edward Mason)最先于20世纪30年代提出的S-C-P框架,后在20世纪80年代由迈克尔·波特(Michael Porter)在其关于竞争战略的著作中进一步发扬光大。其中S、C和P分别代表结构(Structure)、行为(Conduct)和表现(Performance)三个词。按照波特的说法,每一个行业都需要应对各自不同的供需情况,不同的供需情况决定了该行业的市场结构,市场结构又反过来影响该行业参与者的行为和选择,而行业参与者不同的行为和选择又决定了它们不同的利润率、全要素生产率和创新能力等表现。因此,重要的就是找到市场结构在一个行业中所创造的、能够为企业带来竞争优势的机会。S-C-P框架能够帮助我们更加深刻地理解中国企业的行为和表现,揭示了在当前制度背景下,什么样的结构性因素决定了中国企业的行为模式,最终决定了中国企业的表现。

企业家在全世界都是稀缺资源。中国也许拥有全世界最勤奋好学、最贴近市场的企业家。他们能在短短的30年杀出各种不利因素的重围,具备了相当的市场敏锐度和对远景的综合掌控能力。可是,中国企业中却很少产生类似通用电气或是IBM那样的世界级企业。在这里,正确理解中国经济的结构和中国的制度基础设施便成为了解中国企业行为及表现的关键。由于历史原因以及转轨经济的鲜明特征,活跃于各行各业的中国企业大致可以划分为三类:第一类是大型央企,主要分布于金融、电信、能源等这样的垄断性行业;第二类是地方政府主导或经营的大量地散布于各个垄断或非垄断行业的国企；第三类则是大量的民营企业、三资企业、中小企业和小微企业。这样的结构决定了不同企业族群特定的行为模式及发展走向。

以第一类企业为例，由于它们分布于垄断性行业，本身就具有丰厚的垄断利润可以攫取。但这也会扭曲这些企业的行为，限制它们的国际竞争力。这些企业同时也是国家财政的重要来源，因而政府在给予它们垄断权力的同时，也自然而然地会干预这些企业的日常经营。在政府尚未理清其在企业经营中所扮演的角色的时候，我们很难期望这些企业能够按照价值最大化的战略理念去经营，我们也很难指望这些企业追求的是投资资本收益率而非简单的企业规模扩张。

由政府来主导整合，极有可能出现的一个场景就是，我们拥有许多大（按总资产规模和销售收入来衡量）而不强（按营利性、投资资本收益率和商业模式来衡量）的企业。由于这些企业分布在垄断行业，享有丰厚的垄断利润，可以轻易获取大量低垂的果实（资金、市场、准入许可等）。这些都可能扭曲企业的行为，严重限制它们自主创新的动力和能力。根据国资委的数据，我国近百家央企平均每年用于研发的经费不到其营业收入的1%。没有强大的研发，何以成就伟大企业？作为对比，民营企业身份的华为在其30年的历程中，每年从营业收入中拿出10%以上做研发。2017年，华为的研发人员占员工总数的45%以上，并在世界各地，包括中国、德国、瑞典、俄罗斯和印度等国建立了36个研发中心。

第二类企业，非垄断行业中的国有企业也处于同样的尴尬境地。这些企业大多由地方政府控股经营，规模较小。更重要的是，它们是地方税收的重要来源，其业绩也成为地方政府施政的重要衡量指标。在此种情况下，政府很难撒手不管。在这些企业里，地方政府往往人为地设置各种各样的进入障碍去维护地方利益,这无疑妨碍了行业的整合和企业做大做强。比如,我前面提到的中国光伏太阳能行业在过去几年出现的乱象。

从盈利表现及投资效益的角度看,数量庞大的民营企业和三资企业正日益成为中国经济发展的引擎。然而,这些企业单一的经营模式却使得在它们中间出现一些具有世界级企业战略的伟大企业的可能性微乎其微。这些企业大多聚集在价值链的个别环节,为了微薄的利润进行残酷的市场竞争。它们中的绝大多数不具备整合价值链或是从价值链的个别环节上摄取更多价值的能力。少数具备能力者也因为不能从现有金融体系中得到足够多的支持而步履艰难。

脆弱的制度基础设施、不完善的制度和政策设计往往为经济生活的参与者提供了各式各样、或大或小的寻租机会。寻找"漏洞"的制度套利便成了中国特有的商业模式创新。但这种追求"短平快"的财富攫取方法,只会引领中国企业的商业实践和商业思想向下再向下,难以成为可持续的能带来高投资资本收益的商业模式,企业做强谈何容易。

至此,答案昭然若揭,完善市场和竞争机制,改变经济微观结构,进而影响企业的行为模式和最终表现,"让属于市场的回归市场"是弥补制度缺陷的最终方法。

实证研究的证据

在过去40年,中国在制度基础设施投资不足和金融中介效率相对低下的情况下,实现了前所未见的经济增长。中国过去40年固定资产投资在GDP中的占比高达40%~50%,而且银行信贷主要集中在国有部门。如果我们用规模来衡量企业的成功,那么中国许多企业已傲视群雄。但正如本书第二章所指出的一样，真正造就伟大企业的关键是长时间保持高水平的投资资本收益率。

尽管我们能够找到许多例子说明国有部门的投资效率不如民营企业，但很难用实证的方法描绘出企业投资效率与所有制等制度因素之间的关系。中国在某些行业（如房地产和原材料领域）、某类企业（如国有企业）和某些地区（如沿海地区）投资的过度集中已经引起了决策者普遍的担忧。投资效率低下也一直是中国不良贷款水平和系统性金融风险持续上涨的重要原因，有可能影响中国经济进一步的发展。但究竟如何量化投资效率，仍然是实证研究中的一大难题，一方面因为数据非常有限，另一方面因为缺乏合适的实证研究方法。中国目前仅有 3000 多家 A 股上市企业，能够给研究者提供的财务数据有限，而且其可信度也值得怀疑。

我和香港大学的邵启发在 2011 年发表于《金融和数量分析期刊》(*Journal of Fiancial and Quantitative Analysis*) 的一篇文章用巧妙的计量方法解决了这些问题，并得到了一系列重要的实证证据（见 Liu and Siu, 2011）。

我和邵启发共同研究了中国国家统计局公布的规模以上的工业企业。这些企业的年销售收入和总资产在 500 万人民币以上，每一年被统计局纳入统计的企业数量从 20 万家到 40 万家不等。直接评估工业企业的投资资本收益率非常困难，因为统计局提供的数据中有关投入资本（投资资本收益率的分母部分）的信息并不完整。国内学者一般用净资产收益率（Return on Equity，即 ROE）来反映投资收益率。正如我在第四章中讨论过的一样，用 ROE 不能准确反映一个企业的基本面和价值创造能力：税后利润（ROE 的分子部分）包含非经营性利润（例，投资股市、房地产等产生的收益），有可能会扭曲企业经营的真实情况；

另外，ROE 的取值会受到企业融资决策的影响，高杠杆会拉大净资产收益率。因此，ROE 不是一个准确的有关企业投资资本收益率的衡量指标。

我和邵启发设计了一个巧妙的实证方法。我们利用经济学里的一个重要定理——在均衡状态下，投资的边际成本应该等于边际收益。在这一条件下，我们根据企业的实际资本开支（即投资）倒推出什么样的一个折现率（Discount Rate）会使得企业下一期的投资的边际收益等于当期的边际投资成本。我们用这个倒推出的折现率来衡量一个企业的投资资本收益率。这里的思想其实很简单直观：企业只有在投资回报达到这个倒推出的折现率时才愿意投资，因而这个折现率本身就反映了这个企业在投资时期望得到的投资资本收益率。

利用上述思想，运用计量经济学里结构估计的方法（Structrual Estimation），我们估测出描绘一个企业投资资本收益率的函数里的每一个参数的取值，然后根据这个函数计算出中国规模以上工业企业从 2001 年到 2005 年每一年的投资资本收益率。图 5.3 中给出了按所有制划分的每一类企业在 2001—2005 年间的平均投资资本收益率。

图 5.3 揭示的一个最重要的发现是，中国的国有企业的投资资本收益率在样本期间比非国有企业（含集体企业、港澳台企业、外资企业、民营企业和混合所有制企业）的投资资本收益率要低很多。根据我们的计算，2001 年至 2005 年，国有企业的平均投资资本收益率在 5.3%～5.8% 之间；而非国有企业的投资资本收益率大都在 9% 以上。国有企业的平均投资回报率比非国有企业要低至少 4 个百分点。

国有企业拥有较低的投资资本收益率，但它们占用了经济生活中大量的金融资源、原材料和其他资源，呈现出极其强烈的投资冲动。这类企业容易在规模上实现突破，但是它们很难在长时间内展现出高于资金成本或是竞争对手的投资资本收益率。这类企业中很难涌现出一批伟大企业！此外，国有企业不断做大规模还产生非常严重的负的外部性（Negative Externality）。在一个资源尤其是金融资源相对稀缺的经济环境里，国有企业大量投资会产生挤出效应（Crowding Out Effect），挤占了本可以流向投资资本收益率较高的非国有板块的投资，让这些非国有企业很难得到发展机会，更难做大做强，从而无法涌现出一批伟大企业。

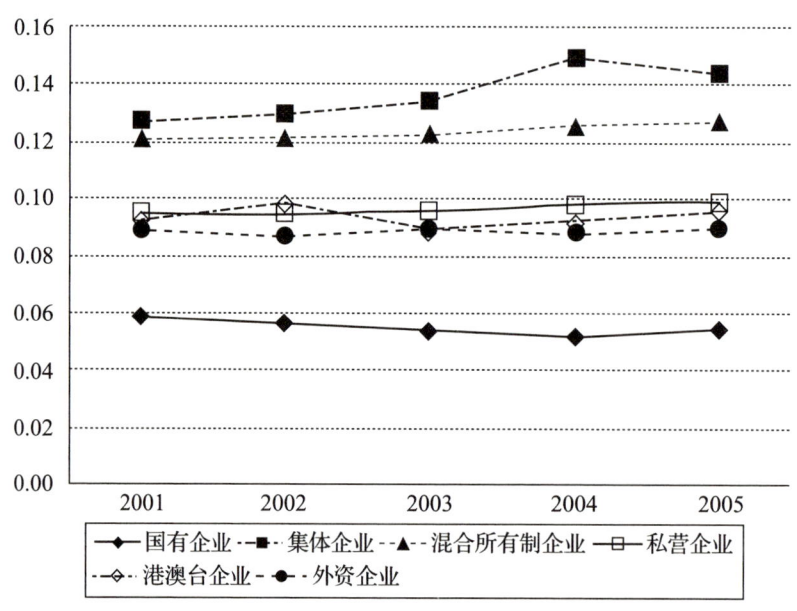

图5.3 中国规模以上的工业企业按所有制划分的投资资本收益率（ROIC）
来源：Liu and Siu, 2011.

除了上述基于规模以上工业企业数据所获得实证证据外，图5.4中提供了1999—2017年这近20年间在中国A股主板市场上市的国有企业和民营企业投资资本收益率的比较。如图5.4所示，1999年至2017年期间，国有企业的平均投资资本收益率在绝大部分年份都低于民营企业。这期间，按简单算术平均计算的国企平均的投资资本收益率是

1.92%，不仅低于全国平均的3%，更是低于民营企业的3.87%。显然，民企的平均投资资本收益率是明显高于国有企业的。虽然用的是不同样本和不同计算方法，但图5.4的结论与图5.3的结论是一致的。

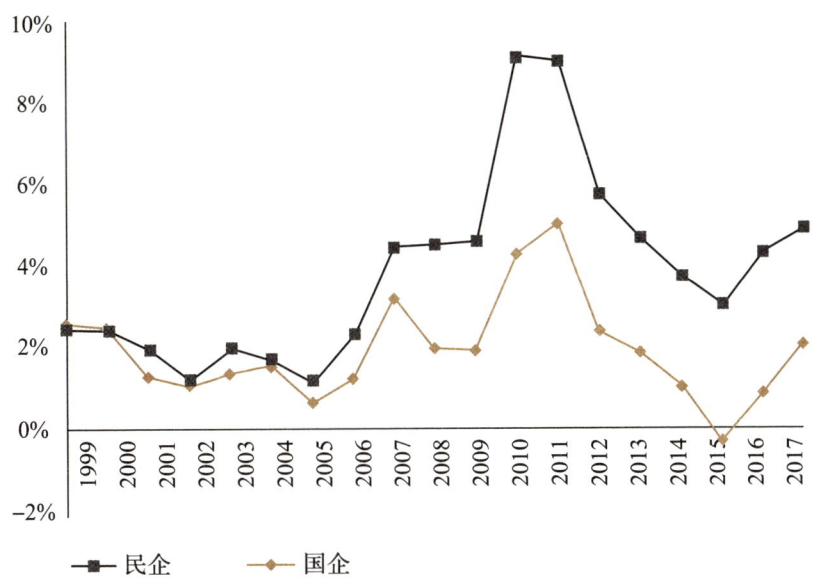

图5.4　A股主板市场上市的国有企业和民营企业投资资本收益率比较，1999—2017年

来源：作者计算。

尽管国有企业投资资本收益率较低，但仍然获得金融体系中60%以上的银行贷款。由于国有企业能够轻易获得国有银行提供的廉价信贷，它们往往表现出强烈的投资冲动。伴随着这股疯狂的投资热潮，国有企业轻易地实现了经营规模上的突破，但几乎无法实现高投资资本收益率的目标。过去40年，投资拉动的增长模式带来的一个实际的后果就是企业债务水平的大幅上涨，截至2017年年底，企业债务已经达到GDP的160%。而且其中大部分企业债务都集中在国有部门，滋生了许多靠新贷还旧债的"僵尸企业"。假设中国平均的债务成本是7%，那么每年中国企业仅在利息支出一项上的费用就高达GDP的11%。

由于国有企业在中国经济中仍然占据主导地位，金融资源仍然向效率较低的国有部门倾斜，在中国经济中造成了"挤出效应"。实际上，虽然如今国有企业的数量和产出都在下降，但其政治影响力却在上升。它们过度地占用了资源，尤其是信贷资源，挤占了中国经济中效率更高的私营部门的空间。私营部门企业由于缺乏强有力的金融支持，无力做出盈利性的投资，无法抓住发展的机遇，因此很难做大做强、成就伟大。

中国经济已经开启了从投资拉动向效率驱动的转型，而决定转型是否成功的重要指标就是投资资本收益率。为推动转型成功，政府必须推进艰难的改革，让市场在资源配置中真正起到决定性的作用，让国有企业暴露在真正的市场竞争规则和独立的反垄断监督机制下。金融中介需要得到改善，让经济活动中最活跃的企业能够获得信贷。同时也要对所有企业——不论是民营企业还是国有企业——都公平地实施法治，鼓励竞争，以提升经济效率和创新能力。在微观企业层面，中国企业应以价值创造而非规模扩张作为终极目标。对于中国未来的增长，我之所以保持乐观，最重要的原因就是中国正涌现出一波又一波的创业创新浪潮，它们正推动着中国不断前进。虽然"伟大"的希望仍未实现，但我们已找到了前进的路途！

第六章 中国特色的公司治理

爱上一匹野马,可我家里没有草原。

——《董小姐》

2013年5月10日,一个炎热的初夏下午,中国证监会新闻发言人在北京金融街富凯大厦101室的会议大厅公布了对上市公司万福生科相关责任人和机构的处罚结果。万福生科的财务作假要追溯到五年前。2008年至2010年间,万福生科虚增销售收入7.4亿元,虚增营业利润1.8亿元。为此,万福生科于2011年9月27日成功在深圳证券交易所上市,其上市的保荐机构为平安证券。2012年9月14日、18日,万福生科先后被湖南证监局、中国证监会稽查总队立案调查,揭穿了其企业财务造假的黑幕。

在2013年5月10日证监会公布的处罚结果中,上市公司万福生科只是被证监会处以30万元罚款。而作为造假"帮凶"的保荐机构平安证券,被罚没7575万元,并被暂停保荐资格3个月。万福生科造假上市的事实确凿,但因"不触及终止上市条件"得以继续在深交所交易。这引发了媒体、业界和监管层关于"中国造假成本太低"的热论⊖。遗

⊖ 见"万福生科造假案处罚 打折的标杆!"《南方周末》,2013年5月24日。

憾的是，像万福生科这样的故事在中国资本市场上屡见不鲜，层出不穷，徒增一系列关于中国上市公司的公司治理水平太差的感慨。

我们再来看看关于中国上市企业的另一个有意思的"谜"。自从1998年以来，中国证监会引入了特别退市机制，用来规范上市企业的公司治理实践。按照中国证监会的规定，沪深证券交易所开始对连续两年亏损的上市企业进行特别处理㊀，把这类企业股票归类称为"ST股"。如果在规定的时间内被冠以"ST"的企业无法扭亏为盈，该企业将有可能被要求退市。在2004年发表的一篇学术论文㊁中，我与几位合著者研究了被冠以"ST"前后企业股票的市场表现，发现样本中的66支ST股，在从被冠以"ST"3个月以前到被冠以"ST"24个月之后的这段时间，平均表现比市场整体高出32个百分点㊂。

为什么如此明显的坏消息在中国股市居然产生了如此积极的市场反应？我们的解释是，ST股的超额收益反映了其控股股东（原控股股东或新控股股东）对该企业投入资源，以保持或获得该企业的控制权所付出的代价。由于控股股东投入了自己的资源以提升ST股企业的表现，ST股的股价自然上涨。因此，在被冠以"ST"期间，ST股的超额收益率反映的是控股股东能够从上市企业中攫取的私利（Private Benefits）。在公司治理机制失效、私利盛行的市场中，我们如何能期待上市企业会以价值创造而非追逐私利作为自己的终极目标呢？

㊀ 由于财务状况异常、审计公司给出的警告等其他原因，上市企业也会被"特别处理"（ST）。

㊁ 见 Bai, Chong-en, Qiao Liu, and Frank Song, "The value of corporate control: evidence from China's distressed firms", University of Hong Kong working paper, 2004。

㊂ 注：被冠以"ST"的企业有24个月的时间扭亏为盈，否则将被要求退市。因此，24个月是ST股改善其经营表现的合理时间范围。

当资本市场上的中国企业大量地以万福生科这样的手法大玩财计，弄虚作假时，谁还能相信这些企业的经营目标是价值创造呢？谁又能相信中国未来的伟大企业会起步于这些企业呢？除了像投资拉动的经济增长模式，薄弱的制度基础设施这些外部因素在桎梏中国企业从大到伟大之外，中国企业问题丛生的公司治理机制也是另一个重要原因。

迅速兴起的股票市场

中国的股票市场直到1990年随着沪深证券交易所的建立才重新开启，之后便迅速发展成为中国企业重要的融资渠道。整体而言，中国的股票市场按交易量和总市值衡量都已是全球第二，A股上市企业的数量也从1992年的53家增至2018年2月底的3512家。上海证券交易所和深圳证券交易所的主板类似于美国的纽约证券交易所，上市企业大都为大型的成熟企业；深圳证券交易所还设有中小板和创业板，为小型企业或科技企业提供融资渠道，类似于美国的纳斯达克证券交易所。

要理解中国的股票市场，我们首先不要忘记，中国刚刚经历了从计划经济向市场经济的转型。在经济改革的初期，我们缺乏发展市场经济所需要的一些制度基础设施层面的重要要素，包括私有产权的保护、运转良好的金融体系，等等。这些制度上的特点不但影响了中国上市企业的行为模式，造成了中国股市的诸多特点，而且也决定了中国所采用的监管架构。

近三十年的实践，中国的股票市场形成了诸多显著的特点。第一，上市企业的股价与其基本面的关系相对较弱，受宏观经济政策和市场情绪的影响很大。中国股市中主要的投资者是个人投资者（散户），占到市场整体交易量的80%以上。在这样的微观结构下，市场的效率着实令人怀疑。例如，上证综合指数在 2015 年从 3000 点涨至 5100 点后，在年底时又跌回 3500 点。当年全年总交易额高达 254 万亿元人民币，说明短短一年中每只股票的平均换手率高达 5 次之多。如此高频的交易，其中有多少是因为投资者对于企业基本面的判断不同呢？

第二，从诞生之日起，政府就着力把股市打造成国有企业融资的渠道，并期望借助股市给国有企业的决策者施加一些市场约束。中国证监会把握着增长与控制之间的平衡㊀，对股市进行严格的监管。既然中国发展股权市场的主要目的是帮助国有企业拓宽外部融资渠道、提升其业绩表现，那么中国股市的监管法规一般总是向国有企业或与政府有紧密联系的企业倾斜。

这样的股市发展策略带来的一个后果就是，即使是经济中最具活力的企业，如果与监管方或其他关键利益相关方没有紧密联系，那么可能也无法上市公开交易。同时，一旦企业成功上市，即使后续业绩表现不佳也很难被退市。因此，中国上市企业的质量总体而言并不高。正如前文所述，1998—2017 年间，中国 A 股上市企业，除了金融服务和公共事业领域的企业以外，平均投资资本收益率仅有 3%~4% 而已。

第三，由于制度上的各种限制以及中国采用的监管架构，中国股市也在另几个方面展现出显著的特点，其中之一就反映在上市企业的股权结构上。中国上市企业的股权结构高度集中，大部分股权为国家持有。中国 60% 的上市企业由国家控制，95% 的上市企业都有一个绝对意义上的控股股东㊁。

在首次公开发行（IPO）监管方面，中国自从 1990—1991 年重启股

㊀ 见 Liu，2006。

㊁ 见 Liu，Zheng，and Zhu，2012。

票市场以来，首先使用的是"额度制"。按照中国证监会的要求，企业通常根据其允许公开发行的股票数量，将其核心资产的全部或是一部分纳入上市企业中。这种安排造成了中国上市企业股权结构上的缺陷，超过70%的中国上市企业都从属于各自的集团公司或母公司。尽管中国政府曾计划于2018年在首次公开发行上改用国际资本市场普遍使用的注册制，但是实施注册制的时间在往后滞延。事实上，即使实施注册制，大多数市场参与者仍然认为监管机构能够轻易借助其他技术手段来限制企业上市的数量和速度。采用注册制后，政府对企业上市的限制将大幅放松，但之前所采用的行政审批核准制所带来的影响仍将持续很多年。

这立刻引出了一个关键问题：中国的上市企业究竟为谁的利益服务？是为股东的利益服务还是为其母公司服务？运转良好的资本市场不仅仅能够帮助企业以更低廉的成本更方便地融资，同时也能够促进稀缺的资本通过竞争得到更好的配置和更高效的使用。如果按照这两个标准衡量，那么中国的股票市场远未达到要求。除了IPO制度之外，大多数人都认为其主要原因在于中国上市企业糟糕的公司治理。

公司治理的本质

公司治理源于代理问题（Agency Problems）。现代公司制度最大的一个特点是所有权和管理权的分离。但是，所有权和管理权的分离使得行使管理权的"代理人（Agent）"可能会做出一些只对自己有利而伤害到公司其他利益相关方（Stakeholders）的行为。这就是我们理解的代理问题。代理问题必然会带来一系列的"代理成本"（Agency Costs），使得企业价值最大化的目标难以实现。早在300多年前，亚当·斯密就在《国富论》中提出应该建立一套行之有效的制度来解决所有人和代理人之间的利益冲突。公司治理的现代理论则起源于 Berle 和 Means 在 1932 年的开创性研究。他们认为，公司的管理者常常追求个人利益的最大化，而非股东利益的最大化。

经济学家迈克尔·詹森（Michael Jensen）和威廉·梅克林（William Meckling）在四分之一个世纪后将"代理理论"进一步发扬光大[一]。企业的目标是股东（委托人）价值最大化，在这个前提下，他们认为企业的管理者（代理人），尤其是持股比例低的管理者，往往有着与股东不一致的动机和利益。因此，企业管理者需要受到活跃市场的约束，包括接管收购的威胁。詹森和梅克林不仅准确地指出了代理问题的实质，而且也提出了相应的解决机制——接管收购，尤其是恶意收购。

举一个简单例子来说明代理问题。一家公司市值 10 亿美元。一天，公司 CEO（注：代理人）提议公司花费 1 亿美元购买公务机组，以节省时间和差旅费用。从价值最大化的角度讲，这个提议非常荒谬。这项投资的成本是 1 亿美元，收益是节省的时间和差旅费的货币价值，估计为 2 千万美元左右。显然，这是一个投资资本收益率为负的投资项目，绝对应该被否决。但是，如果这个 CEO 很强势，在董事会层面有很大的影响力的话，他完全可能说服董事会批准这一提议。这样，一个投资资本收益率为负的投资项目被采纳，企业的价值就会受到伤害。这是一个典型的代理问题！

代理问题不可避免地带来了各种代理成本，使企业无法专注于价值的最大化。近几年，随着一些企业的控股股东为追求自身利益而伤害到中小股东，另一种利益冲突逐渐浮出水面。拉波塔（La Porta）、洛佩兹·德·西拉内斯（Lopez de Silanes）、施莱弗（Shleifer）和维什尼

[一] 见 Jensen and Meckling（1976）。Jensen（1986）进一步扩展了在 Jensen and Meckling（1976）中的论述。

（Vishny）（学术界并称这四位学者为 LLSV）于 1998 年甚至声称，在大企业中，解决代理问题的核心就是约束控股股东对中小股东利益的攫取㊀。这个发现对于东亚地区尤其是中国企业越来越普遍采用的企业集团模式提出了重大挑战。

公司治理，广义的理解指的是可以用来降低代理成本、约束代理问题的一系列机制的总合。正如 Denis 和 McConnell 所讲："公司治理是企业内部机制和外部机制的总和，它们可促使那些追逐个人利益的公司控制者（他们决定公司的运作）所作出的决策能以公司所有者（企业的出资者）的利益最大化为原则。"在业界，美国教师养老基金公司（TIAA-CREF）把公司治理定义为"一套制度的集合，这些制度能使得股东的利益与那些管理公司事务的董事会和管理层的利益之间保持一种适当的平衡。"

既然良好的公司治理的目标是解决各种"代理问题"，并最大化企业价值，那么什么样的机制才能够确保企业创造价值呢？贝希特、波顿和罗尔三位学者于 2003 年指出五种解决代理问题的方法：（1）选举董事会来代表股东的利益；（2）在必要时接管控制权或通过争夺控制权来保障企业价值创造的目标得以实现；（3）外部大股东积极并持续地监督；（4）通过高管薪酬合同将管理层与投资者的利益协调起来；（5）明确定义 CEO 的信托责任以及股东使用集体诉讼的权力，以阻止企业做出违反投资者利益的决策，或在投资者利益受损时寻求赔偿㊁。

㊀ 这种利益的攫取体现在各种形式上，如过高的高管薪酬、为关联企业提供贷款担保、转移定价以及发行新股导致的股权稀释。Johnson, La Porta, Lopez de Silanes, and Shleifer, 2000。使用"利益输送"（Tunneling）一词来形容资源和利益从企业转移至控股股东的过程。亚洲金融危机中的很多证据表明，"利益输送"在新兴市场中是一个非常严重的代理问题。

㊁ 见 Becht, Bolton, and Roell, 2003, p. 17 – 18。

我们也可以把公司治理的机制分成两种,分别从内部或外部解决不同企业权力所有者之间的利益冲突,尤其是企业所有者和管理者之间,以及控股股东和中小股东之间的利益冲突。公司治理的内部机制包括股权结构、高管薪酬、董事会和财务信息披露等。公司治理的外部机制包括有效的接管收购市场、法律体系和投资者基础等。

在资本市场相对发达的美国和英国,公司治理机制的设计基本上围绕着现有的市场机制来进行,形成了公司治理的"市场模式"。该模式具有以下特征:(1)股权分散;(2)财务信息披露频繁且较准确;(3)董事会主要由独立董事主导,以保证客观性;(4)收购兼并及私募/风投(PE/VC)市场活跃,对企业高管形成外部监督;(5)投资者主要是机构投资者,能够更好地监督企业高管并保护股东的权利;(6)保护股东尤其是中小股东利益的法律得到严格实施。

而在资本市场相对不发达、银行在金融体系中地位更为显著的经济体(比如,日本和亚洲大部分新兴经济体包括中国),公司治理机制的设计普遍强调自上而下的控制与监管,相对淡化对市场的依赖,这便是与市场模式相对立的管控模式(the Control Model)。在我们国家资本市场"向上成长"的这二十多年,由于一直强调资本市场在国企改革中的辅助性作用,采纳的其实一直是行政控制式的公司治理模式(Administrative Approach to Corporate Governance)。这里,政府对资本市场的控制反映在诸多层面,包括对上市资格的严格控制(例如,早期的上市额度制管理)、上市公司股权的高度集中、权力很大的中国证监会以及上市公司里央企和地方国企占绝大比重等。

以中国为例,公司治理的"管控模式"具有以下显著特点:(1)股权结构集中,几乎每家上市企业都有一个绝对意义上的控股股东;

（2）财务信息仅有限、有选择地披露；（3）尽管根据公司治理法规，董事会必须选举出数位独立董事，但在大多数情况下独立董事并不积极参与企业决策；（4）直到最近几年接管收购及私募/风投市场才活跃起来；（5）如前文所述，中国股市中个人投资者（散户）占交易总量的80%以上，主要反映了中国财富管理行业还不发达；（6）中小股东的利益难以得到保护，法律执行不力。

显然，各国所采用的公司治理模式基本上就是上述两种模式的结合，用来解决公司治理中潜在的代理问题。从这个角度来看，不论是"市场模式"还是"管控模式"，它们都过于极端，两者中间还有很多手段可供使用，关于两种模式孰优孰劣的辩论永远没有结论。1997年前，这两种模式共存，利弊各有所好。之后，出现两个分水岭：1997年至1998年的亚洲金融危机和2007年肇始于发达国家的全球金融危机。对前者的反思使得大多数亚洲企业认识到金融危机的实际根源是公司治理的危机，是企业实际控制人道德风险泛滥的结果。这种反思促使亚洲企业开始了漫长的由"管控模式"向"市场模式"的转换过程。我们看到，自1999年起，亚洲各国陆续出台的一系列提升公司治理的举措，无不是以市场模式作为标准来设计。

历史在这时开了个玩笑。2007年，亚洲金融危机十年之后，就在各种各样的反思活动紧锣密鼓进行之时，一个规模更大的危机在盛行"市场模式"的英美金融机构率先爆发。历史当然不会在这里掉头回行。鉴于中国经济在这一轮危机中的亮丽表现，"中国模式"，还有针对"华盛顿共识"的"北京共识"这样的提法应运而生。在一个概念满天飞扬的时代，什么是"中国模式"，什么是"北京共识"，其始作俑者并没有严谨的叙述。而我们也正式进入了一个没有标准，没有偶像的时代！

第六章
中国特色的公司治理

我在这里花很大篇幅叙述公司治理的这一段历史，主要是想强调我们在理解公司治理时的一个误区：我们太强调模式或是形态的争论，而忽略了公司治理的实质。设立公司治理机制的目标，不论在哪一种模式下，都是为了能够解决代理问题，降低公司控制人和管理者的寻租空间。对此，学者施莱佛和维西尼在他们影响深远的文章中指出（见 Shleifer 和 Vishny 在 1997 年《金融期刊》上关于公司治理的综述），公司治理应该保障公司资金的提供方，无论他们是股东或是债权人，都能够得到合理的回报。

在中国现阶段，结合我在前文的讨论，我对公司治理有一个更具操作性的描述——好的公司治理就是有一套行之有效的内部或外部机制，使得以下不等式成立：即投资资本收益率大于资金成本。假定一个企业的投资资本收益率是 15%，就意味着这家企业每投入一元的资本能够赚一毛五的税后利润；如果这家企业的资金成本是 10%，那么这家企业获得一元资本所需支付的成本是一毛钱。如果一家企业能够持之以恒地以 ROIC≥WACC 作为投资决策的依据，那么这些投资就能够带来正的经济附加值〔注：如我在前文所述，经济附加值 EVA 的一个简洁定义就是（ROIC-WACC）×投入资本〕，提升企业基本面，从而使企业的利益相关方受益。这样，投资决策人的寻租空间缩小，其代理人问题也就得到了实质性的控制。

作为佐证，我们可以参考亚洲金融危机前的韩国财团的例子。1996 年，韩国前三十大财团的平均负债权益比达到了 600%，而当时它们的平均投资资本收益率也就是 3%～4%。投资资本收益率远小于加权平均资本成本。这样一种微观经济基础反映了极为严重的代理人问题，必然带来金融危机——因为太多的投资没有效益，迟早会转换成银行坏账。

当模式之争遇上现实

良好的公司治理能够帮助解决代理问题并提升企业价值，实现 ROIC≥WACC，而"管控模式"在这方面的作用有限。几年前，我和几位学者共同研究不同的公司治理机制对于中国上市企业价值的影响[一]。在我们发表的一篇论文里，我们重点研究了中国普遍采用的公司治理机制——管控模式对中国上市企业市值的影响，得出了以下几点有意思的发现。首先，我们发现，上市企业控股股东的持股比例与企业价值之间并不是呈线性关系，两者间的关系是呈一条类似"U型"的曲线。这说明，在管控模式下常见的集中式的股权架构并不一定能够创造价值。

我们也发现，除了控股股东以外，企业其他大股东的持股比例越高，企业的价值就越高。当股权集中在除了控股股东以外的大股东手上时，这些大股东往往能对控股股东施加制衡，使其无法通过利益输送转移企业资源。在一篇相关的论文中[二]，我们发现有证据证明，其他大股东的持股比例是决定企业控制权市场是否能够形成的重要因素。活跃的接管收购市场对企业业绩表现有积极的作用，管控模式却不利于该市场的形成。

我们还发现，向境外投资者发行股票有助于提升企业价值。一方面是因为境外投资者相对更加成熟，监督更有力；另一方面是因为，跨境上市也要求企业的财务信息披露更加透明。此外，我们发现企业的 CEO

一　见 Bai 等，2004。
二　见 Bai, Liu, and Song, 2004。

同时担任董事长对于企业价值有负面影响，这也反过来说明独立董事会有助于提升企业的业绩表现。我们也发现，国家控股的上市企业市值往往偏低。以上这些实证结论有力地说明了，管控模式下的公司治理不利于企业价值最大化。

管控模式下的公司治理对市场透明度和上市企业股价的有效性也带来了直接的不利影响。在管控模式下，当企业的管理者或控股股东意图通过利益输送转移企业资源，侵害中小股东利益时，往往会掩饰企业真实的业绩表现。在中国公司治理的管控模式下，往往存在公司股权结构高度集中，有效的外部监督机制缺失的问题，这就使得中国上市企业操纵利润数据、甚至篡改财务报表的行为变得更加容易，造假的成本也更低。由于中国证监会一直以来依靠行政手段以及净资产收益率等财务会计指标来监管上市企业，这种有害的激励机制因此变得愈加严重了。为了满足监管的要求，中国的上市企业可能会操纵利润数据，使其高于规定财务的指标，尤其是净资产收益率这个指标。

图 6.1 给出了中国上市公司在 1999—2005 年间的净资产收益率（Return on Equity，简称 ROE）的直方图（Histogram）。在正常情况下（即公司没有系统做假的情况下），当上市公司数量足够多时，其净资产收益率的直方分布应该是无限接近正态分布，形似"钟"形（Bell Curve）。而中国上市公司净资产收益率的分布非常蹊跷，非但不平滑，而且不是正态分布。仔细观察中国上市公司的净资产收益率的分布，可以发现有超常比率的上市公司的净资产收益率集中在 0、6% 和 10% 这三个数字右边，即分别比这三个数值稍稍大一些。0 容易理解，没有公司想汇报亏损，因此通过盈余管理（Earnings Management）想方设法让公司不亏损是一个非常自然的选择。而大量上市公司的净资产收益率集中在 6% 和 10% 右侧一点，其实也是这些上市公司的理性选择，是它们

对当时证券监管机构有关上市公司再融资资格的特殊规定所做的理性回应。为了具备增发新股或配股的资格,上市公司必须连续三年保持每年至少6%的净资产收益率,三年的平均净资产收益率不得少于10%。考虑到2000年中国所有上市公司的平均净资产收益率只有6.9%,这项要求对于大多数中国上市公司而言绝非易事。但是,不少上市公司努力达到了这些要求。市场观察者和投资者将此归因于中国上市公司中普遍存在的盈余操纵。要求至少达到6%或10%的净资产收益率给公司的管理层提供了强烈的操纵盈余的动机。

中国上市公司净资产收益率的这种奇怪分布,从一个侧面反映了"管控式"公司治理模式的某些无奈。中国俗语说"上有政策,下有对策"。当监管机构对具体监管指标提出量化要求时,在一个做假成本较低的环境里,被监管方总能想到某些办法来完成这些指标,实现自己利益的最大化。在"管控式"模式下提升公司治理,解决代理问题不是一件容易的事情。

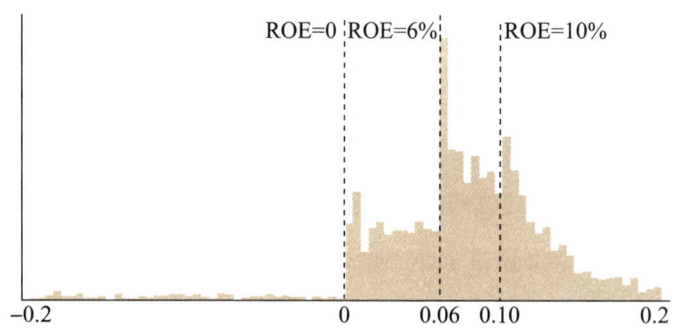

图6.1 中国上市公司1999—2005年净资产收益率(ROE)直方图
来源:Liu and Lu, 2007.

我和陆洲在2007年发表的论文中发现,衡量上市公司盈余操纵程度的指标——应计利润总额(Accruals)(定义为盈利与现金流之差)——与一系列衡量公司治理的指标之间有显著的相关关系。例如,

第六章
中国特色的公司治理

我们发现，当一家 A 股企业同时有 H 股在海外上市时，其盈余操纵程度明显要小许多。H 股的投资者是境外投资者，对公司治理要求比较高，这将倒逼有 H 股在海外流通的企业去提升公司治理。我们也发现，盈余操纵程度与控股股东在公司的持股比例、高层管理人员在公司的股权比例以及董事会是否由 CEO 担任主席这三个变量呈显著的正相关关系。以最后一个变量为例，当董事会的主席由 CEO 兼任时，董事会代表股东们去监督管理层的效果显然会大打折扣。在这种情况下，管理层操纵盈余的可能性会加强。再以控股股东的持股比例为例，当这个变量取值较高时，控股股东维护自身利益的动机会更强烈，操纵盈余的动机也就因此加大。总之，我们的研究显示，当中国的上市公司的公司治理机制健全，表现较好时，它们的盈余管理的程度要弱很多，它们所提供的财务信息的可靠度也要高许多。

总的来讲，图 6.1 给我们描绘了一幅让人极为沮丧的图画。当资本市场上大部分的上市公司肆意操纵其盈利数字，予取予求时，我们又怎么能相信这些公司是以企业价值创造为经营目标的呢？我们怎么能够相信这些企业在投资决策的时候考虑的主要因素是投资资本收益率呢？如果这些企业不是以提升投资资本收益率为目标，那么它们又怎么能变成伟大企业呢？

图 6.1 的数据涵括了 1999 年至 2005 年中国上市公司的例子。那段时期，上市公司再融资、是否退市等重要决策和净资产收益率有密切关系。十多年后，中国上市公司的信息披露质量是否有所好转？图 6.2a) 和 6.2b) 分别给出了中国和美国上市公司在 2014—2016 年这三年 ROE 分布的直方图。如前文所述，上市公司的净资产收益率的正常分布应该是"正态分布"，从美国 2014—2016 年的上市公司 ROE 分布情况来看，有好的企业，也有坏的企业，两端都有，符合正态分布的基本特点；而

中国上市公司 ROE 的分布情况则明显不符合"正态分布"的规律。大量企业的 ROE 密集集中在 0 的右边。再度说明上市公司信息披露存在问题,并非完全真实可信,上市公司的总体质量可见一斑。

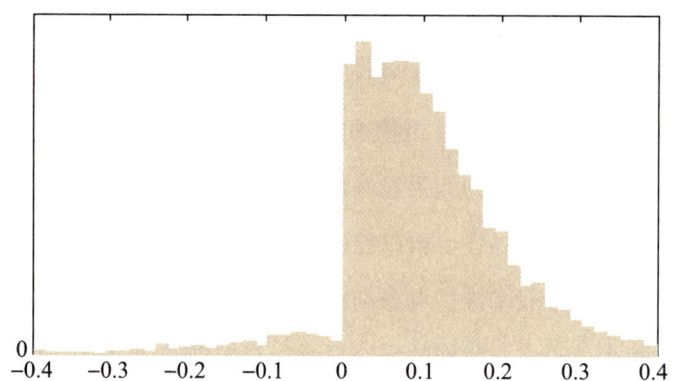

图 6.2a)　中国上市公司 2014—2016 年净资产收益率（ROE）直方图
　　　　来源：彭博；作者计算。

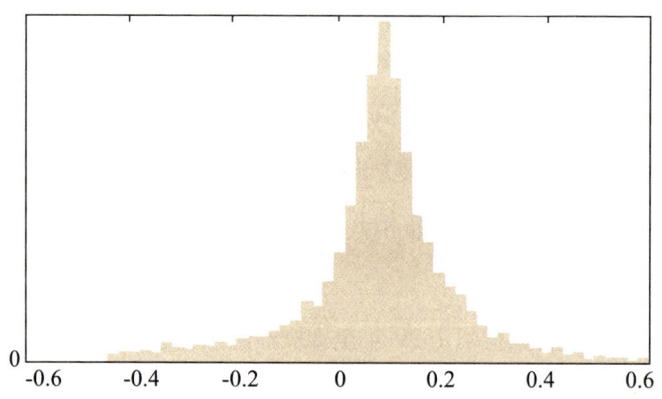

图 6.2b)　美国上市公司 2014—2016 年净资产收益率（ROE）直方图
　　　　来源：彭博；作者计算。

加拿大学者莫克（Randall Morck）和他的合作者在 2000 年的《金融经济学期刊》上发表了他们关于股票价格同向变化的著名研究。他们认为,如果一个市场上股票价格同向变动的比率越高的话,那么这个市场就越缺乏汇总企业层面信息的能力，这个市场上的股票的价格也就越缺乏信息含量，难以指导资源的合理配置。这里面的道理很简单，因为这样的市场里面大部分投资者由于种种原因，只是跟踪大市的追风者，他们对一只股票价值的看法和认知并没有被反映到股票价格中去。在莫克和他的合作者所研究的40个资本市场里，中国在此项指标上的排名高居第二，仅次于波兰。中国上市公司平均每周有超过80%的股票在同向变动（例，大市上涨，80%的股票上涨；大市下滑，80%的股票价格下滑），而这个数字在美国和加拿大分别是57%和58%。因为公司治理的原因，中国上市公司不透明，企业层面的信息没有被反映到股票交易和股票价格中。

制度上的决定因素

查史美伦（Laura Cha）女士曾于2001年3月至2004年9月担任中国证监会副主席，负责改善中国上市企业的公司治理。她曾经这样说道，"公司治理的概念在中国尚未得到很好的发展和理解。一部分原因是我们处于计划经济向市场经济的过渡期，另一部分原因是所有权和管理责任之间的纠缠㊀。"查史美伦这番话道出了公司治理的管控模式在中国大行其道的原因。

中国经济的许多特点影响并决定了中国股市的成长与发展路径。第一，正如本书第五章所述，中国正处在经济转型期，还不具备制度基础设施中的部分要素，现有制度的实施也不到位。第二，为了提升国有企业效率，中国政府在过去30年推进股份制改革，主要目的是让国有企

㊀ 见 Cha, 2001。

业按照"现代企业制度"的要求转换企业经营机制。其中一个具体举措就是发展股票市场，允许国有企业通过公开发行股票进行上市融资。中国股市的设计最初是为国企融资服务的，这直接影响到 IPO 机制、退市机制等的设计。第三，中国的金融市场仍欠发达。由于缺乏有吸引力的投资渠道，股票市场建立起来没多久以后就被普通民众所追捧，对中国年轻的股市带来的投资机会表现出极大的热情。由于个人投资者的广泛参与，中国股市的监管方在政策选择上就受到了限制。因为股市上任何的风吹草动都有可能引起社会问题，而维持社会稳定一直以来是政府的重要目标。

改革国有企业

中国的股票市场最初是由政府推动建立起来的，目的是帮助国有企业拓宽融资渠道、改善经营表现。自从股票市场重新开放以来，中国政府所采取的监管手段也在逐渐演进，以应对新兴市场上经常出现的种种问题。中国证监会在监管的过程中，尤其注意把握增长与控制间的平衡。既然中国发展证券市场的初衷是帮助国有企业缓解外部融资压力，那么监管政策便一直向国有企业或与政府有紧密联系的企业倾斜。

唐纳德·克拉克（Donald Clarke）在 2003 年指出，这种安排带来了一个根本性的矛盾，而其根源就在于国家仍是国有企业的唯一股东或控股股东。国家希望国有企业能够独立且高效地经营，但经营目的不仅仅是财富的最大化，还包括维持城市就业、直接控制敏感行业以及政治上的工作安置等。因此国家仍然希望参与到中国股市的发展建设中来。然而，国家的参与带来了其作为控股股东与其他股东之间的利益冲突。更糟糕的是，国家同时扮演了两个角色——既是上市企业的控股股东，又是上市企业的监管方。

这个矛盾产生了诸多影响，直接或间接地决定了中国企业的公司治理实践。第一，上市企业的股权主要集中在国家手中，因为国家希望持有足够多的股权以对企业形成控制。另外，中国上市企业的控股股东平均的持股比例接近 40%，比发达国家的上市企业高出许多。企业的股权结构会对其增长战略和经营模式产生直接的影响。国家控股的企业更有可能盲目地追求增长，尤其是经营规模方面的扩张。

第二，由于中国上市企业的控股股东大都为国家或国有法人，因此企业的董事会一般由国家选择的代表主导，董事会的独立性因而受到破坏。第三，中国发展股票市场的目的主要包括，允许国有企业利用市场募集到更多的资金、改善国有企业的经营效率和维持就业等。但股东价值最大化并不是国有企业唯一的目标，甚至不是主要的目标；为投资者提供及时准确的财务数据也不是国有企业最重要的任务。尽管中国的法律和监管政策一直就企业的财务数据披露提出了更高的要求，但中国企业信息的透明度仍然很低。

薄弱的法律环境与行政手段的大行其道

越来越多关于法律金融的研究都指出，良好的法律环境，特别是对于投资者的有力保护有助于打造良好的公司治理[一]。而中国的法律基础目前依然薄弱且执法力度不足，不论是投资者个人权利的实施还是合同纠纷的公开解决机制都相当缺乏。现有的法律体系一方面限制了企业能够选择的公司治理手段，另一方面也决定了中国政府能够采用的监管框架。

卡塔琳娜·皮斯托（Katharina Pistor）和许成钢认为，由于缺乏有效

[一] 见 LLSV，1997，1998，2000，2002。

的执法，中国不得不主要依靠围绕着"额度制"打造的行政手段来监管股票市场㈠。在"额度制"下，中国证监会将上市指标分配给各省的计划委员会，然后各省再把上市指标分配给待上市的企业。"额度制"在中国股市的发展过程中起到了两个重要作用，一是帮助缓解了投资者和监管方之间的信息不对称问题，二是让地方政府在分配上市指标时有动力对待上市企业进行筛选。得益于"额度制"的使用，中国股市在发展过程中取得了一定的成功，但"额度制"也存在着天然的缺陷。与其他处于转型过渡期的经济体一样，在中国，"额度制"的使用给一些地方政府官员带来了"寻租"的机会㈡。有些地方政府会把有限的上市指标分配给其能从中攫取最多利益的企业，并会选择能够使自身利益实现最大化的股权结构。地方政府的"效用函数"（偏好顺序）与中小股东截然不同。因此，尽管中国的私有化进程在速度和规模上不像俄罗斯和其他东欧国家那样激进，但地方政府或控股股东的"自我交易"现象依然存在。

此外，由于"额度制"的使用，中国国有企业的股份制改革并不完整。获得上市资格的企业只能根据允许公开发行的股票数量成立股份制公司、选择次优的股权结构，以满足国家控股的需求和地方政府的利益。这就解释了为什么中国上市企业的股权主要直接集中在国家或国有法人手中。

中国的制度设计决定了中国上市企业采用"管控模式"下的公司治理。因此，改善公司治理只依靠企业自身甚至整个股票市场的努力是不够的，我们必须还要关注宏观的制度因素，填补制度上的漏洞。这样的努力一定能得到回报。

㈠ 见 Pistor and Xu, 2005。

㈡ 见 Shleifer and Vishny, 1998。

第六章
中国特色的公司治理

自从中国证监会把 2001 年定为中国公司治理年起，一系列旨在改善中国上市公司公司治理的法规陆续出台，市场监管加强，公众和媒体对公司治理问题的意识大大增加。客观地讲，中国公司治理在过去十多年取得了长足的进步。现在，外部董事或独立董事、更为频繁的信息披露、机构投资者规模的扩大、并购和私募股权投资市场的不断发展以及对中小股东保护的加强等等都在不断夯实中国上市公司在公司治理方面的基础。这些举措正在改变中国上市企业的行为模式，也在整顿中国股市的基础架构。尽管如此，深深植根于制度的股权结构仍然是中国公司治理中相对薄弱的一环。

最后一个挑战——股权结构

在所有公司治理的机制中，股权结构是最具决定性的。在某种程度上，董事会和财务数据披露等内部治理机制能否正常运作主要取决于上市企业的股权结构是否合理。如果上市企业的股权集中在控股股东手中，那么控股股东对董事会的组成和流程有着最终的决定权，这毫无疑问会影响董事会的独立性。同样，控股股东也会对企业的披露政策和行为施加影响，从而影响利润数据的信息质量。

在中国上市公司的若干公司治理机制中，股权结构（Ownership Structure）是目前对其他公司治理机制影响最大，而中国企业的表现最差的一个环节。对于一家上市公司而言，什么样的股权结构是最合理的？德姆塞茨和勒恩在 1985 年的一篇著名文章中发现，企业的股权结构其实是一个内生变量，它本身是由一系列企业层面和市场层面的变量来决定的（Demsetz and Lehn, 1985）。这一结论也适用于中国的上市公司。它们的股权结构一直处于变化之中，它们的变化与一系列的制度因素、行业因素和企业层面的因素密切相关。

讨论股权结构时我们一般从股权集中度、透明度和公平公正程度这三个方面入手。下面将讨论怎样去量化描述中国上市公司的股权结构，探讨它们的变迁并分析股权结构怎样影响中国企业。

股权高度集中

中国95%以上的上市公司都有一个绝对意义上的控股股东。这个控股股东以前以国家为主，即使到现在，我们大部分的上市公司都还是国有企业，中国上市公司股权是高度集中的。当然，资本市场本身的发展，会产生超出资本市场设计者掌控、不以人的意志为转移的市场力量。这种市场力量会推动上市公司股权结构发生各种各样的变化，呈现出不同的特点。在中国资本市场的发展过程中，私营企业在上市公司中所占比例不断增加，便源于这样一种力量。据我与合作者郑颖和朱元德在2012年完成的一项研究中显示（Liu, Zheng, and Zhu, 2012），截至2008年年底，中国95%以上的上市公司有控股股东；按照控股股东的所有制属性划分，60%的上市公司由国家控制（包括央企和地方国企），而私人控制的上市公司的比重也已从21世纪初的14%激增到35%。基本上形成了国有板块与私营板块并存的二元结构（详情参见表6.1）。

中国资本市场的这种二元结构，在全球资本市场上并不多见。股权结构相对集中的市场，其控股股东多以私人为主。以巴西为例，国有企业和私营企业在上市公司中所占的比重分别是15%和54%（余下27%的上市公司股权相对分散，没有明显大股东）；这个比例在马来西亚是13%对67%；在墨西哥是0%对100%；在智利是0和83%；在泰国和土耳其分别是8%对62%和18%对50%。在结构上与中国相似的国家是俄罗斯。2002年，俄罗斯上市公司中国家控股对私人控股的比例是53%和34%，颇接近中国的60%和35%。

从理论上讲，上市公司控股股东的所有制属性对其经营表现不应有实质性的影响。上市公司经营的目标是股东利益的最大化，而这个目标本身是中性的，与所有制形态之间没有必然联系。可在现实世界里却存在代理问题，当股权结构相对集中时，代理问题更容易体现为控股股东对其他股东，特别是中小股东利益的侵害。在一个二元化的资本市场里，当控股股东分别为国家和家族时，其代理问题的性质并不一样，表现形式也不尽相同。

当上市企业的股权集中在控股股东手中时，企业所做出的各种决策往往反映的是其实际所有者（控股股东）的利益。如果控股股东盲目追求经营规模和业务板块的扩张，那么企业的经营往往也会以规模作为目标，借助银行贷款疯狂追求增长。考虑到中国上市企业股权的集中度如此之高，中国企业要想实现从大到伟大的转型，关键就是要转变控股股东的心态，从规模至上转向价值创造。

中国上市企业的金字塔结构

除了股权高度集中以外，中国的上市企业也广泛地使用金字塔式的结构。"金字塔结构"指的是一种复杂的股权结构，借助该结构企业的控股股东能够通过若干层级的中间企业实现对于企业（主要是上市企业）的控制。在水平结构下的企业中，控股股东需要直接持有上市企业的多数股权以实现对企业的控制，而"金字塔结构"的使用则允许控股股东以较少的股权获得企业的实际控制权。

如图 6.3 所示，为了控制上市公司，控股股东（可以是国家也可以是家族或是自然人）先购买 A 公司 50% 的股权，实现多数控股㊀，然后

㊀ 一般情况下，控股股东甚至不需要 50% 的股权就能完全控制一家企业。为方便理解，可以把上述股权安排理解为控股股东持有 A 公司 50% 再加 1 股的股权。该假设不影响文中的分析结论。

再由 A 公司出面购买 B 公司 50% 的股权，然后 B 公司出面再去控制 C 公司 50% 的股权，最终 C 公司控制上市公司 50% 的股权。这样一种通过中间层级公司去层层实现控制的设计，使得控股股东只需要 6.25% 的投资就能控制获得上市公司至少 50% 的投票权从而控制上市公司。请注意在这个过程中，只要上家能够完全控股下家，这种控制权就可以沿控制链传递。图 6.3 也显示另一个大股东直接控制了上市公司 20% 的股权。该大股东注入上市公司的资金要远高于控股股东 6.25% 的资金注入。但是，因为金字塔结构的使用，控股股东是该上市公司实质意义上的控制人。

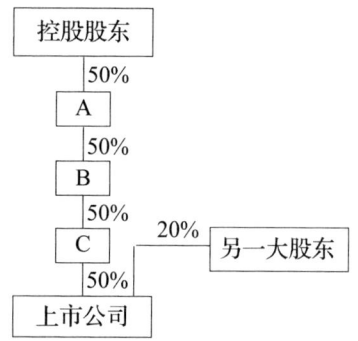

图 6.3　金字塔结构示意图

在这个例子中，控股股东拥有的现金流权或投资权是 6.25%（即公司若发放 100 元红利，控股股东将获得 6.25 元），而其拥有的投票权或控制权是 50%（即其至少控制了 50% 的上市公司的投票权）。我们习惯用现金流权与投票权的比例——OC 来衡量股权结构的复杂性。在这个例子中，OC 是 25%，即控股股东用 25% 的资本投入即获得对上市公司 100% 的绝对控制。对于融资难度大，资本相对贫乏的私营企业而言，这样一种股权设计的好处显而易见——它可以让处于金字塔顶尖的控股股东以最小的资本投入去控制足够多的资产，迅速在规模上实现突破。

由于借助金字塔结构，控股股东能够以少量的股权实现对上市企业的实际控制，因而绝大多数研究都发现，各种代理问题与金字塔结构的使用有关。例如很多学术研究发现，金字塔结构的广泛使用导致了企业控制权和现金流权的分离，因此控股股东更倾向于攫取中小股东的利益，从而导致企业价值降低[1]。

表6.1 中国上市公司股权结构：2001—2008年

	2001	2002	2003	2004	2005	2006	2007	2008	平均
A：央企									
企业个数	184	202	221	231	245	252	256	264	232
层级	3.522	3.604	3.643	3.697	3.747	3.813	3.816	4.015	3.732
控制权	0.462	0.460	0.450	0.449	0.442	0.399	0.400	0.402	0.433
股权	0.407	0.401	0.389	0.385	0.381	0.340	0.344	0.337	0.373
OC	0.862	0.842	0.826	0.822	0.838	0.838	0.850	0.825	0.838
B：地方国企									
企业个数	621	639	630	629	619	572	563	571	605
层级	3.040	3.069	3.121	3.180	3.213	3.227	3.259	3.356	3.183
控制权	0.464	0.462	0.460	0.461	0.445	0.391	0.382	0.390	0.432
股权	0.445	0.441	0.433	0.429	0.410	0.356	0.347	0.352	0.402
OC	0.956	0.950	0.933	0.924	0.912	0.906	0.903	0.899	0.923
C：私营企业									
企业个数	148	188	245	309	349	365	378	447	303
层级	3.662	3.681	3.649	3.615	3.550	3.521	3.452	3.338	3.558
控制权	0.334	0.321	0.318	0.328	0.325	0.312	0.318	0.323	0.322
股权	0.199	0.190	0.188	0.201	0.208	0.204	0.216	0.226	0.204
OC	0.581	0.567	0.569	0.584	0.622	0.637	0.671	0.673	0.613

来源：Liu, Zheng, and Zhu, 2012.

---

[1] 见 Johnson, La Porta, Lopez-de-Silanes, and Shleifer, 2000; Bertrand, Mehta, and Mullainathan, 2002; Bae, Kang, and Kim, 2002 和 Claessens, Djankov, Fan, and Lang, 2002。

鉴于金字塔结构的上述特点，它在英美以外的企业里被广泛运用。在亚洲，尤其是在亚洲金融危机前，金字塔结构的使用甚至到了登峰造极的程度。中国企业是否使用金字塔？程度如何？使用金字塔对于中国企业在价值创造方面有什么样的影响？我在最近完成的一项研究中，详细研究了中国上市公司股权结构的变迁[一]。我在表6.1中给出了这项研究的一个成果——中国上市公司2001—2008年间股权结构变化的情况。根据最终控股股东的性质，我考虑了三种不同类型的上市公司：央企、地方国企和私营企业。这三类企业合在一起占据了中国95%以上的上市公司。仔细研究表6.1，我们可以看到有关中国上市公司股权结构的几个特点：

（1）中国上市公司的股权高度集中，95%以上的上市公司有控股股东；央企的控股股东平均持有上市公司37%的股份；地方国企的控股股东平均持有40.5%的股份；而私营企业的控股股东平均持有20.7%的股份。

（2）私营企业在上市公司中的比例呈上升趋势，从2001年的大约13%上升至2008年的35%，显示中国资本市场正出现二元化的结构。

（3）中国上市公司开始广泛使用金字塔式的股权结构安排。如果我们按学术研究里常用的衡量指标，现金流权对控制权的比例（OC），来衡量中国上市公司使用金字塔结构的程度，我们发现，央企现金流权对控制权的比例在2001—2008年这八年平均为83.7；地方国企平均为92.4%；而私营企业平均OC值只有62.4%。以私营企业的62.4%为例，私营企业的控股股东只需要用62.4%的投资就可以获得对上市公司100%的控股权。显然，现金流权对控制权的比例越小，表明控股股

[一] 详见Liu, Zheng, and Zhu, 2012。

东使用的金字塔结构的程度越高。

（4）相较于央企和地方国企，私营企业使用金字塔结构的动机更强烈。地方国企的现金流权对控制权的比例八年平均为 92.4%，而私营企业是 62.4%，两者相差三十个百分点，中国的私营企业更倾向于使用非常复杂的股权结构。

（5）2001 年至 2008 年间，私营企业的股权结构的复杂程度在改善之中，现金流权对控制权的比例的取值从 2001 年的 58.1% 上升至 2008 年的 67.3%，这表明私营企业的股权结构趋向简化；但我们注意到国有企业尤其是地方国企的现金流权对控制权的比例呈下降趋势，从 95.6% 一路下降至 89.9%，表明地方国企的控股结构越来越复杂。

中国上市公司在股权结构方面呈现出的这些特点有明显的转轨经济的特点，国有企业和私营企业在设计股权结构时候的不同动机、考虑因素以及股权结构的不同特点对企业业绩的影响等不尽相同。虽然学术界对这方面的研究还非常不够，但透过表 6.1，我们发现了中国上市公司股权结构日趋复杂这一趋势。

金字塔结构对企业有什么影响呢？除了中国资本市场外，金字塔式的股权结构（即最终控制人通过设立中间层公司去控制许多上市公司），盛行于英国、美国以外的几乎所有国家和经济体。韩国，中国香港，中国台湾等经济体中大约有 60% 以上的上市公司是由一个最终控制人通过金字塔式结构来控制的。金字塔结构能使最终控制人以较小的资本投入获得对大量资产的控制。在制度不完善的营商环境下，这样的股权结构能够营造出一个实质意义上的内部金融市场，通过集团内部的企业在资金上互通有无互相支持，以弥补外部融资不发达和市场不完备等缺陷。从这个意义上讲，金字塔结构有利于控股股东迅速做大一个企业。对于以规模为诉求的企业，使用金字塔结构是一个方便的选择。

根据公开信息整理,图 6.4 中给出了复星集团在 2009 年年底的控股结构图。值得在这里强调的是,中国的私营企业普遍采用金字塔式结构,选择复星集团并不是因为它的股权结构更为复杂,而是因为有关复星的控股信息相对比较透明。我在这里不附带任何价值判断,只是想用这个例子给读者一个关于金字塔结构的直观印象。如图 6.4 所示,复星国际控股通过金字塔式的控股结构控制了上市公司南钢股份(600282)。做个粗略计算发现,复星国际控股对南钢股份的投资是 24.52%;因为控制权的传递性,复星国际能够至少控制南钢股份 50% 的投票权。上文引入的变量 OC 的取值是 49.05%。用 49.05% 的股权投资可以获得 100% 的对上市公司的控制,金字塔式的控股结构在这里起了很大作用。

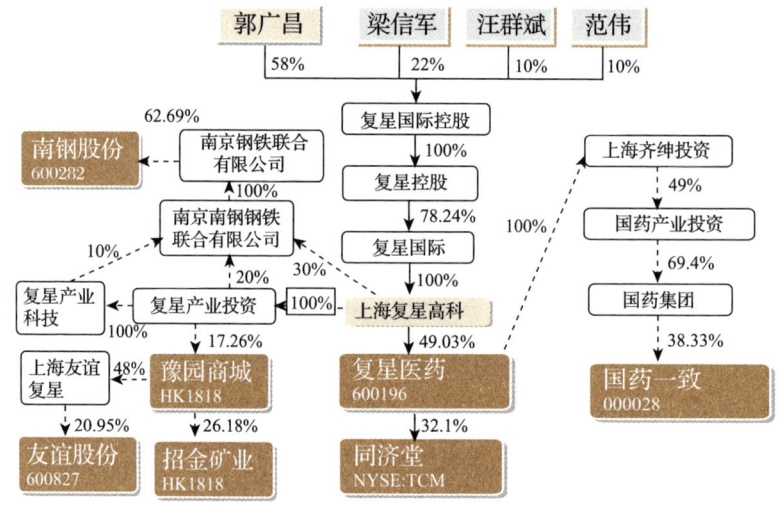

图 6.4 上海复星集团控股结构图,2009

来源:Liu, Zheng, and Zhu, 2012.

国内类似复星集团的例子并不少见,图 6.4 展示的金字塔结构被民营企业和国有企业普遍使用。在未来五至十年,中国的民营企业将继续发展壮大。而对于民营企业而言,其投资资本收益率与其金字塔结构的使用程度呈负相关关系。因此，理解中国民营企业使用金字塔结构背后的原因并帮助民营企业寻找简化金字塔结构的方法至关重要。

为了分析金字塔结构对企业业绩和企业投资效率的影响，图6.5展示了韩国三星集团在1996年亚洲金融危机爆发前的组织架构图。韩国学者Hansung Jang花费了大量的时间和精力整理出韩国主要财团的控股结构图，三星是其中一个例子。如图6.5所示，当控股股东用极为复杂的组织结构时，整个集团公司变得不透明，"子"公司与"孙"公司之间的股权隶属关系也变得极为不清晰。这样的股权结构有利于控股股东克服外部融资上的障碍，用相对较小的资本投资就可以控制一个庞大的企业帝国。三星在1996年的时候通过金字塔结构控制了多达80家隶属企业，产品横跨数十个产业，证明这种结构对扩张规模确实有利。

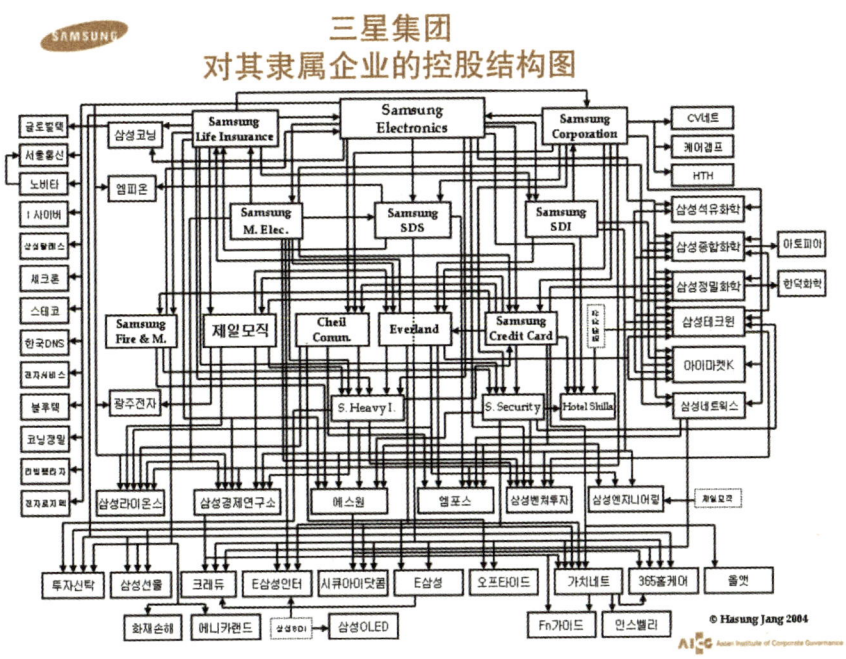

图6.5 三星集团1996年组织架构图

注：上图长方块代表三星集团下属的各级附属公司。

来源：Hansung Jang，亚洲公司治理研究所，2004。

但是，复杂的控股结构使得企业变得不透明，现金流权与控制权之间严重失衡，这也为"代理问题"的泛滥提供了基础。下属"子"公司或"孙"公司可以用集团公司担保大量举债大肆投资；集团内的关联企业之间也可以相互进行关联交易；更重要的是，控股股东能够把资产和资金在集团内部通过各种方式自由挪腾。这一系列操作可能导致两种结果的出现：其一，集团层面上负债大幅攀升，1996 年三星的负债对股东权益市值的比例是 267%，同期韩国三十大财团的平均负债权益比是 600%，反映出债务水平严重失控；其二，当集团下面的隶属公司大举借债去投资时，投资资本收益率不会太高。

金字塔结构在某些情况下也有其积极的作用。金字塔结构使得控股股东能够在企业集团内部建立起一个内部资本市场[一]，帮助集团内企业缓解外部融资的压力，并降低资本成本。此外，借助金字塔结构，控股股东只需要投入较少的资本，就能够实现对大量资产的控制，这种"杠杆效应"从所有权的角度来说，能够降低投入资本。在其他条件保持不变的情况下，金字塔结构甚至能够帮助企业提升投资资本收益率。但问题就是，一旦使用了金字塔结构，其他的条件便无法保持不变。有许多实证证据表明，在金字塔结构下，实际意义上的控股股东很可能会为了追求自己的私利而损害其他股东的利益，导致投资资本收益率下降。因此，金字塔结构对企业价值的影响总体来说弊大于利。

亚洲金融危机爆发之后，人们普遍意识到，正是金字塔结构使得那些最终控制人利用所控制的企业去大量融资，做出了一系列不负责任的投资决策（即，投资资本收益率很低的投资），进而影响整个金融体系

[一] 支持的证据见 Khanna and Palepu, 2000。

的健康……金字塔结构在亚洲的普遍使用被看成是形成亚洲金融危机的一个主要的微观机制。这一观点，早在危机爆发之前就已被保罗·克鲁格曼（Paul Krugman）在他那篇关于亚洲企业最终控制人"道德风险"的惊世骇俗的文章《亚洲奇迹的迷思》中得到了详细论证。克鲁格曼紧紧抓住了因金字塔结构而产生的"道德风险"，指出仅靠投资规模而不是投资效率，亚洲迟早会遇到危机。他因此成功预测了亚洲金融危机的爆发，一战成名。

我在与郑颖和朱元德的联合研究中发现，复杂的股权结构使得私营企业的代理人问题更为严重，投资资本收益率更低，从而极大地削弱了这些上市公司的业绩表现（Liu, Zheng, and Zhu, 2012）。而国有企业金字塔结构的使用，与国有企业的业绩表现之间的关系并不是特别清晰——复杂的股权结构有时候反而有可能相对简化了国有企业的代理人问题，因为金字塔结构有可能导致大量中间层企业的存在，这拉长了最终控制人（国家）与上市公司的距离，上市公司因为较少受到政府干预，更可能用市场化的方式运作，反而获得较好的业绩表现。

对于金字塔结构做出一个价值判断可能为时尚早，但我们应该注意到，中国上市公司越来越广泛地运用金字塔结构这一事实。这虽然有助于推动一系列规模上领先的大集团的出现，推动更多的中国企业进入财富全球500强，但这样的结构也使得财富迅速向控股股东汇集，进一步导致中国经济中财富分配的失衡。此外，复杂的股权结构或是金字塔结构可能会制造出经济生活中规模极其庞大的巨无霸，它们控制了一个经济体里绝大部分的经济资源，加剧了竞争的不公平性和不公正性，阻碍了中小企业的发展和生存空间，限制了一个经济体中个体的创新基因，妨碍了服务业的发展和新的商业模式的涌现。

小插曲

研究公司治理和金融危机的学者往往惊诧于一个事实，那就是金字塔式的股权结构在美国企业中并不流行。事实上，大部分美国上市公司并没有最终控制人，股权结构也相对比较分散。此外，美国企业多不采用控股公司的形式去通过企业间的交叉持股和金字塔结构来营造一个庞大的企业帝国——它们大多采用比较扁平的组织架构。美国企业为什么不用金字塔结构已经成为一桩历史公案。研究经济史的学者发现，控股公司这种组织架构在20世纪20年代的美国其实非常流行，金字塔结构曾在美国企业中广泛使用。但这些"金字塔"在20世纪30年代迅速瓦解，在后来的日子里盛景不再。一个有趣且相关的问题是，20世纪20—30年代在美国究竟发生了什么？

美国"金字塔"的倒塌是一系列的事件，肇始于1929年的经济大衰退。仔细比较美国1929年危机和亚洲金融危机乃至更近的全球金融危机，它们揭示了一个共同点——即它们形成的微观机制是一样的。正是因为企业不负责任地举债投资，最终造成金融体系与实体经济的脱节，从而在资产泡沫破灭之后形成灾难性的后果。金字塔式控股公司结构的泛滥使用是造成企业不负责任的重要结构因素。

1929年大危机爆发之后，美国思想界开始对危机形成原因进行彻底反思，很快在思想界形成共识，并将矛头指向了金字塔式股权结构。格拉汉姆和道得（Graham 和 Dodd）在他们1934年出版的被后来无数投资者奉为圣经的《证券分析》（*Securities Analysis*）一书中，甚至将有一个章节命名为"金字塔结构的邪恶"。美国新政的制定者们将美国企业制度的基石追溯到关于美国梦想的最初描述（见 Randall Morck 对美国新政描述）：

没有一个国家的长久繁荣是建立在少数控制人手里的。美利坚合众国的财富并不源于少数控制人……它发轫于那些无名男女的发明、创新和对梦想的追求。任何一个国家的锐意进取都取决于那千千万万无名的男男女女，绝非少数有权有势的企业控制人。

显然，金字塔式的股权结构与美国梦是矛盾的。在这样一个背景下，参议员威廉·博拉（William Borah）于 1934 年提出议案，建议通过税法改革去瓦解美国的金字塔式股权结构。美国国会最终于 1935 年通过了这个议案，开始对企业间的红利发放征税（Inter-corporate Dividend Tax）。大企业利用金字塔结构主要是为了方便营造一个企业内部的资本市场，获取资金在属下公司间自由转移的自由。但是上述法案的实施使得企业在从事内部资金转移时必须支付更高的成本，久而久之，花费大量精力和财力去建立维护一个金字塔结构的动力慢慢消失，最终，企业变得越来越扁平化。

该法案沿用至今，从制度层面界定了美国企业公司治理的微观基础，在很大程度上保持了美国资本市场的持续发展。

一点结论与遐想

具有中国特色的公司治理，尤其是股权的高度集中和金字塔结构的大量使用，推动了中国经济中许多庞大的企业帝国快速崛起。这反过来也使得这些企业的所有者控制了中国经济的大半壁江山。这些庞大的企业帝国控制着经济中的关键资源，为它们在与其他企业的竞争中带来了不公平的优势，进一步压缩了中小企业的生存和发展空间，更阻碍了创新创业的动力。

试想，一个 22 岁的年轻人大学刚刚毕业，要么在一家著名的大企业集团中工作,有着清晰的职业生涯规划、稳定的收入和安全的保障;要么加入一家创业企业,未来充满着不确定性;或者自己创业,面临更多的不确定性。如果他明确地知道强大的企业帝国随时能够将小小的创业企业消灭的话,他何必冒险去一家毫无希望的小企业工作或创业呢?当中国最优秀的大学毕业生都以能在中石化、工商银行、中国移动和阿里巴巴这样的企业找到工作为荣时,中国又怎么会出现乔布斯、比尔·盖茨、马斯克和扎克伯格这样的人物呢?如果中国决心实现从增长数量向增长质量的转型,就必须转变这些大企业的心态,从疯狂追求经营规模转为追求利润水平和投资资本收益率。

在一个利率高度管制、大部分投资决策主体是国企甚至地方政府、信贷市场存在明显泡沫的经济体里,因为金融抑制的原因,资金成本被人为地压得很低。实体经济中,因为政府不公平的政策对待和市场竞争的不完整性,投资资本收益率有可能被人为地放大。在这样一种制度扭曲下,ROIC≥WACC 失去应有的指导资源配置和解决代理人问题的功能。我在这里讨论公司治理的实质,彰显的其实是进一步的体制改革对全面提升公司治理的意义。深化结构性改革的下一步,是让生产要素(资金、土地、劳动力等)能够完全市场化,其价格由供需双方决定。这样,ROIC≥WACC 才不失其功能;这样,讨论公司治理才有实质含义。公司治理(Corporate Governance)其实取决于公共治理(Public Governance)和政府治理(Administrative Governance)。

"摸着石头过河"是过去二十年中国资本市场取得快速发展的重要原因。在中国企业开启第二次长征之际,我们才发现已经位于河中央。这时,除了仔细掂量脚下的石头,我们更须回首来路、展望规划未来可能的路径。更重要的是,我们绝不能摸着脚下的石头去找河!

第七章 多元化之殇——中国企业的战略误区

> 回首在IBM的日子，我觉得IBM当时的成功很大程度上归功于我们选择没有去做的那些投资和并购。
>
> ——郭士纳（IBM前CEO）

伟大的经济需要有伟大的企业。就在中国经济高歌猛进,中国企业在国际舞台上崛起之际,我们却不得不承认中国跻身世界 500 强的企业,大多是受到政策和资金惠顾的大型国企,多以规模取胜,鲜有在商业模式或是产品服务上独树一帜者。应该说,这些企业距离真正的世界级企业尚有差距。

很多因素决定一个企业能否成为伟大企业,伟大的企业战略是一个企业成为世界级企业的重要前提,却也是限制中国出现真正的世界级的伟大企业的最大缺环。

伟大企业采用的战略林林总总。通用电气倡导通过并购剥离来跨越单纯依靠自身增长所带来的速度和规模上的瓶颈,但其企业战略的核心一直是保持盈利的可持续增长;雀巢在其近 150 年的历史中一直注重可持续的增长,在不断进入新的市场的同时,保持并利用其强大的无形资产(雀巢品牌)成为雀巢公司最核心的企业战略;而 IBM 在其转型过程中则强调,重新塑造业务组合以保持强大的价值创造能力。

仔细分析这些成功企业的战略,我们发现,它们都能够充分利用其核心优势去不断地培育新的业务增长点，维持一个灵活且具生命力的业务组合，并以此为基础来改变企业的组织结构、决策和经营模式。这一理念在麦肯锡公司 2000 年推出的《增长炼金术》（The Alchemy of Growth）一书中得到淋漓尽致的反映。麦肯锡公司的研究人员通过多年研究，发现一个企业的业务可以按照其带来利润的时间点分为三大类：第一类是该企业当下的核心业务，是企业目前的"现金牛"，能带来稳定的现金流；第二类业务属于潜力巨大的新业务，这些业务或许在不久的将来会成为企业现金流的贡献者；而第三类业务只具发展远景，充满不确定性，但前景可期。

麦肯锡公司认为企业应针对这三类业务采取不同的对策：对第一类业务，企业应该加强其市场地位，确保带来稳健的收入，但在其增长逐渐式微的情况下，企业也应考虑选择合适的时机和价格退出；企业应该大力培育和发展第二类业务，力争使其在短期内（1—3 年）成为新的利润和营收增长点；最后，一个企业还应该"风物长宜放眼量"，积极识别那些具有发展远景的业务，保证始终有新的核心业务源源不断地涌现出来。简而言之，一个成功企业最重要的核心竞争力就在于灵活管理其业务组合。而灵活管理业务组合的目的在于，使得企业能够在长时间内保持一个较高的投资资本收益率。我们甚至可以这么叙述，成功的企业战略背后是一系列能够让企业得以持续保持高投资资本收益率的具体举措。企业战略的微观基础其实是投资资本收益率。

上述对企业战略的理解包含深刻的内涵。遗憾的是，很多中国企业在思考未来发展战略的时候，简单地把上述思想理解为"多元化"。更有甚者，在企业普遍面临产能过剩，竞争日趋白热化的背景下，很多企业把不断进入新行业的战略理解为"蓝海战略"。

2017 年中国 GDP 增长了 6.9%，按不变价格计算的 GDP 净增量不到6万亿元，而同年社会融资总量达到19.4万亿元。这表明货币政策的边际效应在减弱，依靠信贷和投资拉动的中国经济增长模式到了急需改变的关键时刻。很多中国企业一直以来都依靠相对宽松的信贷来实现规模的快速扩张，因此企业的杠杆率很高。企业的规模虽然容易做大，但高杠杆率给企业带来了沉重的负担。2015年9月，中国第二重型机械集团公司（中国二重）发生了债务违约。当然，最终该企业的母公司出手解围、施以援手，保全了面子。2015年10月，跻身于《财富》全球500强的中钢集团被迫进行债务延期安排。为了登上《财富》全球500强的榜单，中钢集团曾采用多元化战略，终于成功上榜。中钢集团旗下拥有86个子公司，业务范围涵盖金属、大宗商品衍生品交易、国际贸易和金融等。得益于银行的贷款支持以及中国经济高速增长带来的众多投资机遇，中钢集团的规模迅速扩张。然而，随着经济增速放缓，高昂的企业债务成了其沉重的负担，资产负债表快速恶化。在债务违约前，中钢集团已亏损多年。

类似于中国二重和中钢集团的例子并不少见。几乎所有的中国企业，不论是国有企业还是民营企业都曾一度对多元化战略奉若神明、趋之若鹜。20世纪60—80年代期间，多元化战略和企业集团化经营成为许多管理学大师所推崇的模式。日本的经连会（Keiretsu）和韩国的大财团（Chaebol）即为例子。它们纷纷采用多元化战略，打造了庞大的企业集团。而到了20世纪90年代，亚洲金融危机结束以后，多元化的经营方式逐渐不再流行——当时普遍认为亚洲金融危机的根源就是亚洲各大企业集团的过度投资及其导致的高杠杆率。

多元化经营对企业的可持续发展和投资资本收益率的影响究竟是有利还是有弊？多元化战略能够为决心在全球市场上大展拳脚的中国企业带来美好的未来吗？鉴于多元化战略的思维在中国企业界已经深入人

心，我们必须深入理解中国企业追求多元化经营所带来的影响。我在这一章中想特别强调的是，多元化战略和追求规模其实是中国企业在战略层面上的最大误区。

大而不倒？[一]

企业多元化经营最普遍的一个动机就是认为，多元化能够降低风险，提升企业价值。多元化经营的企业更加安全，更能够适应瞬息万变的商业环境。然而，人们对于多元化经营的质疑从未停歇，尤其是当我们发现多元化经营的企业相较于专业化经营的企业在股票市场上的估值往往会有一个折价时。实际上，实证金融学研究在过去30年中的一个重要发现就是"多元化折价"或"集团化折价"，指的就是前面描述的这种现象。如今，一提到"企业集团"，我们立刻就会想到"多元化或集团化折价"这个现象。它的存在似乎强烈表明企业价值受损很可能与多元化或集团化经营有关。

使用不同国家、不同时期数据所进行的学术研究都广泛证明了"多元化折价"的存在。在针对美国上市企业（不包括金融服务与公共事业领域的企业）的研究中，朗（Lang）和斯图尔兹（Stulz）于1994年，博格（Berger）和欧菲克（Ofek）于1995年分别发现多元化经营的企业在市场估值上平均有10%的折价。也就是说，如果这些多元化的企业把业务板块分拆并各自独立专业化经营的话，其股东平均能够获得10%的价值提升。

尽管多元化折价的证据已相当明显，但长期以来人们一直认为多元

[一] 对于和多元化相关的学术研究不感兴趣的读者可以略过这一节。

化折价仅仅出现在工业企业和非金融服务企业中。但自从20世纪90年代起，大型金融机构开始普遍采用"全能银行"模式，商业银行与投资银行之间的界限变得越来越模糊。花旗集团（Citigroup）、摩根大通（JP Morgan）、汇丰集团（HSBC）和苏格兰皇家银行集团（RBS）等金融行业的巨型企业集团几乎在金融服务的每个领域都势不可挡。在2007年《金融经济学期刊》（*Journal of Financial Economics*）上的一篇论文中，经济学家罗斯·莱文（Ross Levine）和吕克·拉文（Luc Laeven）提供的实证证据显示，"多元化折价"同样也存在于金融机构中。从20世纪90年代到21世纪初这段时间，"全能银行"的商业模式在金融企业集团中间流行起来，导致短期内各金融机构的规模迅速扩张，但其在股票市场上的折价却未引起人们的重视。2008—2009年全球金融危机以后，大型金融企业集团往往和"大而不倒""代理问题""不透明"等词联系在一起。学术界和政策制定者都认为这些金融机构的多元化经营在一定程度上造成了这场金融危机的爆发。

学术界仍然在尝试全面理解多元化经营对企业价值的影响。一种被普遍接受的解释是由朗和斯图尔兹于1994年以及博格和欧菲克于1995年所提出的——多元化经营会降低企业的投资效率，导致投资资本收益率下降和价值受损。因此，多元化企业股票的估值往往存在"折价"。拉蒙特（Lamont）、申铉汉（Hyun-Han Shin）和斯图尔兹（Stulz）于1997年发现，多元化经营的企业集团中，业绩表现好的部门会补贴业绩表现不好的部门，这进一步验证了多元化经营降低了投资效率这个假设，因为集团内的补贴往往效率低下，导致企业价值受损。哈佛商学院教授大卫·夏夫斯坦（David Scharfstein）于1998年提供证据表明，多元化企业中的个别部门在做投资决策时，相较于独立经营的企业对本部门的现金流不够敏感，这个结论也与多元化降低投资效率的假说相符合。哈比卜等人（Habib et al., 1997）在1997年提出一个模型，发现如果将多元化经营的企业按业务板块分拆成数家独立运营的企业，分拆后的企业股票价格能更加真实可靠地反映企业信息，有助于企业管理者更好地做出投资决策，并降低投资者对于资产价值的不确定性。同样，我在2008年发表的一篇论文中也明确指出[一]，企业的股票价格能给管理者提供非常有价值的信息，多元化经营导致企业价值受损就是因为多元化企业的股价缺乏信息含量，不能真实地反映企业情况。真实可靠的信息反映在股价上，能够提升企业投资效率，减少多元化折价。这个方向的研究明确指出，资产剥离或分拆能够提升企业的整体价值。这就是多元化折价的第一种解释。

多元化折价的第二种解释就是，相较于专业化经营的企业，投资者对于多元化经营的企业所要求的最低回报率更高，因此拉低了企业的估值。拉蒙特（Lamont）和波尔克（Polk）在2001年发现，实证观察中多元化折价的一半左右可以用投资者所要求的更高的回报率（即，用来折现未来现金流的折现率）来解释。然而，这两位学者并未解释究竟是什么原因造成了投资者对多元化程度不同的企业所要求的最低回报率不同。

许多学术研究都在探讨，多元化折价是否是由投资效率低下所导致的。在评估多元化导致企业价值受损时出现的一个问题就是，多元化本身是一个内生变量，是企业投资的一种。不考虑多元化决策的内生性可能会导致错误的推论。例如，坎帕（Campa）和凯迪亚（Kedia）于1999年发现，当控制了多元化决策的内生性因素时，多元化造成的折价大幅下降，在有些情况下甚至完全消失了。格拉汉姆（Graham）、莱

[一] 见 Liu and Qi, 2008。

蒙（Lemmon）和沃尔夫（Wolf）于2002年研究了多元化企业的各业务板块在被兼并以前作为独立经营企业时的业绩表现，发现其财务业绩表现早在兼并以前就已经不佳并且持续恶化。多元化（兼并）致使企业价值受损，受损价值中的一半左右都是由于母公司兼并了价值本身就很低的企业或资产所导致的。怀特德（Whited）于2001年发现证据，认为多元化折价并不能用投资效率低下来解释，因为在把托宾的Q比率作为投资机会的代理指标时的测量误差未被修正。

关于多元化经营对于企业净价值的影响的辩论仍如火如荼地进行着。多元化是否一定会导致企业价值受损，这个问题仍有待进一步的探讨。

多元化陷阱？

多元化经营是在20世纪60年代盛行起来的，一批大型企业通过大量的并购或有机增长发展成多元化的企业集团。通用电气和强生等企业涉足不同的行业，经营规模和利润水平迅速实现突破。尤其是通用电气，秉承创始人托马斯·爱迪生的坚定信念——电力将给人类每日的生活带来重大的变革，企业实施多元化、集团化战略，从最初的灯泡、电扇起步，产品线逐渐覆盖整个电器行业，最终发展成为一家巨型工业金融企业集团[一]。

通用电气的多元化战略被许多美国企业争相效仿，而后也对其他国家产生了重要的影响，尤其被日本和韩国的企业极力推崇。由于日韩两

[一] 关于近期多元化经营的案例见"From Alpha to Omega"，*The Economist*，August 15，2015。

国经济上的成功以及日韩企业在国际市场上的崛起,马来西亚、泰国和印度等新兴市场国家对多元化战略也纷纷趋之若鹜。在相当长的一段时间里,韩国大财团的多元化经营模式似乎是新兴市场企业高速成长的必经之路。

而1997—1998年亚洲金融危机的爆发引起了人们对于多元化经营利弊的深刻反思。尽管被称为"金融危机",但这场爆发于20世纪90年代的亚洲危机其实是一场企业的危机,其根源就在于企业部门过高的杠杆率和过低的投资资本收益率(ROIC)。保罗·克鲁格曼(Paul Krugman)曾强烈主张[一],亚洲金融危机从本质上来讲是亚洲财团们的危机。在危机爆发前,这些庞大的财团忙于通过大规模的投资打造企业帝国。在银行贷款的支持下,它们大举进军新的行业,疯狂扩张业务领域。

在图7.1中,我给出了韩国十大财团在危机爆发前的子公司数量和债务权益比的情况。可以看出,这些财团都是高度多元化的企业,而且它们的负债率都很高。事实上,正如图7.1所示,韩国三十大财团在1996年的平均债务权益比是600%。如此高的杠杆,让这些企业为了还本付息而疲于奔命。在正常情况下尚且如此,如果遇到外部环境恶化,那么这些企业破产倒闭似乎就不可避免了。高负债的背后,是大量的投资。1996年金融危机爆发前,韩国前三十大财团平均有27个子公司或附属企业,其中三星更是高达80家。这些多元化经营的企业很难维系一个相对较高的投资资本收益率。大多数情况下,它们的投资资本收益率远远小于加权平均资本成本,用于多元化的投资纯属低效投资,并不创造价值。

㈠ 见 Krugman,1994。

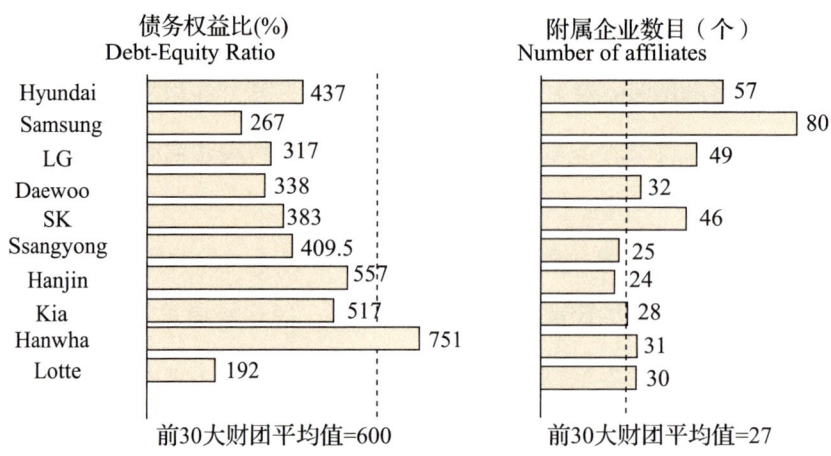

图 7.1　韩国大财团 1996 年债务权益比和子公司数目

来源：Finance in Asia（by Qiao Liu，Paul Lejot，Douglas Arner），Routledge，2013。

当然，多元化经营不乏成功的案例。在过去 100 多年，通用电气作为全球伟大企业的代表之一，历经多年的发展屹立不倒，持续实现可预期的利润增长。通用电气的核心竞争力就在于，选择参与竞争的业务领域及对其进行优秀管理的能力，并同时放弃无法产生价值的业务。在这方面，通用电气与沃伦·巴菲特（Warren Buffett）和查理·芒格（Charlie Munger）管理的伯克希尔·哈撒韦（Berkshire Hathaway）公司非常相似，运用私募股权投资的方式来管理不断扩张的企业帝国，并且知道何时进入什么领域以及何时退出。具体而言，这两家企业都精心选择投资的业务板块，运用自己强大的管理技能来提升该业务部门的价值，同时积极并持续地调整业务板块的组成，以确保只在最具竞争优势的行业中竞争。多元化是通用电气成功的结果而不是原因，其成功的原因是其选择了合适的业务领域并持续提升该业务部门价值的能力。

多元化经营本身并不能带来企业价值的提升，但我们也越来越清楚地看到，并不是所有多元化经营的企业都会遭遇"折价"。全球化和数字化正在深刻改变全球的竞争环境，越来越多的企业也通过多元化经营

第七章
多元化之殇——中国企业的战略误区

提升了企业价值，经营方式与过去庞大僵硬的企业帝国完全不可同日而语。这些成功的多元化企业或具备优秀的管理能力和技能，实现了快速增长；或拥有才华横溢的企业家，运用新技术或新思路创造性地颠覆了传统的行业。通用电气与伯克希尔·哈撒韦这两家企业就属于前者，都是依靠优秀的管理能力和技能造就了伟大。

谷歌和阿里巴巴则是第二类成功多元化企业的翘楚。2015年8月，谷歌正式宣布企业架构调整，转型成为一家多元化经营的企业集团。谷歌的创始人拉里·佩奇（Larry Page）和谢尔盖·布林（Sergey Brin）在架构调整后将负责运营控股企业Alphabet，而谷歌原有的搜索及广告业务将成为这个新成立实体的子公司。Alphabet旗下的业务还包括无人驾驶汽车、延长人类寿命的药物以及人工智能等。在人工智能领域，击败全球顶尖围棋棋手李世石（Lee Sedol）的阿法狗（AlphaGo）就来自Alphabet旗下。Alphabet的创始人不仅对于技术有着极其敏锐的洞察力，更重要的是，他们对于新技术在传统行业的应用尤其感兴趣，并且拥有充足的资金将其付诸实践。

在纽约证券交易所成功上市以后，阿里巴巴这家全球最大的电子商务企业也在进行架构调整。电子商务当然仍是阿里巴巴的核心业务。但除了电子商务以外，阿里巴巴也在众多业务领域开展投资，从云计算、医疗健康、社交媒体到娱乐、体育和互联网金融等，甚至还收购了一家在亚洲拥有大量读者的报业集团——南华早报（*South China Morning Post*）。按马云的话说，阿里巴巴并不是一家控股企业或多元化的企业集团，而是一个生态系统。怀着互联网必将完全改变世界的信念，马云一直在不遗余力地扩张阿里巴巴的生态系统。

阿里巴巴和Alphabet这两家企业是否存在"多元化折价"？这两家企业才华横溢的创始人大胆地运用新技术与新思路颠覆着传统行业。他们对新技术及其商业影响有着深刻的理解和洞察。此外，他们也拥有足够多的资金，能够为了企业长期的发展而牺牲短期的业绩表现。

但是，很少有企业具备通用电气或伯克希尔·哈撒韦多年积累的管理技能，更少有企业拥有拉里·佩奇、谢尔盖·布林或马云这样富有远见的创始人。对于普通企业而言，虽然管理良好的多元化经营能够创造价值，但坚持专业化经营可能才是更可行、更保险的选择。

去多元化趋势

其实从20世纪80年代开始，公司管理层就开始重新思考多元化战略选择。主要工业国家的企业在近二十年更是出现了"去多元化"的趋势。集团化经营的企业或是高度多元化的企业的绝对数目和比例都一直在下降。以美国学者Franko的研究为例。Franko（2004）将全球的制造业企业分为17个子行业，从每个子行业中选择其销售收入（以美元计价）最高的12家公司，以此来代表世界的主要大型制造企业。Franko的研究表明，在1980—2000年间，这些企业呈现出明显的"去多元化"趋势，很多企业的经营战略开始由"多元化"向"集中化"转变。具体表现为：1980—2000年期间，世界大型制造企业中的集团化企业（Conglomerates）的数量大幅减少。[一]到了2000年，集团化企业

[一] Franko使用了两个衡量集团化经营的指标来描述这段历史变化。第一个指标为"真正的"集团化企业（True Conglomerates），是指拥有多种完全不相关的产品线的企业，其采用的战略属于鲁梅尔特（R. R. Rumelt）所定义的"非相关型战略"——企业相关比率很低，所开拓的新事业与原有的产品、市场、经营资源毫无相关之处，所需要的技术、经营资源、经营方法、销售渠道必须重新取得。由于对"不相关"的定义相对比较主观，Franko又使用了第二个指标——"高度多元化"（Highly Diversified），其定义为销售收入的40%属于非主营业务收入。

在所选取的二百多家企业中的占比已经不超过5%。

1980—2000年期间，在世界大型制造企业中，坚持多元化经营战略的企业个数也在不断减少，而与之形成鲜明对比的是，实行集中化经营的企业数量明显增加，而这一趋势在20世纪最后十年变得更加明显。Franko（2004）的研究表明，制药、造纸及林业生产、计算机软件这三个行业中最大的12家企业，在2000年全部采用的是集中化经营战略。全球大型制造企业向"集中化"经营转变的趋势，始于20世纪80年代的美国，随后在20世纪90年代，欧洲和日本企业也呈现出了类似的趋势。

日本企业在20世纪80年代表现出了对多元化战略的强烈偏好。在Franko选择的样本中，坚持多元化经营战略的企业由1980年的5家增加至1990年的14家。而从1990年开始，日本企业也开始意识到集中化经营更有利于提高其全球竞争力，实行集中化经营的日本企业由1990年的12家增至2000年的21家，表现出明显的去多元化趋势。

企业的"去多元化"是对"多元化折价"的一种理性回应。专业化经营更有利于企业提升投资资本收益率，获得资本市场更为清晰的估值。与去多元化趋势相吻合，国际大型企业也越来越多地采取分拆的方式，避免因片面多元化造成估值混乱，从而提升企业的价值。下面我以2011年国际油气综合企业马拉松石油（Marathon Oil）的分拆为例，进一步讨论企业去多元化背后的战略思考。

马拉松石油2011年的分拆

通过资本市场运作，利用分拆实现专业化经营，以此来释放企业价值，是当前国际综合性油气企业常用的方法。在过去的几年，诸如马拉松石油、威廉姆斯（Williams）、埃尔帕索、挪威海钻（Seadrill）等国际综合性石油天然气公司都选择了剥离部分业务或分拆上市的方法来释放企业价值。其中，马拉松石油于2011年1月进行的分拆无论是从战略角度还是从实施过程及结果上讲，对追求规模和多元化的中国企业都有诸多启发。我在此简单回顾一下。

作为一家综合性石油公司，马拉松石油的业务主要包括勘探与生产、油砂开采、综合天然气、炼油销售与运输四个板块。但其资本市场表现不佳，资本市场定位也不理想。我将2007年11月至2011年1月期间马拉松石油的股价和国际可比性同行作对比（图7.2）。发现其股东总回报远低于同行，属于垫底之列。如果2007年投资100元到马拉松石油，那么到2011年1月连红利带股价上涨，能变成172元。而同期投资昆仑能源或是壳牌的话，这100元的投资会分别增长为603元或是631元。

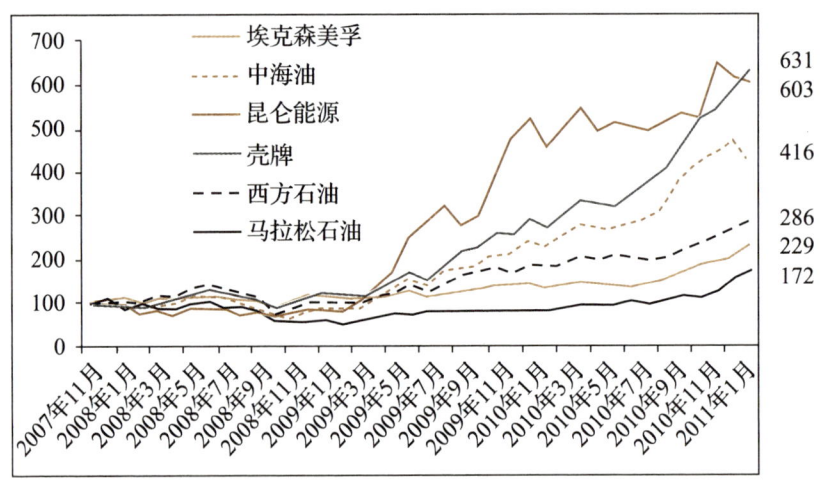

图7.2 马拉松石油与国际对比公司之间的投资回报比较：2007.11—2011.1
注：各公司2007年11月底的股价水平被基准化为100。
来源：作者根据Datastream数据计算整理。

通过行业战略控制图进行分析,我们也发现马拉松石油位于"潜在出局者"之列——企业规模和市场估值都非常不理想。有必要对战略控制图(Strategic Control Map)作一个简单介绍。这是一个二维的分析框架。横轴一般用企业的投入资本(投资资本收益率的分母部分)来衡量,这个指标反映企业的规模;纵轴一般用企业价值(股东权益价值和债务价值之和)与投入资本的比例来衡量,反映的是企业在资本市场上的表现。根据一家企业在上述两个指标的取值,就可以确定它在资本市场上的定位。在把一个行业里主要企业的资本市场定位都确定出来之后,基本上就可以判断一家企业的战略定位。一个企业如果落入东北区域的话(即,规模大且市场表现好),那么该企业可以被认定为行业标杆;一个企业如果落入西北区域的话(规模相对较小,但市场表现好),那么该企业可以被认为在实施专业化经营,有独特竞争优势;一家企业如果落入东南区域(规模大,但市场表现一般),那该企业可以被定性为巨无霸;最后,一家企业如果落入西南区域的话(规模小,市场表现差),那么该企业就属于行业中的潜在出局者,其战略地位岌岌可危。

图7.3中给出了全球油气行业的战略控制图。与同行相比,马拉松石油的企业价值/投资资本的比值非常低,仅为0.92,市场估值显然有折价,这也意味着马拉松石油的市值有潜力可以挖掘。尤其值得关注的是,马拉松石油在整个行业中的战略定位比较尴尬,如果不迅速提升表现的话,那么它就有可能变为出局者,成为别的企业的收购标的。

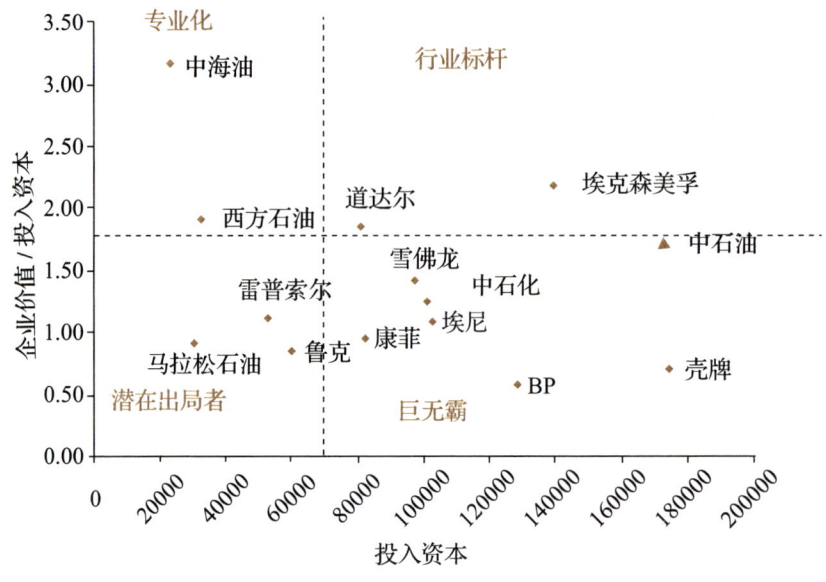

图 7.3　油气行业战略控制图

注：横轴单位为百万美元。

来源：作者根据公开数据计算整理。其中财务数据基于 2009 年年报，市场数据基于 2010 年 12 月底的股价。

分析马拉松石油的板块数据可以发现，马拉松石油在其上、下游的业务表现迥异。2010 年，马拉松石油的上游勘探与生产板块贡献了 110 亿美元的营业收入，但税后利润高达 19.4 亿美元；而下游的炼油销售与运输贡献了 625 亿美元的营业收入，但税后利润只有 6.8 亿美元。显然，马拉松石油的上游勘探与生产的利润率要高很多。

如果企业进行分拆的话，上游与下游两部分业务会有更为清晰的定位，有助于分别提升业绩，并获得更为准确的市场估值。作为应对策略，马拉松石油在 2011 年 1 月 13 日宣布分拆成两家公司，分别是 Marathon Oil 和 Marathon Petroleum。前者保留马拉松石油原有的品牌，对应着马拉松石油的上游业务，后者则对应着马拉松石油的下游业务。该交易于 2011 年 5 月 25 日在马拉松石油董事会获得通过。

马拉松石油的分拆相对比较干净彻底。其中，原马拉松石油的股东们按照2:1的比例获得 Marathon Petroleum 的股份，于 2011 年 6 月 27 日生效。这种操作使得马拉松石油原有的股东们在分拆后获得两只股票，分别对应着原来的上、下游业务（见图 7.4）。

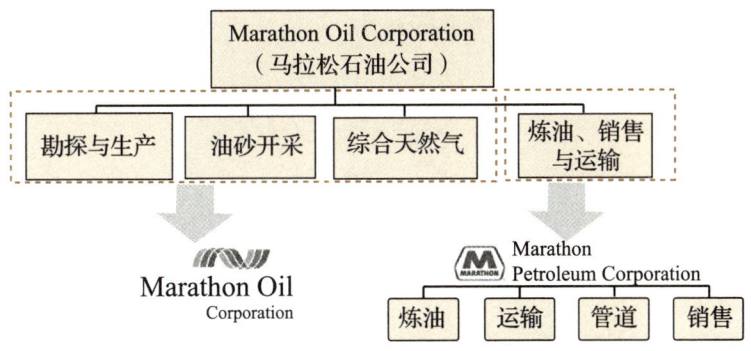

图 7.4　马拉松石油分拆前后部门结构
来源：作者根据公开信息整理。

马拉松石油分拆的背后有着充分的理由。马拉松石油的董事会认为，分别运营两个实力强劲的能源公司能带来许多好处，尤其是：（1）量身定制公司运营策略，使得企业经营可以更加灵活。两个分拆后的公司都可以根据最大化自己的利益这个出发点来制定相应的发展战略，进行运营决策。由于内部冲突减少，在分配资本和公司资源上可以更加游刃有余。（2）获得更高的透明度来吸引投资者关注。两个独立运营的公司的分析和投资决策将会更透明，因此和同行的比较会更方便和详细。投资者可以更好地评价公司。投资者关注上升，公司的资金成本也会随之下降，价值创造能力也能提升。（3）提高吸引和留住人才的能力。公司的商业模式更加清晰之后，能够吸引技能更为适合的人才并制定更有针对性的激励机制。

资本市场对马拉松石油的分拆反应非常积极正面。用事件研究的方法（Event Study），我们发现马拉松石油的股价在分拆宣布日比指数多涨了 6.2%（见图 7.5）。显然，投资者对分拆持正面态度。

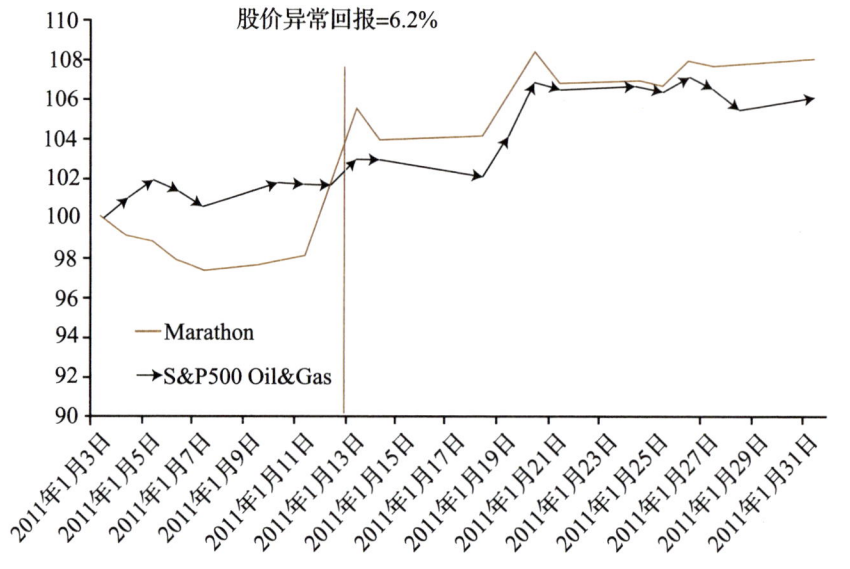

图 7.5　马拉松石油股票在分拆宣布日的异常超额回报

注：2011 年 1 月 3 日的股价水平和标普油气指数水平被基准化为 100。

来源：Bloomberg；作者计算。

通过对比分拆前后马拉松石油的企业价值（分拆前价值为 2011 年 1 月 6 日的企业价值，分拆后价值为 2011 年 7 月 1 日的企业价值；后者是分拆后的两家上市公司企业价值的总和），我们发现马拉松石油有 46% 被压抑的市值被释放出来，相当于分拆本身为企业带来了 137 亿美元的企业价值（见图 7.6）。

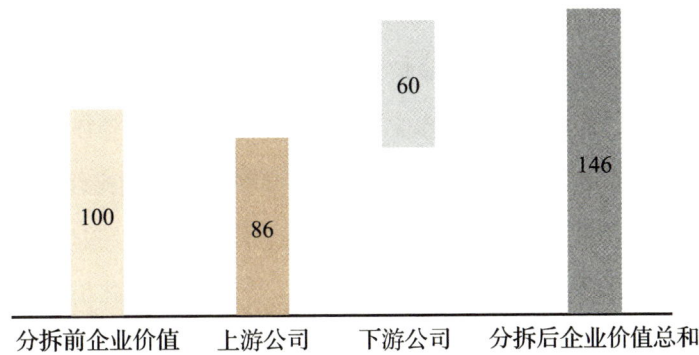

图 7.6 马拉松石油分拆前后企业价值的变化

注：分拆前的企业价值被基准化为100。

马拉松石油和其他油气综合性企业的资本市场运作细节虽不尽相同，但主要出发点均是围绕着增加企业透明度以吸引投资者、提高资本使用效率和为各个板块更加灵活地量身制定商业战略等。这些也正是中国企业目前亟待解决的问题。分拆从而实现专业化经营，有助于提高企业的投资资本收益率。

中国企业的多元化选择

让人遗憾的是，中国企业所追寻的却是与"去多元化"背道而驰的发展路径。中国企业是多元化、集团化经营战略的忠实拥趸。多年以来，不论是国有企业还是民营企业都经历了业务领域板块的持续扩张，特别是存在"软预算约束"问题的国有企业更是如此。借助国有银行的信贷支持，国有企业极大地扩张了经营范围和业务领域。当然，疯狂追求多元化经营的国有企业在扩张的过程中使用了大量的资源和资本，但往往却没有取得预想的成功。

中国的国有企业之所以无法避免"多元化折价"有三个原因。

第一,国有企业总的来说喜欢追求规模。跻身《财富》全球500强或中国500强是国有企业衡量业绩表现的重要指标。而大部分排名都以企业的规模——包括营业收入、资产总量或员工总数等作为评估的标准,因此国有企业往往有通过大量投资扩张经营范围和业务领域的强烈动机。

第二,正如本书第六章所述,中国经济的制度基础仍然薄弱,同时缺乏有效的公司治理机制对国有企业的管理者形成约束并缓解潜在的"代理问题"。因此,国有企业的投资往往被管理者的利益寻租所驱动。当一家企业能够从国家垄断的金融体系中以优惠的利率获得大量资金却又不用担心偿还时,大量投资做规模就成了它们自然的选择。

第三,改革开放40年,随着中国市场经济的发展,国企已经退出了大多数竞争性行业。现在大多数国有企业所在的行业都有较高的准入壁垒,竞争受到限制。此外,国有企业享受优惠的政策、较低的资本成本,在陷入财务困境时政府又会施以援助。得益于所有这些因素,许多国有企业享受着相当稳定的利润,尤其在经济繁荣时期更是如此。当企业手上持有大量现金时,迈克尔·詹森(Michael Jensen)在1986年所提出的"自由现金流问题"(Free Cash Flow Problem)就出现了。如果企业继续进行大量低效的投资,那么早晚会遇到债务偿还的困难。一段时间以来,我们看到中国企业部门,尤其是国有部门的债务水平不断累积,在很大程度上都是由上述三个原因所导致的。

关于中国民营企业的多元化经营,我们可以把它理解成一种市场行为。通过多元化经营,进入政府允许进入的行业,民营企业就能够快速积累资产,招募更多的员工并很有可能缴纳更多的税收。所有这些都符合地方政府发展当地经济的愿望。作为回报,地方政府会给予民营企业在融资、经营许可、土地使用和税收等方面的优惠待遇。规模，从某种意义上讲，在中国企业创始人和企业家心中牢牢占据着相当重要的位置。许多中国企业把通用电气与和记黄埔作为学习的榜样，立志成为中国的通用电气或和记黄埔。殊不知，通用电器、和记黄埔和强生的多元化背后，有着对企业战略和市场机会严格的论证和试错。与通用电气、强生等同时成立的企业，也有许多追求多元化的，但大多已经"灰飞烟灭"。而且它们的成功也是建立在"累累尸骨"之上，与多元化并无太大关系（详见第三章中关于通用电气的讨论）。过分放大一个小概率事件成功的可能性，反映的其实是企业家们的行为缺陷和盲目自大。人们常说，"你永远无法唤醒一个装睡的人。"到了好好检讨一下中国企业多元化的时候了。

多元化经营是否有助于企业提升投资资本收益率？如果答案是肯定的，那么多元化经营这种中国企业普遍推崇并接受的战略便应受到鼓励。如果答案是否定的，那么多元化经营就只会造就庞大低效的企业集团，投资资本收益率低于资本成本，导致企业外强中干、价值受损。

为考察企业业务多元化程度与其经营业绩及市场估值之间的关系，我们将所选的中国A股市场上市公司按照其业务板块的个数，分为业务板块1、2、3、4和大于等于5五大类，然后分别计算每一类公司的企业平均投资资本收益率（ROIC）。通过观察上述五类企业在投资资本收益率上的均值差异，来判断企业业务多元化程度与企业表现之间的关系。如果业务板块越多的企业，其投资资本收益率较低，那么在一定程度上可以说明，多元化企业的表现欠佳；反之，则说明多元化的企业有较强的价值创造能力。

下面分析企业业务板块数与其投资资本收益率之间的关系。图7.7

中提供了具有不同业务板块数的企业所对应的当年的投资资本收益率和第二年的投资资本收益率。我们可以看到，当企业的业务板块数增加的时候，也就是其多元化程度增加的时候，企业的投资资本收益率呈现一个明显的下降趋势。在我的样本里，当企业板块数为 1 时，也就是当企业专业化经营时，它们的平均投资资本收益率是 4.7%；当企业的业务板块数增加到 5 个或 5 个以上时，企业的平均投资资本收益率下降到了 2.7%。

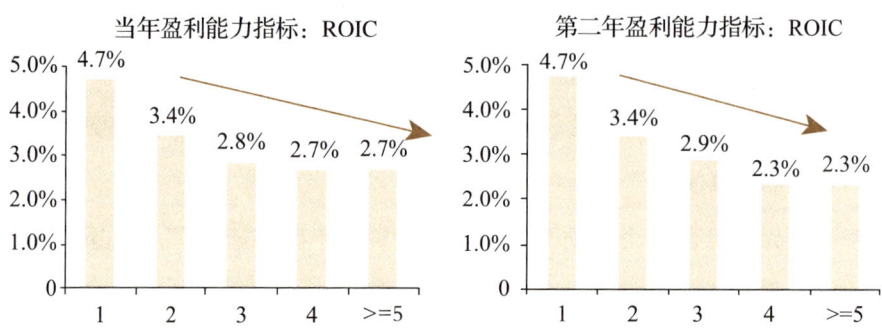

图 7.7　多元化与投资资本收益率，2000—2016 年

来源：中国上市公司公开数据；Wind；作者分析整理。

当我考察企业今年的业务板块数与下一年的投资资本收益率的关系时，也发现了类似的结论。当业务板块数上升时，企业下一年的投资资本收益率会呈现下滑趋势。当企业专业化经营，即只有一个业务板块时，该类企业下一年的平均投资资本收益率为 4.7%；当企业采用多元化战略，业务板块数上升到 5 个或是 5 个以上时，企业平均的投资资本收益率会锐减至平均 2.3% 的水平。图 7.7 显示，在中国资本市场，多元化显然不利于企业基本面的提高和价值创造。上面的分析显示，追求多元化虽有利于企业扩大规模，但是没有发现证据显示多元化经营能够帮助提升企业的投资资本收益率。甚至，多元化其实会伤害到企业的价值创造。

读者可以回想第四章图4.7中提供的分析结果。当分析不同行业的投资资本收益率的分布情况时,结果清楚地显示,投资资本收益率在行业间的差距要远远小于行业内的差距。盲目多元化、急忙进入所谓高投资资本收益率的行业还不如立足本行业,成为本行业的业绩领先者。

回到前文提到的公式,增长率=投资资本收益率×投资率。中国经济转型要成功,当务之急是企业要尽力去提升投资资本收益率。对于大部分缺乏自主创新和可信的商业模式的中国企业,在自己专属的领域尚且不能保持一个相对较高的投资资本收益率的情况下,却急忙涉足其他领域,又怎么能够提高投资资本收益率呢?追求规模的多元化经营显然与提升企业价值创造能力,与改变中国经济增长模式这一方向背道而驰!

昆仑能源——专业化经营给资本密集型企业的启示

下面我们再来看一个专业化经营企业的例子。虽然2013年8月底发生在中国石油的高管腐败案不可避免地牵涉到昆仑能源,让这个例子多少显得有些不合时宜。但我坚持认为就事论事,昆仑能源上市后的资本市场表现一直良好,得到了投资者的认可,这与该企业专注于主营业务,致力于提升投资资本收益率有很大关系。在这里讨论这个例子对许多热衷于通过投资和多元化来寻找新的商业模式的中国企业应该会有所启示——即使是在一个资本密集型行业,提升投资资本收益率也能够长期创造价值。

昆仑能源是一家由中国石油控股的国际性能源公司,在香港联交所上市。自上市起,昆仑能源就保持优异的资本市场表现,领先于其他同行。如图7.8所示,截至2011年年底,昆仑能源股价表现长期领先于恒生指数、恒生油气板块指数、原油价格以及其母公司中国石油。

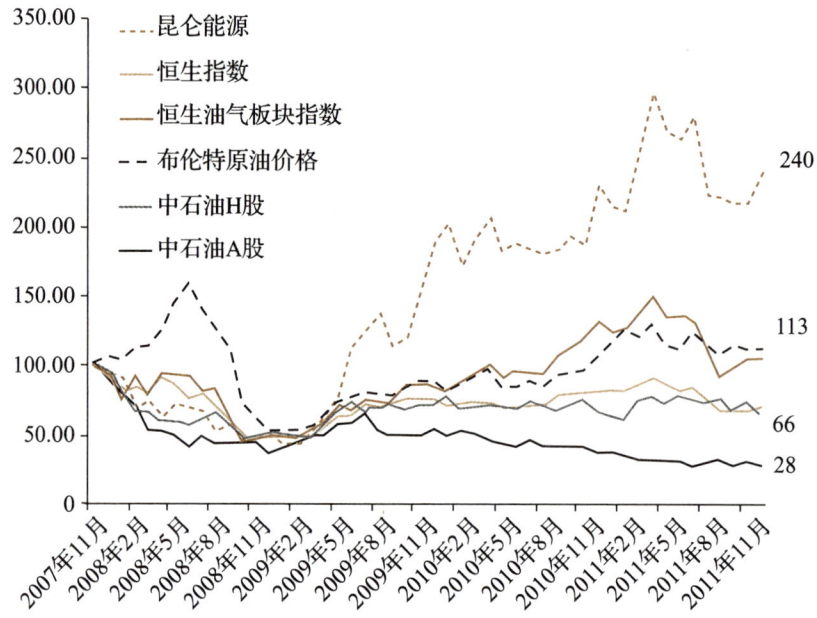

图 7.8　昆仑能源股价表现：2007 年 11 月—2011 年 11 月
注：2007 年 11 月底各企业的股价和指数水平被基准化为 100。
来源：作者根据 Bloomberg 数据整理。

昆仑能源的主要业务涵盖油气田勘探开发、天然气终端销售和综合利用等。其中油气田勘探开发业务分布在中国、哈萨克斯坦、阿曼、秘鲁、泰国、阿塞拜疆及印度尼西亚等 7 个国家；天然气终端销售和综合利用业务主要分布于中国。昆仑能源致力于发展成为中国最大的从事天然气终端销售业务的企业，定位比较清晰。公司坚持走节能减排、绿色发展之路，大力发展以低碳为特征的清洁能源和新能源业务。在中国政府强力推行低碳经济的大背景下，昆仑能源的战略思路非常清晰。

作为中国石油的子公司，昆仑能源与中国石油在资本市场上的表现差别却比较大。资本市场给予昆仑能源较好的市场估值主要是因为：
（1）源于昆仑能源专业化发展战略（大力发展天然气终端销售和综合

利用);(2)较为清晰的板块结构;(3)良好的经营业绩(高水平的投资资本收益率);(4)清晰的资本市场定位。

图 7.9 中给出了昆仑能源从 2009 年至 2011 年的投资资本收益率。同时也给出了对其投资资本收益率的逐项分解,从而可以辨识究竟是哪些方面的表现推动了昆仑能源较好的投资资本收益率。

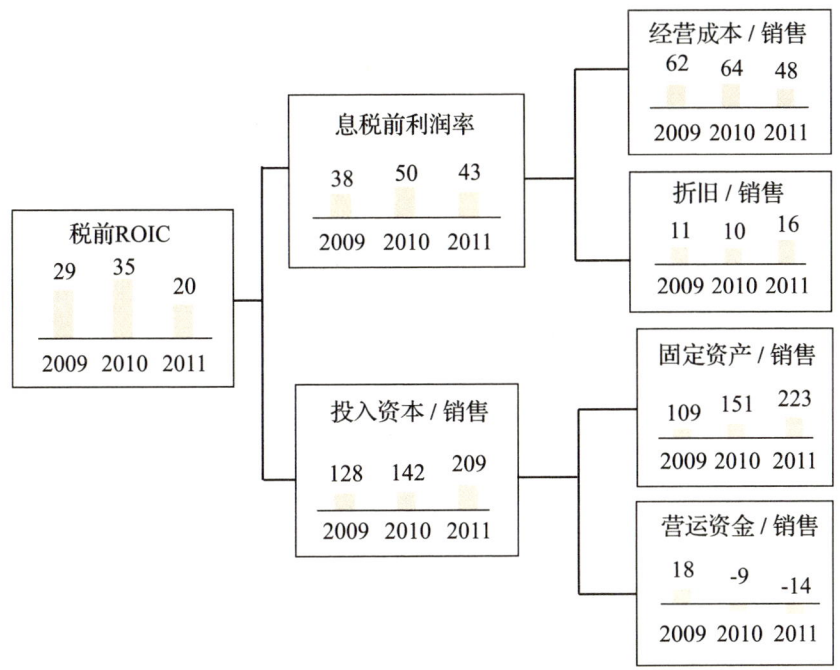

图 7.9　昆仑能源税前投资资本收益率及其分解:2009—2011 年
来源:作者计算。

昆仑能源一直保持着较高的投资资本收益率。其税前 ROIC 在这三年间一直保持在 20% 以上,2010 年更是高达 35%。尽管昆仑能源近些年投资规模庞大,但昆仑能源的息税前利润率很高(过去三年介于 38% 和 50% 之间),大规模的投资获得了与之相称的收益。从经营基本面上讲,投资资本收益率上的差异决定了昆仑能源在资本市场上的表现。

我们同时发现，昆仑能源股票回报与恒生指数、恒生油气板块指数、上证指数、A股油气板块指数关联度都不算高。这显示出昆仑能源的投资者比较关注企业层面的信息（限于篇幅，我在此不做叙述）。昆仑能源在企业层面的信息能更好地反映到昆仑能源的股价中去。昆仑能源这种资本市场上的清晰性显然得益于其较为清晰的板块结构。

图7.10中给出了昆仑能源所属行业的行业战略控制图（Strategic Control Map）。正如第五章讨论马拉松石油分拆案例时介绍的，战略控制图是一个二维的分析框架，纵轴对应着企业价值与投入资本的比例，这个变量取值越高则表明该企业的资本市场表现越好；横轴对应着投入资本总额，其取值越高则表明该企业越大。根据同一行业内的不同企业

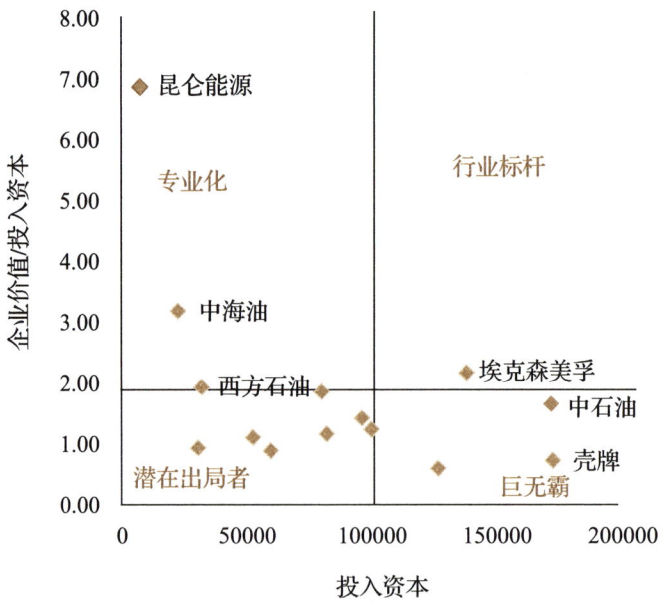

图7.10　昆仑能源行业战略控制图，2010年

注：横轴单位是百万美元。
来源：Bloomberg；Compustat；作者根据数据计算整理。

在这个图上的定位,我们可以获得行业的战略控制图。观察行业战略控制图,我们发现,昆仑能源的战略定位在图的西北区域,即属于专业化经营类型。这种市场定位十分适合昆仑能源。昆仑能源企业规模虽小,但其企业价值的市场估值倍数却远高于同行,说明昆仑能源的专业化经营显然带来明显的估值溢价。资本市场偏好专业化经营的企业,很大一个原因在于,这样的企业比较透明,而且在经营层面上比较容易获得并保持一个比较高的投资资本收益率。

综上所述,昆仑能源相对优异的资本市场表现主要源于:(1)相对优异的经营表现(表现为较高的投资资本收益率);(2)相对清晰和有利的资本市场定位,利于投资者估值。

如上所述,昆仑能源清晰的战略定位和专业化经营策略是其能保持一个较高的投资资本收益率水平的主要原因;而昆仑能源清晰的战略定位和专业化经营策略也是其能够获得相对清晰和有利的资本市场定位的原因。这对追求规模和多元化的中国企业有三个方面的启示:(1)提高主要以投资资本收益率为反映指标的经营表现是提升市值的关键所在;(2)清晰的业务侧重和专业化经营有利于获得较为有利的资本市场估值,从而释放价值;(3)如果投资决策符合企业战略定位,那么大规模的投资和高投资资本收益率可以并存。

对于上述第三点,我在这里再赘言几句。昆仑能源是一家比较成功运用并购战略进行发展的企业。中国企业整体的并购成功率不高,主要是因为参与并购的企业大多没有清晰的企业战略和与之相配合的并购战略,往往呈现出一种"机会主义"式的并购态度。相比之下,昆仑能源有清晰的市场定位,其并购战略就显得比较有针对性,容易被资本市场理解,从而获得投资者良好的回应。并购作为一种投资方式,对昆仑能源的成功也起到了非常正面的作用。

我用实证金融学研究中常常用到的事件研究的方法来考察资本市场对昆仑能源的主要收购活动的反应，见图 7.11。在这里，我着重研究昆仑能源在 2009 年和 2010 年这两年间做的 9 次比较大的收购。主要计算每一次收购宣布日前后累积三天昆仑能源的股价在扣除大市变化之后的异常收益率（即第三章中提到的阿尔法）。如果该异常收益率为正，则表明资本市场对该收购消息持正面肯定态度；反之，则表明该并购不为资本市场所认同。昆仑能源现有的并购主要是用现金从其母公司（即中国石油）购买天然气、燃气及相关技术工程资产。九次收购中，有六次获得了资本市场正面的肯定，只有三次有负的异常收益率，这表明，昆仑能源收购的成功率是三分之二，大大高于国际平均的三分之一的收购成功率。

收购时间	收购举措	股价反应*
2009.1.9	3.3 亿元人民币收购新疆新捷 97% 股权	-1.42%
2009.2.16	4.4 亿元人民币收购华油天然气 51% 股权	12.38%
2009.9.30	4700 亿元人民币收购庆阳欣达技术工程有限公司	8.98%
2009.10.21	6.2 亿元人民币收购中油中泰燃气 49% 股权	5.10%
2010.5.17	5 亿元人民币收购江苏液化天然气 55% 股权	2.91%
2010.6.22	1.6 亿元人民币收购四川川港燃气 51% 股权	-2.96%
2010.11.9	20 亿元人民币收购大连液化天然气 75% 股权	0.27%
2010.11.26	4.1 亿元人民币收购廊坊市华油天成天然气 51% 股权	10.86%
2010.12.31	189 亿元人民币收购天然气北京管道有限公司 60% 股权	-1.38%
	平均异常收益率	3.85%**

* 股票 3 天的异常收益率。
** 在统计意义上是显著的。

图 7.11　资本市场对昆仑能源收购的反应

当我对 2009—2011 年间昆仑能源的九次收购带来的三天的累积异常收益率求平均值的时候，发现这个平均值为 3.85%，而且在统计意义上是显著的。这表明，每当昆仑能源宣布收购的时候，它的股票市值就会平均上涨 3.85%。昆仑能源的市值因这些收购显著上升。这背后折射出的是昆仑能源清晰的企业发展战略和投资时能够维持的高水平的投资资本收益率。

华润创业[一]

中国华润创业（股票代码：0291.HK，后简称为华润创业）是中国最大的央企之一——华润（集团）有限公司的控股子公司，在香港联合证券交易所上市交易。华润创业作为一家子公司，本身也发展成为一家多元化经营的企业，主要从事零售、饮品、食品加工、纺织及房地产等业务，业务范围遍及中国大陆及中国香港。其核心资产包括，中国最大的酿酒企业——华润雪花啤酒有限公司 51% 的股权。另外 49% 的股权由其合资方南非米勒（SAB Miller）持有。

尽管涉足的业务领域广泛，但华润创业只有两个主要的业务板块：零售和啤酒。华润创业是华润（集团）有限公司旗下的第一家上市企业，作为香港恒生指数成分股，多年以来是香港市场上表现最好的蓝筹股之一。从 2006 年 5 月至 2011 年 4 月，华润创业的年均股东总回报（TRS）高达 19%，远超同期的其他实体零售企业，如沃尔玛（Wal-Mart）的 5%、盖璞（Gap）的 7% 和家乐福（Carrefour）的 -5%。然

[一] 对于华润创业的分析所使用的数据截至 2011 年。2012 年以后华润创业推出的一些举措也印证了我在分析中给出的建议。

而与其他啤酒企业相比，华润创业的股市表现就没有那么引人注目了。其年均股东总回报（19%）虽然高于嘉士伯（Carlsberg）的14%、安海斯-布希英博（Anheuser-Busch InBev）的15%和喜力（Heineken）的7%，并与中国前三大啤酒企业之一的燕京啤酒持平（同为19%），但却不如南非米勒（SAB Miller）的21%以及其在中国的主要竞争对手青岛啤酒的36%。

我们应该如何评价华润创业的股市表现呢？华润创业作为一家拥有多个核心业务的企业集团，评价其业绩表现优劣的关键就在于，我们究竟把它看作是一家零售企业还是一家啤酒企业。

我们先把华润创业看作一家实体零售企业来分析。图7.12比较了华润创业与另外两家国际零售企业——沃尔玛和克鲁特（Colruyt）的投资资本收益率。为了更好地理解造成三家企业投资资本收益率差异的原因，我们将其分解成利润率和资本周转率两部分。如图7.12所示，2010年华润创业的税前投资资本收益率只有5%，大幅落后于沃尔玛和克鲁特，不到沃尔玛的三分之一，甚至只有克鲁特的零头而已。通过分析投资资本收益率的组成我们发现，导致这三家企业巨大差距的关键因素就是投入资本占销售收入的比例。华润创业为68%，而沃尔玛仅有30%，克鲁特甚至只有16%。进一步分析发现，这是由于华润创业固定资产投资占销售收入的比例过高所造成的。与另外两家企业相比，华润创业在经营活动中占用了太多的资本。我们还注意到，由于其业务的资本密集程度高也导致其折旧很高，进一步侵蚀了华润创业的利润率。

如图7.12所示，当我们把华润创业看作是一家实体零售企业时，它并不是一家伟大的价值创造者，但华润创业在股票市场的表现仍然比其他两家零售企业更为强劲，这着实令人难以理解。一个可能的解释就是，投资者看重的是中国消费的巨大增速，认为华润创业在中国的零售行业已成功地打下了基础，看好华润创业未来的发展。

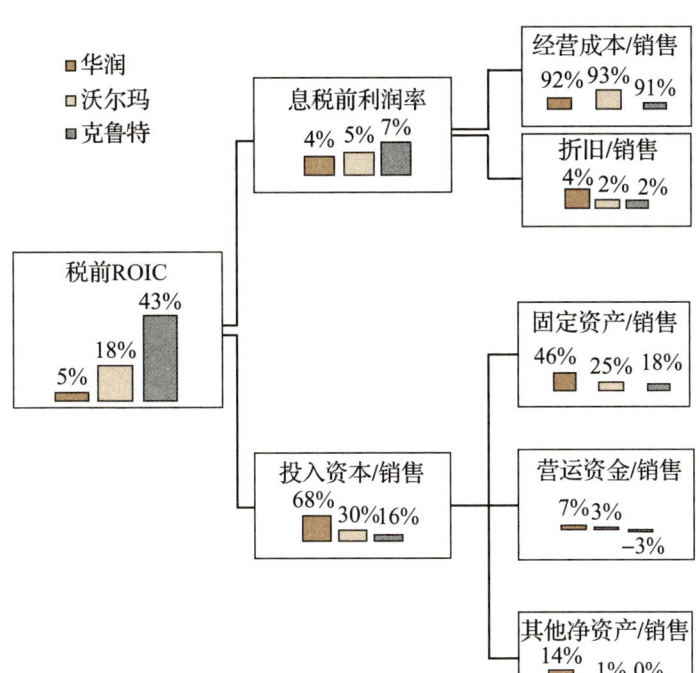

图7.12　华润创业、沃尔玛和克鲁特投资资本收益率（ROIC）分析：2010年
来源：作者根据Datastream数据库数据计算。

如果我们把华润创业看作一家啤酒企业又会怎样呢？在图7.13中，我们比较了中国最大的三家啤酒企业——华润创业、青岛啤酒和燕京啤酒的投资资本收益率，这三家企业合起来占中国啤酒市场份额的40%以上。如图7.13所示，华润创业的投资资本收益率不如青岛啤酒和燕京啤酒，只有青岛啤酒的五分之一，燕京啤酒的一半。

那么问题就出现了：华润创业不论作为实体零售企业还是作为啤酒企业，其经营表现都不如竞争对手，但是其在股票市场上的表现却非常优秀。很明显，华润创业股票的价格受到了投资者对其未来增长潜力积极预期的驱动。一旦华润创业无法实现股东的预期，其股价表现就可能迅速恶化。

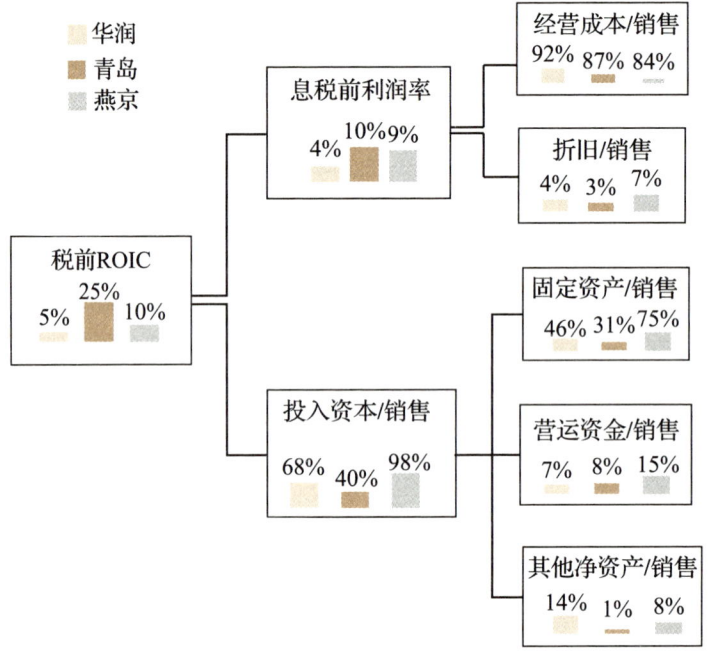

图 7.13　华润创业、青岛啤酒和燕京啤酒投资资本收益率（ROIC）分析：2010 年
来源：作者根据 Datastream 数据库数据计算。

作为一家多元化经营的企业集团，华润创业在股市上的定位不够清晰。当投资者对其股票估值时，他们应该把华润创业看作一家类似沃尔玛的零售企业还是一家类似安海斯-布希-英博的啤酒企业？尽管其股价表现强劲，但糟糕的市场定位可能导致华润创业的估值"折价"。在一项未公开的研究中，我把华润创业拆分为三个业务板块：零售、啤酒和食品，假设每个业务板块都由独立的企业经营，每个业务板块企业的估值由各自行业平均的 EV/EBIT 乘数确定，其中 EV 代表企业价值，EBIT 代表息税前利润。计算出三家独立经营的企业各自的估值之后求和，我们发现，三家企业估值之和比华润创业实际的估值竟然高出 180%。也就是说，华润创业将三个业务板块放在一家企业里实施多元化经营，造成了巨大的"多元化折价"。如果华润创业能够将三个业务板块拆分，成立各自独立运营的实体，那便能释放出更多的市场价值。

最新的进展

在本书的写作过程中，华润创业展开了一系列的股权重组，决定专注发展啤酒业务。2015年8月3日，华润创业召开股东大会，会上股东通过了管理层提出的方案，将华润创业旗下的非啤酒业务全部出售给其母公司——华润（集团）有限公司，以专注发展啤酒业务。同年10月12日，华润创业召开股东特别会议，会上股东表决通过将企业名称从华润创业改为华润啤酒（控股）有限公司。

通过这些重组交易，原来的华润创业终于转而专注发展啤酒业务。新成立的实体——华润啤酒作为一家专业化的啤酒生产商，如今在全国25个省市共有98家啤酒厂，截至2015年年底，其产能突破2000万千升。华润啤酒也拥有全球销量第一的"雪花"啤酒品牌，国内的市场份额高达23.2%。随着消费成为中国未来经济的主旋律，新成立的华润啤酒已做好准备以专业化的经营战略抓住中国消费持续升级所带来的重大商机。

并购的中国迷思

中国企业对多元化和规模的追求，也反映在它们对收购兼并，尤其是跨国并购所表现出的高度热情上。吉利收购沃尔沃（2010年），三一重工收购普茨迈斯特（2012年），中海油收购尼克森（2013年），双汇收购史密斯菲尔德（2013年），中国化工集团成功收购瑞士先正达公司（2017年），美的集团要约收购库卡股份（2017年），吉利花费90亿美元入股戴姆勒奔驰（2018年）等事件无一不引起媒体和公众的一片欢欣鼓舞。一时间，中国企业全面出击，在亚洲、美洲、非洲和大洋洲，几乎都能看到民企和国企的身影。而这一轮的并购热潮，已经超出了企业层面，它甚至和国家经济结构转型联系在一起，更时不时地被上升到民族的高度，被赋予了超越商业活动的更大的含义。但我们对并购的认识有多少是正确的呢？并购对于中国企业究竟意味着什么？我在这里想说一说关于并购的一些常识。而在这些常识的映衬下，才能发现我们关于并购的很多理解其实都是迷思。

迷思一：中国正领导国际并购市场的繁荣

这绝对是一个假命题。可能是因为媒体报道的选择性，我们看到的国际并购市场的主角是吉利、中国化工集团、海航、万达等，似乎有千帆出海，中国企业引领全球并购之势。但数据显然要冰冷很多。诚然，全球并购有其周期性。继 2007 年全球并购规模创纪录地突破 4 万亿美元大关之后，因为全球金融危机的影响，全球并购规模在 2008 年降到 2.9 万亿美元。因为欧洲主权债务危机的影响和美国经济复苏乏力，并购市场不振这种状况一直延续到 2012 年。2012 年全球并购市场规模大约是 2.25 万亿美元，之后从 2014 年起，全球并购总金额连续四年超过 3 万亿美元。2017 年全年的并购总金额达到 3.5 万亿美元。

中国的情况却大相径庭。根据国际数据公司迪罗基（Dealogic）的统计，2008 年中国并购市场的总规模已经达到 1000 亿美元（包括国内并购与跨国并购）。之后，就一直保持稳定高速增长的势头，2012 年中国并购市场的总规模达到 1300 亿美元。作一个国际比较，2008 年中国并购市场是全球市场规模的 3.4%；到 2012 年，比例已经提高到 5.8%；至 2017 年，中国并购总额达到 3680 亿美元。即使如此，中国也只占了全球并购市场的 10.5%，该比例一直处于上升趋势，但仍远低于中国 GDP 占全球 GDP 14.8% 的比例。仅以 10.5% 的市场份额，如何引导全球并购市场的繁荣？这些不着边际却深入人心的论述，反映的更多的是一种急迫而浮躁的心态。即使像2017年中国化工集团430亿美元收购先正达这样的巨额并购，其规模比起同年美国第二大连锁药店CVS Health 收购医疗保险巨头美国安泰保险金融集团（Aetna）的690亿美元要低很多。2017年，我们还看到默多克作价660亿美元将21世纪福克斯出售给迪士尼。美国2017年完成的并购总金额达到了1.4万亿，占全球市场份额的40%……中国企业在全球并购市场上只是后来者，我们的企业在并购战略的确定、目标公司的选择、协同效应的估值、尽职调查、谈判及并购后管理等环节还有很多需要学习的地方。从10.5%到40%，我们还有很长的路要走，注定还要交很多学费。

并购确实可以迅速帮助一个企业扩大规模，但是否能够为其带来价值，统计数字上至少是不乐观的。大量的研究表明，三分之二的并购并不能为企业带来价值。对于跨国并购而言，这个比例甚至还会更低。日本企业在1986年至1991年间海外投资规模达到了4000亿美元，但大多企业铩羽而归，这些投资并没有给日本企业带来全面的价值提升。我们的企业热衷于并购，热衷于谈论并购，但又有多少企业了解并购光鲜亮丽外表下冷冰冰的现实呢？

迷思二：现在是中国企业在全球资本市场上大展拳脚的最佳时机

这是一个貌似正确的命题。2008年金融危机后，全球经济全面衰退、哀鸿遍野。近年来，即使美国和欧盟经济开始复苏，但力度并不大，能够维持强劲复苏尚存疑问。反之，中国经济虽然面临结构转型和去杠杆的挑战，却保持了相对亮丽的成长。2016年更是在时隔三年之后以6.7%的GDP增速再度超过印度成为全球经济增长最快的国家。虽然中国经济在未来十年面临结构转型、增速减缓等挑战，面临从高速增长向高质量发展的转型，但保持一个相对于其他国家更高的增长率应该还是可以期待的。中国不缺钱，中国企业不缺钱。至 2017 年年底，中国外汇储备仍保持在 3 万亿美元之上；而许多大型央企手中动辄持有数百亿美元的现金且毫无融资障碍。与此同时，国内好的投资机会（即，能带来较高的投资资本收益率的投资机会）开始式微。在这种背景下，利用手持现金到国际市场上购买估值相对偏低的股权和实物资产，似乎是一个符合逻辑的选择。然而，这个逻辑中有一个缺环，那就是，这些东西被中国企业买了之后还值这么多钱吗？这样的并购能创造价值吗？2009 年 2 月份，盛极一时的金融巨无霸花旗集团的股票市值掉到只剩 80 亿美元，是当时工商银行的十七分之一。按照当时的估值，中国外汇储备几乎可以买下整条华尔街。可是华尔街被我们买下之后，还是华尔街吗？并购，归根到底，是企业的一种投资活动。投资是讲投资回报的。简单来讲，就是企业要保证投资资本收益率能够高过资金成本（即 $ROIC \geqslant WACC$）。这个条件非常难以满足，这也解释了我在前面提到的高达三分之二的并购失败率。对于缺乏资本市场经验，尤其是国际资本市场经验的中国企业而言，它们能把失败率降到三分之二以下吗？我们从陆陆续续发生的一系列跨国界并购，比如说联想、TCL、海航、甚至中投公司的一系列收购中，似乎感受不到这么充足的信心。

迷思三：并购，尤其是跨国并购可以帮助中国企业迅速进入价值链的高端环节

同样，这是一个貌似正确的命题。作为一个制造业大国，中国经济在过去 40 年的迅速崛起在很大程度上归功于制造业的崛起。然而，当我们分析价值链时，我们很容易发现，制造端往往不是价值链各端中创造价值最多的。我在本书第二章中讨论过，苹果 iPhone 的价值分布，利润的大头是被控制品牌、渠道等的企业获得的。中国企业在从大到伟大的转型中，需要进入价值链的高端，只有这样才能提高企业投资资本

收益率和价值创造能力。这个逻辑本身没有问题，问题在于我们的企业在操作过程中往往操之过急，常常把并购作为目的，而忘记并购只是帮助企业实现公司战略的手段。为了并购而并购，往往只是提升企业的规模。价值创造的实现，需要还原并购的真实面目：并购是一种投资活动，投资需要讲究投资回报！中国企业有时为了能成功获得目标公司，往往不计成本。

进入价值链高端是一件充满挑战的事情，如果以并购为手段的话，并购后的整合就很重要。可我们的企业在并购市场上并没有太多的经验，在并购后的整合过程中常常遭遇各种各样的问题。首先，收购完成后，怎么将两种不同管理体系融合，把我们的一些理念贯穿进去，这并不是简单的事情。尤其是国企，目前还是很传统的国企管理方式，这一套在海外企业行不通，需要高效的国际化运作。其次，语言文化是直接的挑战，这关系到我们派去的管理人员能否与目标公司的员工很好地沟通，我们的企业是否了解当地的商务规则、了解当地的劳工制度等。

另外，这一轮的中美贸易摩擦，尤其是中兴事件提醒我们，真正的原创技术、基础性的技术是支撑一个产业或是国民经济行稳致远的基石。真正核心的技术是买不到的。提及高质量发展，需要我们的企业拥有自己的原创技术，需要它们参与到行业标准和技术标准的制定过程。研发，尤其是基础研究在这个阶段有特别的意义。过去40年，中国企业在研发层面上强调"发"（Development）太多，而对"研"（Research）的关注不够。中国的研发已经占到GDP的2%以上，但我们急需修正我们的研发战略，将视野放得更长远一些。

中国企业需要进入价值链的高端，并购，尤其是跨国并购并不是其必走之路。关键还是在于要找到能提升企业投资资本收益率的好的商业模式。要清楚并购是手段，绝非目的。

迷思四：我们国家的并购应以国家为主导，国有经济为龙头

这可能是一个正确的命题，但在改革开放已经40年的今天，说起来却令人唏嘘。我一再强调，并购是投资行为，任何投资只有在满足投资资本收益率大于资金成本的情况下，才可能为企业带来长远的收益和财富的增加。国有企业作为投资主体，由于软预算约束（Soft Budget Constraint），容易患上投资饥渴症。拼命投资把规模做大，能为代表国家行使管理职责的代理人提供大量的寻租机会。这个科尔奈在30多年前就已经详细论证过的问题（详见Kornai，1980），在我国现阶段更多了一层复杂性。在我们国家，生产要素市场的开放并不彻底。生产要素，尤其是资金的价格是被国家严格控制的。在这种利率被严格管制的背景下，资金价格被严重低估，背离市场价格。在这种情况下，投资资本收益率≥资金成本这个条件反而比较容易得到满足。那些能够从现有金融体系中以被压抑的廉价成本获得资金的企业（大部分是国企）会发现，到处都是好的投资机会，因为这些决策人实际感受到的资金成本可能不高，甚至为0。任何一个能带来正收益的投资项目可能都是好项目。在这种情况下，以国企为主体推动并购，目的可能是好的，带来的结果却不尽然。

第八章 塑造中国企业从大到伟大的制度基础

凤凰鸣矣,于彼高冈;梧桐生矣,于彼朝阳。

——《诗经·大雅·卷阿》

在经历了40年的高速发展之后，中国经济迎来了结构转型的巨大挑战。那些长期以来支撑中国经济和中国企业高速成长的内部因素和外部环境正在发生结构性的变化。从内部来看，首先，中国正逐渐步入老龄社会，人口老龄化也将导致中国人口红利的消失。按联合国教科文组织的标准，当一国60岁以上人口比例达到10%时，就意味着该国步入老龄化社会。截至2015年，中国60岁以上人口达2.2亿，占总人口比例已达16.1%，并且每年正以850万人的速度增长；2015年中国65岁以上人口占总人口的比例已达10.5%。同时，得益于经济的快速增长和生活水平的快速提升，中国的劳动力成本也随之升高。在21世纪前十年，中国平均工资水平翻了两番，平均时薪从2000年的0.6美元增加至2010年的2.4美元。与越南、孟加拉国和印度尼西亚等国相比，中国的制造企业不再拥有低成本的竞争优势。

劳动力成本的上升对不同行业、甚至同一行业的不同企业都带来了不同程度的冲击。制鞋和服装等价值链较短的行业受劳动力成本上升的冲击往往较为严重，例如，阿迪达斯（Adidas）已将生产基地从中国转移至越南等国；而价值链较长的行业受到的冲击则相对较小。中国仍将保持制造大国的地位，但中国的制造企业必须升级换代，才能适应行业巨大的动态变化，并做好准备迎接新技术与新商业模式创新所带来的颠覆式冲击。

其次，投资拉动的增长模式难以为继。信贷的扩张导致企业部门的杠杆率普遍过高。截至 2017 年年底，中国企业债务占 GDP 的比率高达 160%，远高于经合组织（OECD）国家的平均水平。钢铁、煤炭和铝等生产制造部门面临严峻的产能过剩。高投资回报的项目也会逐渐减少，固定资产投资的边际效应在递减，这无疑会给中国经济带来一系列的挑战。

不是短跑而是马拉松

在这样的背景下，中国经济开始进行结构性调整。如我在前文中反复强调的一样，中国经济结构转型能否成功，很大程度上取决于中国经济的微观单位，即中国企业，能否改变其经营模式，提升技术和管理水平，最终提升投资资本收益率。我甚至愿意这样表述，中国经济转型能否成功取决于中国企业第二次长征能否成功。读者可以回顾我在前文多次提到的，理解中国经济和中国企业的重要方程式：

$$增长率 = 投资率 \times 投资资本收益率$$

中国经济要实现由投资拉动向消费拉动、由粗放式成长向效率驱动的结构性转型，必然要降低投资率，即固定资产投资在 GDP 中的比例，提升消费所占比例。要实现这样的转型，一个核心的前提就是需要提高整个经济体的投资资本收益率。这就需要中国经济的微观经济单位——企业——去全面提升它们的投资资本收益率。这也意味着,在中国经济转型的过程中,企业的诉求应该从追求"大"转移到追求"伟大"。

我们可以用下面的例子来进一步阐述投资资本收益率的重要性。假设有两家企业,每家企业的年增长率都是10%。其中一家企业N的投资资本收益率是20%,而另一家企业O的投资资本收益率是10%。那么企业N只需要把其年度利润的50%用于投资就能实现10%的年增长率,而企业O则需要把其年度利润的100%都用于投资才能够实现同样的年增长率。因此,更高的投资资本收益率能够给企业留存更多的现金流分配给股东,从而给股东带来更高的价值。

这里企业O代表的是传统企业。过去40年间,在钢铁、化工、采矿、油气、造纸、电讯、公共事业等领域,中国企业纷纷崛起。但随着中国工业化进程接近完成,这些企业曾经拥有的高水平投资资本收益率开始下降,为了继续保持增长,它们就需要投入更多的资本。而企业N代表新企业——在信息科技等领域,许多中国企业异军突起,这些企业往往具有较高的投资资本收益率。既然企业需要投入多少资本是由其增长率和投资资本收益率所决定,那么企业N就能够以较少的投入资本实现与企业O相同的利润增长。这个例子告诉我们,提升传统行业的投资资本收益率以及鼓励发展具有高水平投资资本收益率的新兴行业是维持中国未来经济增长的关键。

强调投资资本收益率是贯穿本书始终的主题。然而,相比于通过投资扩大经营规模,提升投资资本收益率要困难得多。因此,推动中国企业从大到伟大的转型需要大量企业内部和外部的要素共同作用才能得以实现。这些要素包括建立公平的竞争环境、转变企业的终极目标(从规模扩张转向价值创造)、重新调整经济布局(从投资拉动转向消费驱动和从劳动密集型和资本密集型产业转向智力资本产业)、打造创新的商

第八章
塑造中国企业从大到伟大的制度基础

业模式与技术以及世界一流的执行力等。中国企业的第二次长征不是一场短跑比赛，而是一场艰苦漫长的马拉松！

全面提升中国企业的投资资本收益率，产生一批伟大企业是中国经济转型成功最重要的微观基础。在中国，怎样才能成就一批以价值创造为目标并且能在较长时间保持高投资资本收益率的企业呢？中国企业所处的内、外部环境的变化以及经济结构的转型，使得企业无论是为了缓解生存压力、寻找成长空间还是构建跨越式发展的能力，都必须思考这样的问题。对于中国企业，如果不追求做"强"，等待它们的命运必然是萎缩或衰败，退出竞争世界一流企业的速度会很快。

在中国企业的第一次长征中，我们的高速经济发展是建立在制度基础设施极为薄弱的基础上的（详见 Allen, et al., 2005）。**我们有相当多的成功企业遵循的是这样一种成长路径：追随约定俗成的游戏规则，搜寻制度和政策设计的漏洞，把"制度套利"作为一种基本的盈利模式，捕捉那些非常短的时间窗口，用一种短、平、快的快速成"财"模式迅速实现规模上的突破。**这样的商业模式虽有风险，但也造就了一批企业和企业家。毕竟，"台风来时，猪也能飞上天。"但是，如果我们的企业执念于这样的方式，并尝试着把它上升到商业思想的高度，那么，这样的一种成长方式所带来的最大代价就是牺牲一代甚至两代企业家原本干净单纯的心灵，进一步恶化商业环境，最终使得这些企业都陷入短视的乱战与混战之中，皆成输家。

中国企业从大到伟大的破晓之旅该如何起步？某种程度上来说，中国企业能够迅速做大的原因，也是桎梏中国企业成为伟大企业的原因。中国企业要顺利完成第二次长征，需要重新思考、评估那些让它们能够在短期内迅速做大的因素。

投资制度基础设施

在很多人看来，中国在缺乏私人财产权的有效定义和保护、覆盖面广和效率高的金融中介体系和法治等重要制度的情况下实现了经济上的奇迹[一]。当代大部分学者都认同制度对于经济发展的重要作用和影响[二]，但他们却很难解释中国经济的崛起。确实，自从20世纪70年代末中国开始改革开放以来，中国政府一直对诸如劳动力和资金这样的要素的流动施以严格的限制[三]。此外，地方保护主义和地方贸易壁垒也限制了中国各地区间的货物流通[四]。然而，在众多制度扭曲的情况下，中国仍然保持了强劲的增长势头。

许多证据都表明，糟糕的制度会扭曲资源的配置，对投资资本收益率产生不利影响。这个问题在本书第五章也曾讨论过。在最近发表的一篇论文中，芝加哥大学经济学家谢长泰（Hsieh）和斯坦福大学经济学家克莱诺（Klenow）研究了在中国和印度每一个由四位数代码来界定的制造行业中，企业间生产要素的错误配置对全要素生产率（Total Factor Productivity）所带来的影响。他们发现在1998—2005年间，中国制造部门更加高效的生产要素配置每年能够给全要素生产率的提升带来2个百分点的贡献。穆嘉（Holz）于2009年也发现，随着地方贸易壁垒的降低，各地区间的贸易往来也大幅增加。通过这些研究，可以发现，**夯实制度基础设施是提升企业投资资本收益率之本**。

[一] 见 Allen 等，2005 和 Xu，2011。
[二] 见 Acemoglu 等，2001。
[三] 见 Brandt and Zhu，2000，Boyreau-Debray and Wei，2005 and Dollar and Wei，2007。
[四] 见 Young，2000。

第八章
塑造中国企业从大到伟大的制度基础

关于制度建设对改善经济增长质量、提升经济决策效率的重要性，我引用自己最近的一项研究成果（详见 Liu and Siu，2011）来说明。我在本书的第四章解释过这项实证研究的思路。简单回顾一下，我们利用经济学里的一个重要定理——在均衡状态下，企业投资的边际成本应该等于边际收益。在这一条件下，我们根据企业的实际资本开支（即投资）倒推出使得企业下一期投资的边际收益等于当期的边际投资成本的折现率（Discount Rate）。我们用这个倒推出的折现率来衡量一个企业的投资资本收益率——理性的企业只有在投资回报达到这个倒推出的折现率时，才愿意进行投资，因而这个折现率反映的是这个企业在投资时期望得到的投资资本收益率。

我们以每个省作为样本，利用模型测算出不同所有制形态的企业用于指导投资的折现因子（Discount Factor）（注：折现因子与折现率的关系是：折现率=1/折现因子－1；因此，折现因子与折现率互为反比关系）。然后我们考察省际层面的平均折现因子与省际层面的制度变量之间的关系。我们用樊纲和王小鲁（2006）创建的变量 NERI 来衡量省际层面制度水平和市场化程度。NERI 是一个加权指数，综合考虑了地方政府与市场关系、地方非国有经济发展水平、产品市场化程度、要素市场化程度和地方法律环境、执法水平及市场中介发达程度。NERI 比较准确地反映了一个地区的制度水平。NERI 的满分是十分，取值越高表明当地制度水平越高。

图 8.1 给出了中国二十九个省市或自治区私营企业平均的投资折现因子（Discount Factor）和制度变量取值之间的关系。[一] 如图 8.1 所示，

[一] 图 7.1 和 7.2 中的折现因子都是基准化后的折现因子，是相对数值而非原始数值。另，有几个省因为样本中没有足够数量的企业，所以没有被纳入到实证分析当中。

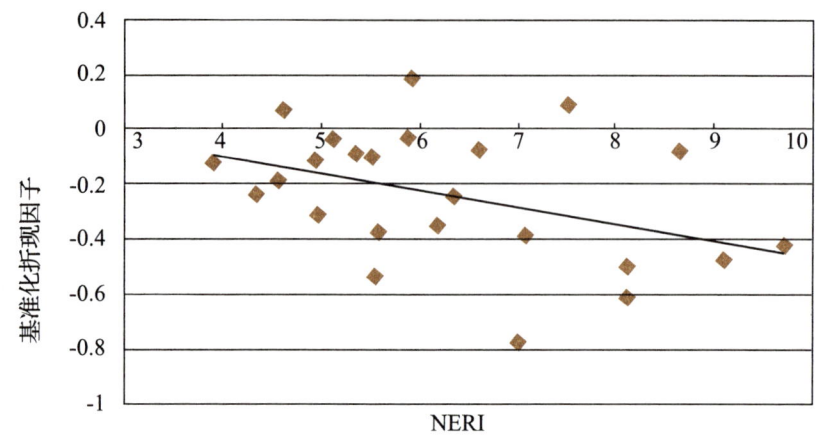

图 8.1 中国私营企业折现因子与制度变量的 NERI 关系

来源：Appendix in Liu and Siu, 2011.

两者呈现出非常显著的负相关关系，即中国的私营企业在投资时用的折现率（Discount Rate）与制度水平之间有显著的正相关关系。当一个地区能够提高其制度水平，那么其所管辖的私营企业平均就会获得一个比较高的投资资本收益率。

为了更好地了解地区制度水平对投资资本收益率的影响，我们注意到图 8.1 中回归曲线的斜率为 -0.061，说明制度水平每提升一个单位，该地区民营企业的有效投资折现因子就会下降 6.1 个百分点，企业投资时考虑的折现率（用来代替投资资本收益率）就会上升约 6 个百分点。举例来说，山东省的 NERI 指数为 7.1，江苏省的 NERI 指数为 8.1，如果山东省能够把制度水平提升至江苏省的水平，那么山东省民营企业的投资资本收益率平均而言就会提升 6 个百分点。

图 8.2 对于中国各省份及直辖市的国有企业重复了同样的分析。我们再次发现，国有企业的投资资本收益率与所在地区的制度水平（用 NERI 指数衡量）同样呈现显著的正相关关系。图中回归曲线的斜率甚至比民营企业更高，表明提升制度水平将为国有企业的投资资本收益率

第八章
塑造中国企业从大到伟大的制度基础

带来更大的提升。在国有部门仍然占据中国经济的主导地位时，建立以市场为导向的制度来帮助国有企业大幅改善投资资本收益率，具有特别重要的意义。

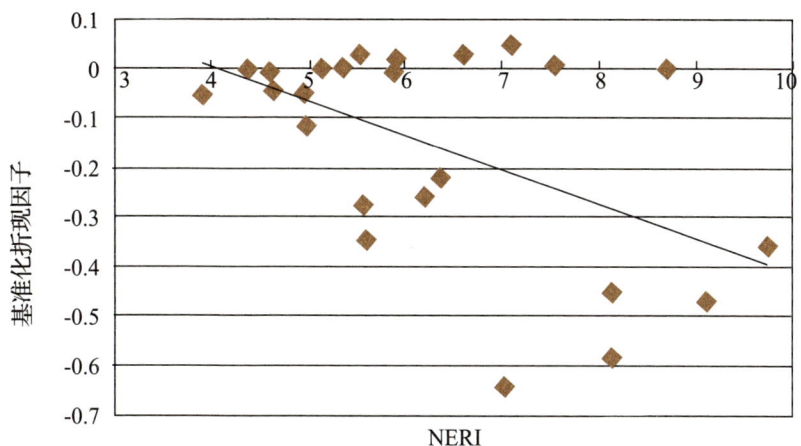

图 8.2　中国国有企业折现因子与制度变量 NERI 的关系
来源：Appendix in Liu and Siu, 2011.

在改革开放的进程中，我们投入了大量资金建设高楼大厦、高速公路、高铁、地铁以及高大上的购物中心和广场。得益于过去数十年来银行信贷支持下的巨额投资，中国已经建成了较为完善的经济基础设施。但是，为了帮助中国企业实现从"大"到"伟大"的转型，我们必须增加对另一种基础设施——制度基础设施的投资。

在这个层面上，最重要也最迫切的三件事是：其一，政府尤其是地方政府要明确自己的定位，实现从经济生活决策者向公共服务提供者的角色转换；其二，一定要搬开金融压抑，提升金融中介的效率和覆盖面；其三，营造公开公正的环境，激发千千万万个体创新创业的激情，重新唤起中国企业家精神。

从看得见的手到看不见的手

中国哪个地区拥有最多的《财富》全球500强企业？是中国经济最为发达的广东省（包括中国最繁荣的经济特区深圳市）？还是经济规模与广东省大致相当的江苏省？答案可能出乎很多人的预料——是北京。在中国115家《财富》全球500强企业（包括来自中国香港和中国台湾的企业）中，有55家企业总部设在北京，其中包括跻身全球五强的三家——国家电网、中石化和中石油。当然也包括中国工商银行、中国农业银行、中国银行和中国建设银行等大型金融机构。2017年，中国经济总量排名第一的广东省只有11家《财富》全球500强企业，而贵为国际金融中心的香港则只有5家（含华润集团）。截至2017年，国资委管辖的近100家央企中有接近90家的总部设在北京；北京汇集了全国近60%的金融资产、52%的上市公司总股本和53%的全国债券市场融资额。北京是中国的政治中心，但绝非经济中心。如此多的大企业将总部设在北京，选择把经济资源和政治资源捆绑在一起，无疑彰显了政府对经济生活的强势影响。

世界银行（World Bank）每年会对各国的经商便利程度发布一份报告。在最新发布的报告中，中国在全部189个经济体中排名第90。根据世界银行研究团队的调研，在北京平均需要33天、经历11道手续才能够创立一家企业，而经合组织（OECD）国家的平均值仅为9天和5道手续[一]。尽管李克强总理多次强调简政放权，但这场改革取得成效所需要的时间可能比预料的更久。到目前为止，政府"看得见的手"仍然

[一] 见"Paper tiger, roaring dragon", *The Economist*, September 12, 2015。

无处不在。

政府对经济活动产生重大影响的另一个例子是中国的五年规划。1953年，中国推出第一个五年规划，描绘了中国经济发展的路径。之后每五年，政府就会出台新的五年规划，为整体的生产活动和经济增长设定目标。中国最新的"十三五规划"于2016年出台，规划了中国2016—2020年的发展纲要，明确了国内中期的发展重点，指明了政府期望各行各业及整个社会发展的方向。相应地，地方政府设定各自的目标，根据中央政府的宏观规划调整当地的政策方针；银行则根据中央政府重点发展的行业规划配置资金；而国有企业和民营企业则调整其商业战略以抓住规划带来的投资机遇。

帮助之手还是攫取之手

政府到底有什么样的经济职能？这是经济学界一直争论不休的一个大问题。在新古典经济学的框架里，一切经济活动都是通过亚当·斯密所描述的"看不见的手"，即市场和价格来进行的。市场和价格的有效调节，使经济趋于一种"竞争性均衡"（Competitive Equilibrium）。而福利经济学第一定理更以严格的数字形式证明了竞争性均衡同时也是帕累托最优的（Pareto Optimum），即它已经达到了一个经济所能达到的最优境界。福利经济学第二定理则指出，高效的资源配置会在"竞争性均衡"中实现并维持。这两个定理构成了新古典经济学的基础。显然，在新古典经济学的世界里，政府对经济所起的作用被极大地淡化了。许多新古典经济学的诠释者和追随者只愿意勉强承认政府作为"游戏规则"制定者而对经济生活所起的些微作用。

然而市场失败（Market Failure）的例子俯拾皆是。不加抑制的自由竞争导致垄断、收入分配失衡、环境污染、失业、不均衡的区域经济发展等负的外部性（Negative Externalities）。和"看不见的手"相对立，政府有只"帮助之手"（Helping Hand）这一观点便应运而生。这一思潮在二战结束之后更是登峰造极。战后的德国、日本以及东欧、中国等国家出现了大规模的政府对经济生活的干预，都是在这一思潮影响下的结果。在这里，政府作为经济生活的强势参与者具体参与经营企业，利用歧视性的税收政策、信贷政策、价格控制、行业限制等手段对经济生活进行干预，力图完成对市场失败的救赎。即使是在中国改革开放40多年后，强调政府应该"顶层设计"去深化改革在中国还几乎是一种主流思潮。这一思潮背后其实反映的还是对政府"帮助之手"的信奉。

作为一种经济思潮，"帮助之手"是建立在以下一个假设基础上的：政府是社会利益（Social Welfare）的最佳代表，政府行为的最终目标是实现社会利益的最大化。很长一段时间内，"无形之手"和"帮助之手"这两派学说的拥护者相互攻击，并利用各自的影响在不同国家和地区进行实验。20世纪的经济学说史在很大程度上也是"看不见的手"和"帮助之手"这两种学说相互竞争、攻讦的历史。诚然，现实经济生活中市场失败的例子不胜枚举，可政府失败的例子就少了吗？在世界范围内，大规模的贪污腐化、国有企业的长期低效率、扭曲的资源配置、特权阶层（往往是因权力而生）对其他阶层的无耻掠夺等无疑是对"帮助之手"的当头棒喝。

仔细分析"帮助之手"的理论基础不难发现，其症结在于前提假设：政府是社会利益的最佳代表吗？事实上，政府行为在很大程度上会极大偏离实现社会利益最大化所需的行为规范。现实世界里，政府对经济发展的无限帮助作用被打上了一个大大的问号。

一种更为现实的理解是，在现代经济生活中，政府是作为代理人（Agent）而存在的。在极权政体中，政府代表的是独裁者的利益；而在选举社会中，政府又代表的是支持其当选的群体的特别利益。例如，布坎南和塔洛克在其经典著作《同意的计算》中就曾一针见血地指出民主体制下的政府为了取悦支持它的群体更容易对失败的少数群体进行浪费性的利益转移。依赖政府实现经济活动的最优化显然是一个有些简单且有些幼稚的想法。于是，在"看不见的手"和"帮助之手"两派学说的对立中间，"政府作为代理人存在"这种迥异的观点因为能更为贴切地描述政府的经济职能而渐渐获得人们的认同。正因为政府只是作为代理人存在，所以经济学中着墨甚多的委托-代理人问题（Principal-Agent Problem，也常被称为 Agency Problem）也就同样存在于政府行为之中。

现代企业制度下，由于所有权和经营权分离而形成的代理人问题，几十年来一直困扰着经济学家。其最大的特征就是，作为代理人的经营者会利用一切可能为自己或自己所代表的群体制造寻租机会。作为代理人的政府（相当于委托-代理理论框架中的经理人）往往为满足某一利益集团的特殊利益而采取背离其最终所有者（相当于企业组织中的股东）的政策。把政府的经济角色放在委托代理人这样的分析架构下，其行为方式及对经济生活的影响就昭然若揭了。作为代理人的政府并不一定拥有一只"帮助之手"。

那么，事实是像"看不见的手"所强调的那样，政府能够忠实地履行游戏规则制定者的角色吗？答案自然也是否定的。既然政府只是某些利益团体的委托代理人，那么它所制定的游戏规则又怎么可能是公正而透明的呢？显然，"看不见的手"这一学说对现代生活中的政府行为模式毫无说服力。值得重复的是，代理人最大的一个特质就是制造机会为自己或是某一利益阶层谋取利益。哈佛经济学家安德雷·谢莱佛（Andrei Shleifer）用这一观点解释苏联和东欧国家中普遍存在的商品稀缺。商品稀缺的存在为政府（更准确地说是政府中对商品有最终配置权的群体）制造了寻租机会（Rent-seeking Opportunity）（详见 Shleifer and Vishny，1998）。拥有商品配置权的政府官员利用商品的稀缺性，能够收取贿赂进而把商品配置给那些满足他们特殊利益需求的人。谢莱佛认为"稀缺"是作为代理人的政府，也是作为寻租者的政府进行寻租行为、满足其利益需求的一个前提，因而它是人为制造出来的。这一观点也呼应了更早期的科尔内（Janos Kornai）在其《短缺经济学》（The Economics of Shortage）一书中对传统社会主义经济中普遍存在的商品短缺的本质的讨论。

我无意在此捍卫谢莱佛。我觉得非常有意思的是"作为代理人或寻租人的政府"这一观点的确能够帮助我们理解出现在中国经济生活中的种种现象。以资本市场为例，中国资本市场的历史很短，但是，有许多现象与传统的经济理论大相径庭。例如，人们经常说中国的股市是"政策市"，股价表现与企业基本面关系很弱；又比如中国的上市公司（不管经营状况多差）所具有的昂贵的壳价值等等。隐藏在这一系列现象下的答案在我们开始仔细分析和考虑政府所起作用时便变得清晰起来。

在此，我以壳价值为例。我和合作者多年前曾完成一项对中国上市企业的研究[一]。在这项研究中，我们提供了一个可行的方法去估算中国上市公司的壳价值。按此方法来计算，中国上市公司目前的壳价值总额达 15 万亿元之巨。壳价值的形成有两个前提：（1）公司上市是一个严格管制的市场，并不是任何企业都可以取得上市资格，因而上市资格是稀缺的；（2）上市公司的大股东可以利用其对壳资源的控制对中小股东进行掠夺，把财富从中小股东手中转移到他们自己的腰包，这也是我

[一] 详见 Bai, Liu, and Song, 2004。

们常说的"隧道行为"（Tunneling Behavior）。

显然，上述两个前提只要有一个不成立，壳价值就会消失。围绕获取壳价值所进行的种种非常规操作就会消失殆尽。中国的资本市场也会因此少掉许多热闹。可是改变这两个条件为什么会如此艰难呢？如果我们仔细分析一下政府在资本市场发展中所起的作用和相应的行为方式，答案就清晰了。中国发展资本市场的最大初衷是筹集资金。在中国具有资金饥渴（Capital Hungry）的实体（诸如国有企业或是操纵国有企业的个人或小集团等）出于自身利益的需求，便会利用其影响力游说政府采纳有利于其利益的做法。在各利益团体影响下的政府往往会制定有利于对其影响最大的团体的规则和相应制度。在中国，具体体现便是通过制定游戏规则制造出限制性的公司上市市场，进而为这一政策的受惠者制造出无穷的寻租机会。显然，作为代理人的政府非常容易就变成了作为寻租者的政府。

把政府作为"代理人"进而"寻租者"来理解有双重意义：（1）它能帮助我们理解现有的游戏规则和制度为什么会形成。现存制度只不过是和政府有千丝万缕联系的利益群体博弈的结果；（2）有助于理解应该怎样改变现有游戏规则，从而设计新的规则。不论是强制性制度变迁或是诱致性制度变迁，制度改革的最终出发点应该是限制强势利益团体采用通过游说政府的方式而干预经济，其实也就是划清政府与市场之间的界限。

中国地方政府金融

政府积极参与经济事务是中国在改革开放初期实现经济奇迹的一个重要原因。我在第一章详细讨论过的强调经济表现的"政绩竞赛"为地方政府提供了发展当地经济的强烈动机。然而，在中国的经济增长从投资拉动转向消费拉动和效率驱动时,政府的"帮助之手"所起的作用就不是那么明显了。

政府作为强势的经济决策者介入经济生活会带来两种扭曲。第一,政府基于银行贷款或是其他政府信用所做出的投资往往效率不高;第二,政府参与市场竞争会扭曲价格机制,最终导致资源配置效率低下。对于第一种扭曲,我们通过分析中国地方政府的债务问题(如图8.3所示)来论述地方政府投资效率问题。

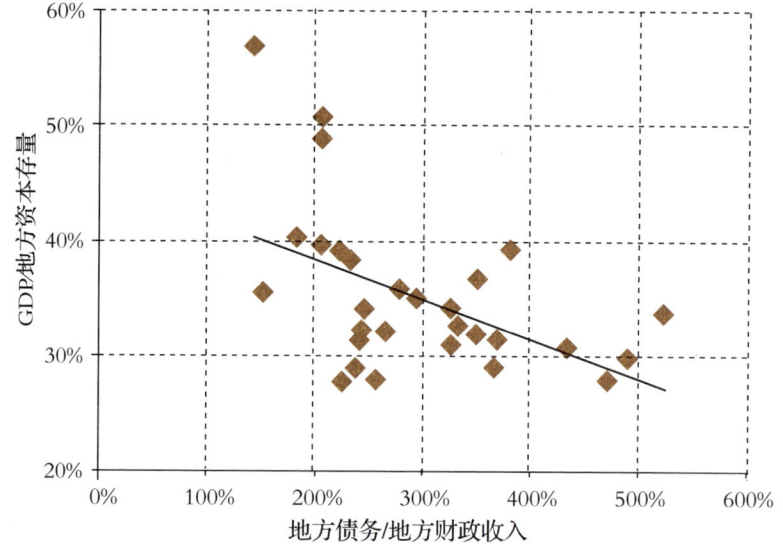

图8.3 地方政府投资效率与债务水平
来源:作者计算。

中国经济的增长是"政治集中化"和"经济分散化"共同作用的结果。由于经济决策权分散,地方政府间的"政绩竞赛"为当地政府官员提供了发展经济的强烈动机,尤其是在中国改革开放初期,在商品市场与公平竞争所需要素都不具备的情况下更是如此。各地方政府间的竞争在某种意义上代替了市场竞争,推动了中国经济的高速发展。

中国在20世纪90年代初启动的税制改革改变了中央政府与地方政

府之间的税收收入分成。随着地方政府的开支不断增加，其能自由支配的财政收入已无法满足需求——当中的差距主要通过土地出售或地方政府债务的形式填补。

然而，地方政府投资项目的投资资本收益率却往往由于道德风险和软预算约束而低于其融资成本，因此只能依靠发行新的债务以偿还旧的债务。长此以往，地方政府的债务水平节节攀升。截至 2016 年年底，中国地方政府的债务总额高达 21 万亿元人民币，其中还不包含大量地方政府提供的担保函、承诺函等隐性债务。

图 8.3 显示，地方政府债务水平的攀升与其较低的投资资本收益率有密切的关系。具体而言，我们用地方债务占财政收入的比率来衡量某个省份或直辖市的杠杆率（横轴）；用地方 GDP 与资本存量的比值来衡量该地方政府的投资效率（纵轴）。这里的资本存量是按照过去 20 年每年折旧率为 5% 的固定资产投资总量计算。从图中我们可以明显地看出，在省级层面，地方政府的投资效率与债务水平呈显著的负相关关系。投资效率较高的省份，当地政府债务占财政收入的比率较低。中国地方政府的债务问题与政策制定者所想象的不同，它并不是规模过大或范围过广的问题，而是地方债务应该被如何使用和使用效率高低的问题。重复一遍，**中国地方政府债务问题不是规模问题，而是效率问题**。

在中国迅速实现工业化的过程中，地方政府举债建设本身无可厚非。地方债务处于什么样的规模算合理？这本身就是一个伪命题。地方债务问题的关键在于地方政府债务的使用是否得当，是否有效率以及债务管理是否稳健。这不是一个简单的规模能解决的。

美国历史上公认的最伟大的财长汉密尔顿曾说过："公共债务，只要不过度，是对我们国家的一种祝福。"在中国经济开启新一轮改革、重构经济增长侧重之际,地方政府在经济生活中仍将扮演极其重要的角色。在这种背景下,正确理解地方债务问题的缘起及本质,设计以市场为基础的地方政府金融至关重要。正如图8.3所示,建立地方政府金融体系的根本出发点和基本原则,并不是一味限制规模,而是通过形成与地方风险相匹配的地方债定价机制,用市场力量确定合理的地方债务水平,进而提升地方债务的使用效率和地方经济发展效率。这一原则当然也契合着中国从高速增长向高质量发展的转型。

对于第二种扭曲,如果政府积极参与到市场竞争当中,那么我们便不能再理所当然地认为竞争环境是公平的,尤其是当有效的公共治理机制缺失时更是如此。当国有部门在经济中处于主导地位时,定价机制可能会被破坏,一价定律(Law of One Price)不再成立。自然,市场上形成的价格会产生偏差,无法有效地引导资源配置,经济的整体效率就会受到损害。

我们还是结合中国地方政府金融的案例来讨论上述的第二种扭曲。2014年全国人大常委会对《中华人民共和国预算法》进行了修订,允许地方政府自行发债。在此之前,国务院挑选了十个省市试点自主发行地方政府债券。地方政府第一次以政府名义对外发行债务,这为我们研究地方政府债券的价格形成机制以及债券价格的有效性提供了一个理想的场景。

表8.1 地方债与国债利率的差异:2014年6—9月

地区	5年期	7年期	10年期
广东	0.00%	0.01%	0.00%
山东	-0.20%	-0.21%	-0.20%
江苏	0.03%	0.00%	-0.10%
江西	0.02%	0.02%	0.02%

(续)

地区	5 年期	7 年期	10 年期
宁夏	0.00%	0.02%	−0.01%
青岛	0.00%	0.04%	0.05%
浙江	0.01%	0.01%	0.01%
北京	−0.01%	−0.01%	−0.01%
上海	0.03%	0.02%	0.04%

来源：作者根据公开信息整理。

表 8.1 列示了试点的结果，统计了相同到期年限的地方政府债券的利率与国债利率的差异[一]。仔细研读这些数字，有两个明显的异常情形：第一，一些省份发债成本低于国债成本。以山东为例，三个期限结构的发债成本均比国债低二十个基点左右，但山东省的财力和信用情况能和国家相比吗？第二，这九个省市中除山东之外，在发债成本上没有明显的差异性，即试点的这几个省市在信用风险上没有明显差异。这显然与图 8.3 反映出的情况截然不同——中国地方政府的债务水平在不同地区有非常大的差异性，各地的信用情况应该是非常不一样的。

可见，省级层面发债并没有形成能够反映地方政府风险水平的资金价格。现有地方债的价格形成很大程度上取决于地方政府与投资者（主要是银行）之间的博弈，地方政府的财政存款和地方政府对本地经济资源的控制给了地方政府定价权。这种单边市场（One-sided Market）仍然是市场，但它显然无法形成真正的地方债基准利率体系。没有基准利率体系的指导，软预算约束和道德风险等导致地方政府债务问题出现的根本原因无法根除，那么地方投资的效率自然无法提高。如果我们仅以降低地方融资成本作为考核地方政府金融的指标，那么十个省市自发自

㊀ 我们收集到了 9 个省市地方政府债券的数据。

还是个极大的成功；但如果从形成地方债市场化的收益率角度来讲，那么十个省市自发自还形成扭曲的地方债定价机制，无法真正让价格来调节资金的配置，这样的市场必定是一个低效市场。

既然地方政府的融资成本如此严重扭曲，那么我们如何期待地方政府能够做出以投资效率为驱动的经济决策呢？

转变政府职能

把政府作为"代理人"来理解，有利于我们更好地思考政府应该如何转变职能。政府作为代理人，就一定存在代理问题，因而可能会做出一些只对自己有利而对整个经济发展不利的一些决策。厘清这一思路有两个好处：其一，可以帮助我们仔细思考政府应该有的正确定位；其二，可以通过完善制度层面的改革、完善公共治理、规范政府行为，来解决政府层面的代理问题。

我在这本书里一再强调，如果不转变其经济职能，政府将是中国涌现一批伟大企业的最大障碍之一。我们的政府有增长主义政府的倾向，对GDP有很高的热情，对做大规模有强烈的诉求。增长主义政府以追求GDP增长速度为首要目标，以扩大投资规模为重要手段，热衷于重大的工程和基建项目，在资源配置上以行政控制和行政干预为主要手段。应该说，我们的政府，尤其是地方政府，仍以经济建设而非公共服务建设为中心。以GDP为导向发展经济，有利于在经济生活中成就一批大企业；但是，这种对规模的诉求并不一定能帮助中国产生一批伟大企业。

在我们的经济生活中，政府与市场之间的界限长期模糊，导致的一个直接后果是政府主导的经济增长方式成为主流经济成长模式。政府成为推动经济发展的主体，上大项目、搞大投资、搞大国企、追求重化工业。这些政府主导的投资项目的投资资本收益率并不高，但这些项目占用了大量的原材料和金融资源，形成了对民营经济和私营经济的排挤效应（Crowding Out Effect）。市场经济下应该是市场起主导作用，由市场来主导，配置资源的基础性作用才能发挥；由市场来主导，政府的作用才能够明确。政府的核心任务不是主导经济活动，而是服务。只有这样，真正有活力、有良好的商业模式的企业才能够得到足够的资源去进一步发展，从而有机会跃升为伟大企业。

作为"寻租者"和"代理人"的政府有足够强的动机在财富分配中做出对自己或是自己所代表的利益团体有利的倾斜。近些年，虽然中国经济高速发展，但我们看到的是财政收入增长速度远远超过居民收入增长速度这一事实；我们也从中央政府和地方政府在"事权"和"财权"的分配上看到政府作为"代理人"的本质。

作为代理人的政府采用投资主导和出口主导的经济增长方式非常自然。然而，面对中国经济内、外部环境里发生的一系列变化，面对国内投资消费失衡的现状，投资、出口主导的增长方式已经难以为继。国内外学者对 2008 年开始的政府主导的 4 万亿投资，也有新的评价。4 万亿投资虽然在当时对应对金融危机起到了明显作用，提升了中国在全球的经济地位，但这样的投资存在着严重的投资资本收益率不高的问题；而且，这里最大的问题不在于 4 万亿，而在于它强化了政府主导的经济增长方式，并且还试图把这种增长方式常态化。对此，我在前文已有充分论述。这种投资主导的成长方式不利于伟大企业的出现。

改变政府职能是一件迫在眉睫的事情。政府作为"寻租者"，往往会在利用其行政权力在市场力量和商业力量面前显示出权力的傲慢，经常以天生正确的姿态，简单粗暴地设置障碍，以管制来保护既得利益者。如果把政府作为"寻租者"和"代理人"来理解，那么未来的政府应该有如下定位：

其一，政府应该逐渐淡出投资领域。在中国改革初期，企业对政府有诸多期望，希望政府能果断启动改革，并对企业提供政策、资金、技术等方面的支持，这主要是因为中国从计划经济向市场经济转型时期几乎没有市场的存在。但在中国经济高速发展多年之后，市场扩大并逐渐成熟，企业对政府的期望也在逐渐变化，企业现在更多的是需要政府的服务，绝不是不公平的竞争。在目前寻租腐败比较突出的背景下，企业的发展过程中出现的矛盾和问题比以前要突出得多、复杂得多、深刻得多。在这种背景下，如果政府逐渐淡出投资领域，转变其职能侧重，那么将会更有助于企业的发展。

其二，政府的作用在于制定市场规则，维护公平竞争的市场环境。目前在中国的经济生活中，对垄断行业进一步改革、对国有资本做出战略性调整、对公共资源进行市场化的配置和市场化要素价格等改革都需要在今后进行深化。如果这些改革不能到位，那么公平竞争的市场环境就很难形成。政府施政的侧重显然应该朝这个方向倾斜。

其三，政府应该致力于降低企业税赋和保护公民财产权。在中国目前制度基础设施还非常薄弱的情况下，面对国内外环境中发生的一系列变化，实体经济中成本不断上升，税赋水平太高，会严重影响到企业的竞争力；对财产权缺乏保护导致部分民营企业家投资移民的问题比较突出，长久必然会影响到中国经济的微观活力。更主要的是，在这两者缺位的情况下，那些具有创新气质、企业家精神个体的创新热情会受到伤害，于是中国伟大企业的梦想便成了无源之水和无本之木。

好金融、坏金融

本书第五章中分析过，制约中国出现伟大企业的一大原因是制度基础设施的薄弱，尤其反映在中国现有的金融中介模式上。中国现有金融中介模式的形成，跟中国政府在快速工业化过程中有意识地保持适度的金融压抑（Financial Repression）有关。适度的金融压抑促进了中国经济的快速成长，也帮助造就了一批大企业。但金融压抑的负面作用在中国经济转型的大背景下越来越大。中国经济转型要成功，中国企业要顺利实现第二次长征，需要搬开金融压抑，全面提升金融中介的覆盖面和效率。

引子 ——"资本逆向流动"之谜

这里用跨国资本流动上的一个例子来讨论金融改革的重要性和迫切性。在跨国资本流动这个议题上，经典经济学理论的一个预测是，资本应该从经济发达国家向经济相对欠发达国家流动。发达国家经济高度发展，有多年积累，资本较充沛，因而资本的边际收益率相对较低；而发展中国家正好相反，资本的边际收益率较高。按照资本的逐利本性，资本应该从发达国家向发展中国家流动，这样资本可以获得较高回报；这同时也会使得发展中国家的投资机会在资金上得到满足，有利于发展中国家的经济发展。

这是传统经济学关于跨国资本流动的主要结论，逻辑严谨，理论完美。遗憾的是，实证研究所提供的证据并不支持这一论断。芝加哥大学著名经济学家、诺贝尔经济学奖得主卢卡斯在1990年一篇极短但又极富影响力的文章中指出，资本从发达国家流向发展中国家的程度其实要远远低于理论预测。跨国资本流动受制于一系列的结构性因素，包括资本市场全球化程度不高、资本跨国流动的门槛高、交易成本大和大量的发展中国家对资本账户的严格管制等。简而言之，传统经济学的模型里面并没有考虑到制度层面上的种种不完美，也没有考虑到因此而产生的资本流动的交易成本㊀。

卢卡斯的文章发表后，全球化开始提速。20世纪90年代和21世纪的前十年更是见证了金融体系和金融市场全球化进程的加剧。按照理论推导，随着全球化的推进，资本从发达国家流向发展中国家的速度应该更快，程度应该大幅提升。可事实上，我们看到的却是完全相反的景象——大量的资本仍在国家间逆向流动，从传统的发展中国家和新兴经济体涌向发达国家。美国，这个全球经济实力最强、资本市场最发达的国家，同时也是全球最大的债务国。而中国在实施了逾三十年的出口导向型经济政策之后，至2017年年底，已经累积了超过三万亿美元的外汇储备，其中大部分投向美国和欧洲的资本市场。类似的情况也频现于其他一些新兴工业化国家。资本的这种逆向流动被国际货币基金组织（IMF）前首席经济学家拉赞（Raghuram Rajan）和他的合作者称为"资本流向之谜"（the Paradox of Capital）或是"卢卡斯之谜"（The Lucas Paradox）。他们的跨国研究发现一个国家的经济增长与外国资本流入该国的程度之间实际上没有正向关系。更多情况下，经常账户顺差而同时又保持高储蓄率的国家（例如：中国）能保持较高的经济增长速度。

我在这里描绘跨国资本流动中出现的"资本逆向流动之谜"，主要是想讨论一下这个谜对中国经济和中国企业的双重含义。一方面，作为一个经济高速成长、投资机会众多的经济体，从理论上讲，中国还普遍存在大量有着较高投资回报的投资机会，还处于资本高速积累的阶段。但是，我们大量的资金却投向美国和欧盟的资本市场。另一方面，在中

㊀ 见Lucas，1990。关于罗伯特·卢卡斯提出的"资本流向之谜"的讨论，另见Rajan，2010，p. 48-49。

第八章
塑造中国企业从大到伟大的制度基础

国国内,在更为微观的层面,按照资本流向的规律,资本应该由投资回报较低的行业或板块流向投资回报更高的地方。而我们看到的事实却正好相反。就投资资本收益率而言,我在第四章中详细讨论过。我和邵启发的研究发现,在中国改革开放期间,非国有板块比国有板块有更高的投资资本收益率。从资源配置角度和资本流向规律出发,更多的资本和投资应该投向投资资本收益率更高的非国有板块,资本合理的流向因而是从国有板块转向非国有板块。可是,我们从2008年后开始的一系列拉动经济成长的举措中,看到的结果却是大量的投资仍由国有企业或地方政府来操作。与拉动经济相配套的信贷扩张中,得到大头、受益最多的也是大型国有企业或是地方政府。经济生活中更为迫切地需要资金,也拥有更好的投资回报的民营和私营企业,特别是民营中小企业却频被冷落。在过去几年中国货币供给提速、热钱泛滥的背景下,民营企业和中小企业的资本形成不尽人意。"钱多但资本少""钱荒"等怪象频频出现,"经济逆向流向之谜"在中国多了一层含义。

具有中国特色的"资本逆向流动之谜"形成的最根本原因是制度基础设施建设的薄弱,尤其是金融中介模式的长期滞后。甚至可以这样讲,在中国诸多急需大量投资和资本形成的领域中,制度层面上的"资本投入"是缺口最大的一环。与薄弱的制度基础设施密切相关的是我们国家金融中介体系的低效率、资源配置上的行政干预、政府频频作为投资主体挥袖上阵、生产要素市场严格的政府管制等现象。在这些因素的制约下,银行体系在将储蓄转换成投资的金融中介过程中,偏好的是那些国家做了隐性担保的企业和投资项目,而投资资本收益率并不是银行的主要考虑因素。这里的道理很简单,因为利率管制的原因,存贷利差在不同类型的企业间并没有太大的差距;同等情况下,资金流向国有板块的风险会低很多。这样,大量的银行资金流向那些国有企业占主导地位的行业，在这些领域形成资本；而投资回报高，相对更需要投资的企业和行业在现有金融体系下得不到资金的强有力支持。

中国特色的"资本流向之谜"的一个直接后果是在经济生活相对没有活力的领域积累了大量的资本，这些资本并不能形成很好的投资回报，在经济生活中逐渐固化，进一步加剧中国经济中的结构性问题。于是，我们看到的是产能过剩行业还在不断出现大量的大额投资；而产能不足，对中国经济结构性转化有显著意义的行业和领域却无法形成新的资本。在热钱满天飞的时代，急需资本投资的领域却出现资本不足的问题。中国特色的"资本逆向流动之谜"的本质是金融压抑！

系统性金融风险汇聚已经成为中国经济发展中最大的风险点之一。最近几年，我们听到最多的词汇是"去杠杆""地方债务危机""钱空转""系统性金融风险"等。在中国的货币供应存量（用 M2 来衡量）已经超过 GDP 的两倍，信贷市场明显出现泡沫的情况下，众多媒体和普罗大众大声呼吁挤泡沫，去杠杆之际，为中国经济解决了 60% 以上的就业的民营经济却普遍感受到融资的紧张。事实上，我们的政策制定者还是在用调规模的方法在调结构。如果金融体系的结构性问题得不到解决的话，紧缩的信贷政策和所谓的"去杠杆"只会让私营企业和中小企业更加雪上加霜。再度回到我在本书中多次强调过的理解中国经济的重要方程式：增长率 = 投资率 × 投资资本收益率。在中国金融中介模式的结构性问题没有得到根本解决之前，投入经济体的资金增量部分还是会向投资资本收益率较低的行业或板块倾斜。在这种背景下采用去杠杆的政策，投资率会下降。在投资资本收益率无法上升甚至可能下降（大量投资资本收益率高的企业因为无法得到资金而被迫放弃投资）的情况下，经济增长显然难以维持。

解决这一两难问题的对策是——搬开金融压抑，发展好金融，抑制坏金融。

让金融回归到为实体经济服务这一本质

在中国经济中根深蒂固的"资本逆向流动"显然不利于伟大企业的出现。只有当资本能从投资资本收益率低的地方流向投资资本收益率高的地方时,才能有效推动具有高投资资本收益率的企业变大变强,成为伟大企业。中国这种资本逆向流动反映出我们的金融体系无法把所持货币配置在收益高的地方,形成不了资本。解决这个问题要求深化金融体制改革,切实提升金融体系的效率和金融服务的覆盖面。

以银行业为主导的中国金融体系理应为实体经济提供金融中介服务,从而促使实体经济更好地成长,这是金融的本质。可长期以来,中国金融中介服务的状况不尽如人意,始终存在金融中介服务效率低、覆盖面窄和结构不合理三大痼疾。金融服务效率低反映为,在实体经济中,对经济和就业贡献最大的民营经济、中小企业长期得不到金融体系的强力支持,而一些产能过剩严重、国有经济主导地位的行业却从银行体系中以偏离市场真实资金价格的低利率源源不断地得到资金的支持;覆盖面窄反映为中国经济生活中只有小比例的企业和个人、家庭能够享受到金融中介服务这一事实。试想,全国四千万家企业(大、中、小、微和个体企业),有多少在银行有账户,又有多少能够得到银行的贷款支持呢?结构不合理反映为我们国家的金融体系以间接金融为主,直接金融所占比重偏低且对实体经济贡献有限。

关于金融中介效率低这一点,由于长期存在利率管制[一],中国的存贷款利差过去一直以来维持在 3 个百分点左右。2016 年,中国金融业

[一] 中国正在放开存贷款利率,但要实现利率的完全放开,还需要很长一段时间。

增加值的 GDP 占比已经超过 8.2%，而且也超过了美国同期 7.4% 的水平（见图 8.4）。金融业增加值是金融中介机构（包括金融市场上各类机构）工资、奖金、租金和利润之和。在国民经济核算体系中，金融业增加值反映的是各类金融机构在某一年度通过提供金融服务创造的价值总量，由融资服务增加值和中间服务增加值组成。但是，换一个角度看金融业增加值，它衡量的也是金融中介过程中发生的交易成本。在金融资产规模给定的情况下，金融业增加值的 GDP 占比越高，表明产生一定规模金融资产所需要的成本也就越高。在这种情况下，高金融业增长值对 GDP 比例隐含着另一种可能性——即金融中介过程的中间环节太多，金融中介成本（融资成本）太高。因此，不讨论金融资产的规模和结构，过度强调增加金融业增加值的 GDP 占比是认知上的巨大误区。

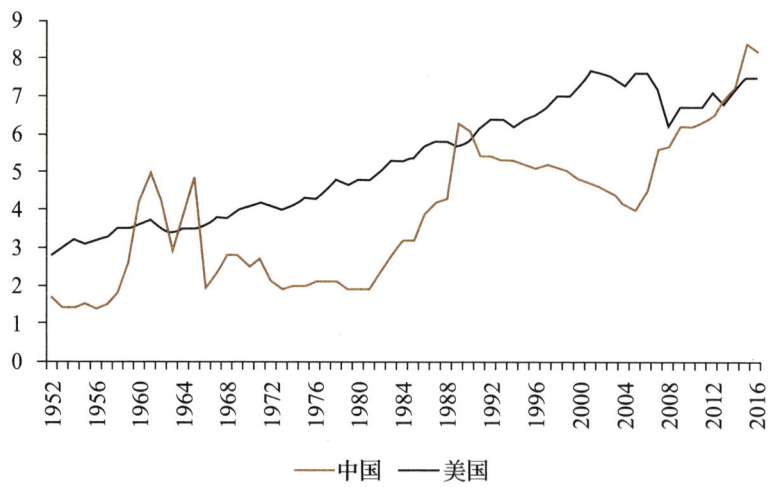

图 8.4　中美两国金融附加值的 GDP 占比（%）：1952—2016 年

来源：作者整理。

纽约大学斯特恩商学院的金融学教授托马斯·菲利蓬（Thomas Philippon）在 2015 年发表的一篇文章中研究了过去 130 年间美国金融

业在 GDP 中的占比。[一]他发现，美国金融业增加值的 GDP 占比在 1880—1930 年间从 2% 逐渐上升至 6%；但由于大萧条的爆发，到了 1950 年又降至 3%~4%；1980 年以后再次上升，并于 2008—2009 年全球金融危机爆发前达到近 7.7% 的最高点；在金融危机之后又下降至 7.4% 左右。尽管过去 130 年中，美国金融业在 GDP 中的占比大幅波动，但托马斯·菲利蓬指出，波动中的大部分都可以用金融中介资产总量的变化来解释——美国的金融中介有着固定的规模收益，年成本为金融资产总量的 1.5%~2% 之间。

与金融更加发达高效的美国相比，中国金融业在 GDP 中 8.2% 的占比显然过高。平均 3 个百分点的存贷款利差说明，中国金融中介机构的年平均中介成本高达金融资产总量的 3%，与美国的 1.5%~2% 相比显然过于高昂。因此，图 8.4 反映的其实并非更为发达有效的中国金融；正相反，它揭示的是更为昂贵（更为低效）的金融。

关于金融结构不合理问题，值得注意的是，银行在中国的金融体系中占据主导地位。银行机构包括中国工商银行、中国银行、中国农业银行、中国建设银行和交通银行等国有银行，也包括招商银行、城市商业银行、农村商业银行等股份制银行。截至 2017 年，集中在银行机构的金融资产达到 180 万亿元人民币，占中国金融资产总量的 70%。因此，金融中介和实体经济活动产生的风险主要集中在银行系统中。这一方面极大地提升了银行机构的系统性风险，另一方面也降低了资本市场的重要性。

关于金融服务覆盖面窄这一点，众所周知，中国金融体系提供的产品和服务只能覆盖到一小部分企业和家庭。中国注册企业（包括个体工

[一] 见 Philippon，2015。

商户）的数量已经超过5000万家，在这5000万家企业中只有不到10%被银行体系所覆盖。根据国际货币基金组织（IMF）的统计，中国每10万人口拥有的银行网点数量仅为1.3家，而同期美国的数字是36.3家，德国是49.4家。中国经济生活中大部分的参与者都无法享受正规金融体系提供的服务。

中国金融要更好地为实体经济服务，就必须解决上述的三大结构性问题。可以通过金融危机这个角度来讨论这里的迫切性。任何金融危机都源于金融体系，或是实体经济，或是两者链接上的结构性问题。要消除金融危机的隐患，关键还在于解决实体经济和金融体系本身的结构问题，夯实两者链接。2008年的全球金融危机在很大程度上是源于美国的实体经济增长乏力、收入不平等情况恶化、金融机构过度创新、金融机构"道德风险"泛滥等实体经济或是金融体系或是两种链接上的问题。2011年开始的欧洲主权债务危机的肇因与其他危机也是一样的，主要源于政府层面因道德风险泛滥而产生的过度举债（Over-Leverage）。区别在于欧债危机中我们看到的是主权政府的道德风险泛滥，亚洲金融危机和2008年危机时我们看到的是企业和金融机构的道德风险泛滥。

如果不解决中国金融体系结构不合理、覆盖面窄、效率低这三大问题，那么金融危机的形成因素会在金融体系里蕴积、发酵，危机爆发的可能性必然存在。从金融监管角度来看，监管机构应该把握金融监管的力度。金融监管是双刃剑：严了，会抑制创新，导致金融体系没有活力，使得实体经济中急需资金的部分得不到资金支持，恶化中国金融体系覆盖面不足这一问题；松了，则会加剧金融体系风险的集聚，有触发一系列危机出现的可能性，影响到金融中介的效率。在这两难之间，监管机构应该作为游戏规则制定者，着力于维持一个公正、公平和透明的市场环境。我反对无所不包的监管，毕竟，再完美的管控都会有漏洞。许多导致危机的"坏"的创新，都是与绕开管制、利用管制漏洞的"管制套利"（Regulatory Arbitrage）有关。监管肯定不是无所不能的，夯实制度基础设施能起到更长久的作用。

以中国证券市场为例。中国证券市场的主要问题仍是制度问题。我们发展证券市场的初衷是为国企改革服务，我们太强调资本市场的融资功能，太忽略资本市场的有效配置资源的功能。只要这个初衷不改，资本市场就只是又一个国家与民争利的场所。金融监管在这种背景下起不了太大的作用。改善资本市场，需要在上市制度和退市制度方面严格执行、严格把关，真正保证质量好、盈利模式优秀、投资资本收益率高的企业能够上市，从而从根本提升上市公司的整体素质。

如何发展好金融

好金融应该简单、直接、有效，即"明月直入，无心可猜"（李白）。具体来讲，中国好金融应该具备以下特点。第一，好金融应该能够更加高效地通过竞争配置稀缺的资金，解决中国的"资本流向之谜"，并且有助于中国企业提升投资资本收益率。第二，好金融应该覆盖更多的人群和企业，尤其是长时间受困于严格的外部融资限制的弱势群体和中小企业。金融应该具有普惠的属性，不应只服务于少数人群或实体。第三，好金融应该帮助中国经济减少对于银行部门的依赖。第四，好金融应该有效地遏制风险，提升公众的风险意识，加深公众对于金融的性质以及"好金融"和"坏金融"的理解。更重要的是，好金融应该为公众提供更好、更可靠的信息。

发展好金融，未来的中国金融体系应该力求获得下面几组平衡：第一，增长经济与转变经济增长模式之间的平衡。保持中国经济持续增长仍然很重要，为此，我强烈反对言之不详的所谓"去杠杆"（De-Leverage）这一提法。大力收缩信贷规模，在结构问题没有获得根本解决的情况下，只会进一步打击民间资本的投资热情，进一步降低投资率，从而威胁到适度的经济增长。我们需要把握的平衡是在保持一定增长速度的同时着力提高个人收入水平、提升消费，将金融资源从效率相对较低的国有经济以市场化的透明方式转向更有活力的私营经济。走向未来的中国金融中介模式应该为实现这种平衡做出贡献。

第二组平衡是提供融资和避免资产泡沫之间的平衡。在很长的一段时间里，投资仍将是拉动中国经济增长的重要杠杆。这要求中国金融体系必须保持向实体经济注入流动性的能力。但是，我们也应充分认识到中国经济易出现资产泡沫的特质。这源于我们的金融市场还不够发达，缺乏可投资的金融资产；同时实体经济因多年超常投资形成大面积产能过剩，投资回报并不高，注入实体经济的资金很容易转向流入规模本来就小的金融市场，从而对资产泡沫造成推波助澜之势。

中国必须进一步扩大资本市场的规模，确保其运转良好。与任何大型复杂经济体一样，中国需要一个健康的股票市场。对于从家庭到养老基金的各类投资者而言，股票市场从理论上讲应该能够提供比银行存款和政府债券更高的长期回报。对于企业而言，股权融资是银行贷款之外重要的融资渠道，有助于企业减少对于债务融资的依赖。此外，企业上市的审核和规则也有助于改善公司治理和投资资本收益率。

在2015年6月中国股市暴跌前，中国曾尝试开展改革，希望修复市场上的各类扭曲。连接香港市场与内地市场的"沪港通"于2014年开通。尽管受到严格的配额限制，但该举措承诺为内地的证券交易所引入更多的机构投资者，从而减少股票估值的扭曲。中国在首次公开发行流程方面还需要做出更多的努力。自从20世纪90年代初重启股票市场以来，中国一直使用"审批制"（配额制）来筛选待上市的企业。中国应该转而采用"注册制"，允许更多的民营企业和创业企业上市；在上市时机和发行规模上给上市企业更大的控制权；同时应该严格执行退市机制，以提升中国A股市场中上市企业的质量。监管机构也需要加强对于内部交易的监督。

第三组是金融自由化与监管之间的平衡。资金作为最重要的生产要素之一，在中国仍是被严格管制的。严格管制的直接后果是，金融中介机构缺乏创新意识和能力，盈利模式简单，很难应对经济结构转型对金融中介服务的种种要求。但是我们也应该注意到，过度的金融自由化，尤其是以绕开金融监管为目的的金融创新对金融体系健康的危害。拿捏金融创新与科学监管之间的平衡至关重要。

在监管方面，虽然中国银行业监督管理委员会（CBRC）和中国保险监督管理委员会（CIRC）在2018年两会后的机构改革中已经合并，但是针对银行部门、资本市场和保险业的分头监管依然存在。近年来，"一站式"全能银行的模式在中国大行其道，国企或是民营金融财团越变越大、越变越不透明。各自独立的金融监管机构在金融监管时难免会出现漏洞。中国在未来急需整合金融监管机构，打造一个全面、有效并且鼓励创新的监管框架。全面严格的监管势必影响经济的活力，但模糊松弛的监管以及随之而来的"监管套利"则会让整个金融体系变得脆弱。监管只有在更加直接和透明时，才能产生持久的效果。为此，消除金融中间层、整合金融监管机构才是正确出路。

在创新方面，政府应该树立底线思维，鼓励那些有助于降低金融中介成本的创新。政府应该允许市场在资源配置和未来金融的发展中发挥更具决定性的作用。简言之，政府应该放松对金融的过度管控。一是要放松利率的监管，二是要允许新的竞争者（尤其是来自科技行业以及国际上的竞争者）进入金融服务领域。关于第一点，中国急需建立一个以市场为基础的利率期限结构以反映真实的融资成本并更有效地配置资金。关于第二点，允许民营资本进入金融服务领域能够带来新的竞争，也能够孕育更加有效、更加创新的金融中介模式。

第四组是正规金融与非正规金融之间的平衡。中国经济中还存在相当规模的非正规金融（详见 Allen, et al., 2005）。如何界定非正规金融并对其规模及对实体经济的影响做出合理评估是一件极具挑战的事情，但这并不能否定它们对中国企业，尤其是中小企业和民营企业所做的贡献。秘鲁经济学家赫尔南多·德·索托（Hernando de Soto）曾说"**非正规体系存在本身就是对正规体系的一种嘲弄。**"（详见 de Soto, 2000）。正是因为我们的正规金融体系不能很好地为实体经济服务，才为非正规金融体系提供了生存空间。走向未来，拿捏正规金融与非正规金融平衡的最终目标是通过制度基础设施的完善，使得非正规金融能够浮出水面，最终被纳入正规金融体系之中。当然，这需要时间，更需要改革的勇气和担当。

第五组是人民币的崛起与国际货币体系之间的平衡。我们的金融是建立在现有国际货币体系基础上的。人民币与美元挂钩，资本账户不开放等，深刻地影响了中国现有的金融中介模式。可以说，我们习惯了做价格接受者（Price Taker）而不知道该如何做价格制定者（Price Setter）。随着中国经济的进一步发展，人民币的作用将越来越重要，而人民币的崛起与现有国际货币体系之间的矛盾也将愈演愈烈。如何主动出击，将一个国际化的人民币纳入新的国际货币体系之中，将在很大程度上决定中国金融的未来。

小插曲——金融从出生时开始

Bhagwan Chowdhry 是我读博士时的授课教授，讲授公司金融理论，

第八章
塑造中国企业从大到伟大的制度基础

他对我日后选择以公司金融为主要的研究方向有很大影响。Chowdhry教授的公司金融理论课以模型推导为主，将代理问题和信息不对称等企业经营过程中常遇到的问题引入到企业融资、投资等研究领域，加深人们对企业行为的理解和认知。就是这样一位学究气十足的学院派学者，却在最近两年开始致力于推动一个叫作"金融从出生时开始"的运动（Financial Access at Birth，简称FAB），在公共政策领域产生了深远影响。

FAB运动的主旨很容易理解。在每个婴儿出生的时候，给他们建立一个电子银行账户，并存入可生息的100美元。这样，这个银行账户本身就相当于给了初生婴儿某种程度上的社会认同，并提供了一个平台让他得以接触到金融中介服务。一次性注入100美元并不多，我自己估测了一下，按照5%的利率，到这个婴儿18岁成人自己可以自由支配这个账户时，这笔资金也只相当于241美元，几乎不能带来任何实质意义上的生活改善。但是，给全世界每一个新生婴儿建立一个银行账户并存入100美元却不仅仅是只有象征意义的举措，它包含着极为丰富、充满质感的社会意义。其一，按照Chowdhry教授的统计，全世界有一半的成年人没有任何机会享受到任何金融中介服务。他们没有任何银行账户，也无法在银行储蓄、生息去积累资金，更无法享受到金融机构的任何中介服务。FAB运动以极低的成本赋予了这部分群体接触到金融中介服务的机会；其二，在发展中国家，在贫困地区，有相当数量的婴儿出生后就从未到注册机构登记注册，从而沦为黑户。这对评估一个地区的真实人员状况、经济发展水平，尤其是在危机时发放救灾物资和救灾款项都会带来不利。而给每一个初生婴儿建立一个账户和注入100美元的初始资金，会为他们的父母提供某种程度的动机，让他们有动力去给他们的孩子合法身份；其三，一个婴儿自出生时就有一个银行账户，也有助于在其成长过程中学习、理解正确的理财理念。人之间的不平等，最可怕的地方在于机会的不平等。如果在享受金融中介服务这个环节上赋予不同的人平等的权利，那么这其实应该有助于缩小社会上的不平等现象，并最终减小收入上的不平等。

FAB 现在还处于紧锣密鼓的论证阶段。在墨西哥、卢旺达和加纳，一些试点项目也将在不久后推出。虽然其运动的实施效果还有待于在未来进行严肃的评估，但这一社会运动的理念已经在全世界范围内引起广泛的认同。作为 Chowdhry 教授曾经的学生，我对他增加了更多的敬佩之情。

金融的本质是什么？金融怎样才能为更大的受众服务？我自己在多个场合强调，金融的本质是为实体经济服务，是为经济成长和人类社会的进步服务；而我们国家的金融体系长期以来受制于三个结构性缺陷：金融中介效率低下、金融中介结构不合理和金融中介覆盖面窄。剥夺经济生活中相当比例的人口享受金融中介服务的机会，等于在起跑线上就制造不平等，长此以往，社会固化现象将越来越严重，不公、不正、不平等的程度，也将继续恶化。

就此而言，我们需要一个像 FAB 这样一个貌似幼稚但立意真诚的社会运动。社会中每一个公民都应该有银行账户，这与投票权和生育权一样，是公民在一个经济民主社会理应享有的基本权利，是公民权的一部分。我们以前没有做到，但现在可以努力，未来应该做到这一点。试想，中国如果每年新增 1500 万个婴儿，每一个婴儿开一个银行账户并存入 500 元人民币，那么一年的总开支是 75 亿元人民币，这只占中国一年 50 万亿元 GDP 的万分之一点五。而这样一个举措将保证这些孩子到 18 岁成人时有一个可以自由支配的价值达 1200 元的银行账户。这笔钱虽不够他们支付学费，甚至购买一部像样的手机，但这样一个账户的存在会使他们体会到他们并没有被这个社会遗弃，他们能够从这个社会体系中得到最基本的金融服务，他们同样享有追求更好生活的权利，金融离他们并不远，银行并不总是门卫森严，深不可入。难道这不正是时下人们所热议的普惠金融吗？

这样一种举措的意义，难道仅仅是象征的吗？

持续永恒的企业家精神

在外学习工作了十五年之后（五年在加州大学洛杉矶分校，十年在香港），我在 2010 年需要做出是否回归北京的决定。作为中国经济和金融的研究者，回到国内是很自然的选择——你总是希望近距离地观察你所研究的活动以便更好地去理解它们。自从我搬回北京以来，将近八年过去了，我仍然能够感受到亲历中国高速行驶的经济列车的兴奋之情。未来的路将不会是笔直平坦的，中国经济的高速列车为了避免脱轨的风险也不得不放缓车速。从高速增长转型至高质量发展在很长时间内将主导我们的话语体系。但是，未来很长一段时间，中国经济仍将是全球经济增长的引擎。

我常常回想起若干年前的一幅场景。一个寒冬的凌晨四点左右，一场酩酊大醉之后我走出北京三里屯的一间酒吧。天寒地冻半醉半醒之间，我决定在打车回家前先溜达溜达。经过一家报社的门口时，我看到大约二十几个年轻的小伙子聚在一起，而其中一个人似乎是他们的领班，正在给他们布置任务。当时才凌晨四点左右，天仍未放亮，但在这一时刻这个城市已经有 100 多万人早起，把当天的报纸、牛奶送往千家万户；把新鲜的蔬菜生鲜从城外运往城市每个角落的市场……他们用辛勤的劳动迎接新的一天的到来。这二十多张年轻、充满热情的脸庞一直深深留在我的记忆中。他们大多从农村老家或是外地小城市来到北京，希望找到机会改变自己的命运。多年之后，他们中的有些人可能成了房地产销售或是某类营销顾问，其中有些人可能继续深造成了白领，有些人甚至可能创办了自己的企业。当然，并不是他们中的每个人都能获得世俗意义上的成功。但来到北京这样的大城市对他们来说是重要的一步——在城市里能够享受更好的教育、医疗机会以及更高的收入和生活水平。

因为他们，我对中国经济的未来一直都有信心。这些追求上进和更好生活的单纯心灵，渴望的只是能有追求向上的公平机会。而真正建立一套公平公正的制度，去保护他们的热情，让他们能够跨越社会阶梯，真正获得向上的机会，是中国经济持续成长的真正基础，也是中国涌现一批伟大企业的真正基础。

经济的微观基础

商业史上有这样一个真实的故事。1980 年夏天，IBM 准备推出它所开发的个人电脑（PC）。当时，IBM 找到美国西海岸西雅图一家名叫微软的仅有 40 名员工的小公司。这家公司由一个名叫比尔·盖茨的哈佛大学退学生和他的好朋友保罗·阿伦共同创立，到 1980 年已经小有规模，在业界也小有名气。IBM 当时想找一家公司为其个人电脑编制一个操作系统（Operating System，简写 OS）。IBM 征求盖茨的建议，问微软能否做这样一个产品。微软当时并不做操作系统。在当时的个人电脑市场，微软是电脑语言和应用软件的先驱，而 Digital Research 是操作系统的领先者。盖茨于是向 IBM 推荐了加里·基尔德尔（Gary Kildall）的 Digital Research。这家公司刚开发了 CP/M 操作系统，被广泛运用于小型计算机，极有可能在修改之后运用于个人电脑。基尔德尔本人桀骜不驯，对 IBM 这样的大公司有一种天生的不信任，甚至鄙视。在约定见面那天，他只留下他的妻子和律师，自己跑去玩热气球，临走前还一再强调一定不要答应与 IBM 签保密协定……

基尔德尔的傲慢终于激怒了 IBM。他们转向比尔·盖茨，问微软能否提供该操作系统。尽管微软从没编写过任何操作系统，但盖茨出人意料地答应了。盖茨在附近的小公司中搜寻了一圈，以 5 万美元的价格从一个名叫西雅图计算机产品公司的小公司那里获得了他们开发的 Q-DOS 系统的使用权。微软在对该操作系统进行略微修改后，把它命名为 PC-DOS，提供给 IBM。这个故事最具戏剧性的一幕是，当盖茨和 IBM 在讨论合同细节的最后时刻，盖茨尝试着寻问微软能否保留把该操作系统卖给其他 PC 制造商的权力，IBM 意外地答应了这个非排他性条款。双方于 1981 年 8 月 12 日签署了正式合同……后来，微软把这个操作系统改名为 MS-DOS，并开始向其他 PC 制造商出售。

读者此时应该能猜到这个故事结尾。"为每一个家庭桌上放一部个人电脑"成为微软的企业信念。伴随着电脑 PC 时代的到来，20 年后，微软变成了一家市值高达 2700 亿美元的全球最大的高科技公司，而 IBM 在 20 世纪 90 年代转型成功后市值也只是长期维持在 1400 亿美元左右。

研究商业史的学者在讲到这个故事的时候大多感叹像微软这样的伟大企业的诞生居然源于这么多的偶然！假如盖茨没有中途辍学去创业，假如基尔德尔没有去玩热气球，假如盖茨没有答应 IBM，假如西雅图计算机产品公司没有把 Q-DOS 卖给微软，假如盖茨没有鬼使神差向 IBM 提出非排他性的使用条款，假如 IBM 当时没有出人意料地答应盖茨非常过分的不合理要求……这么多假如（What If）只要有一个变为现实，那么，近 30 年世界商业史就可能需要重写。

我在不同场合多次听到过这个故事，玩味良久。与那些充满激情或是唏嘘不已的讲述者不同，我对这个故事有着完全不同的理解：这些众多偶然的背后其实有其必然性。在大西雅图地区集聚一大批像比尔·盖茨、保罗·阿伦、加里·基尔德尔这样的创业者，也集聚了一大批像微软这样员工只有40人的小企业，这些创业者们彼此竞争，编写自己的软件和操作系统，期望有一天自己的产品能够被广为接受，成为业界范式，从而实现规模效益。即使IBM当时没有找盖茨，没有给微软这样一个机会，必然也会有另外一个操作系统被采纳，随着个人电脑的爆发式崛起而被广为人知。这种必然性其实就是统计学里的大数定理——这么大基数的创业者在孜孜努力，必然会崛起一家伟大企业！

近些年来，人们习惯把中、美经济作无穷无尽的比较。在中国经济在规模上崛起，中国逐渐变成美国最大的债权人之时，人们普遍表达的是"要和债权人在一起"的信念。在对美国经济一系列结构性问题表现出担忧的同时，世人对中国经济的高歌猛进充满信心。我习惯通过观察一个国家经济生活主要参与者（例如，政府、金融机构和实体企业）的资产负债情况（Balance-sheet）来判断该国的经济状况。事实上，政府、金融机构和实体企业之间的多向互动很大程度上决定了一个经济的动态成长和健康状况。美国政府和美国的金融机构的确有质量极其糟糕的资产负债表（集中表现为高企的联邦政府债务和2008年肇始于美国，最终蔓延全球的金融危机），为其经济的进一步成长蒙上阴影。与之相对，尽管中国的地方政府债务和非正规金融都引起了人们对中国金融稳定的担忧，但中国政府和中国的金融机构仍拥有质量相对较高的资产负债表。中央政府和地方政府所有债务相加，也就是GDP的50%~70%，[一]远低于

[一] 对于这个数字，市场上有许多争论。准确评估中国公共债务的规模比较困难，因为地方政府的债务水平很难得到一个真实的估测。

第八章
塑造中国企业从大到伟大的制度基础

美、日的水平；而从上市的商业银行公布的数据看，中国金融机构仍保有相对较低的坏账率。

在我看来，中、美经济的最大的区别在于实体企业的资产负债表。美国的实体企业的盈利状况，资产质量仍然保持非常高的水准，尤其表现为有一批像苹果、谷歌这样的致力于创新、不断向市场推出新的产品和服务并以商业模式取胜的企业。在这一大批实体企业的背后，有很大一个群体像乔布斯这样的愿意"保持饥饿"（Stay Hungry）"保持蠢笨"（Stay Foolish），不断跨越边界，重塑边界，改变人们生活的具有创新意识和创新能力的企业家。他们的努力使得一批又一批的极具生命力和竞争能力的企业不断涌现，"各领风骚数十年"。苹果这样的企业，在美国绝非空前绝后，以前的IBM、微软，现在的谷歌、脸书（Facebook）和特斯拉（Tesla），无不以超越常规的商业模式去重塑商业的内涵，改变我们的生活。在这些生生不息、不断成长的企业背后，是千百万具有创新意识的个体的创新努力，是一个宽松、自由的商业环境赋予这些个体的创业自由。

抛开这些特殊的成功企业的特例，透过一般企业的表现，我们也可以看出，中美两国经济在微观基础上的差异性。我在第三章中计算过，中国A股市场上的上市公司平均的投资资本收益率只有3%左右，即使我们用加权平均的方法去计算，中国上市公司的平均投资资本收益率也只有可怜的4%。而美国上市公司在过去一百年里，平均的投资资本收益率在10%~11%之间。两者的差距其实非常明显。我们国家实体企业的整体状况非常不乐观。我们的企业多为规模取胜，鲜有盈利模式独树一帜者；我们那些尚具创新意识的企业，也多以形似取胜，从事的更多的是复制（Copy）和粘贴（Paste）这样的活动；我们最好的高校的毕业生，以能跻身公务员系统、大型国企或外资公司，以进入"体制"

作为成功的衡量标准；我们本就非常稀缺的企业家，其中不少开始陆陆续续撤离实业转向投资，或者是忙着移民。的确，不确定的商业环境动摇着中国企业家原本就不坚固的根基，冲击着企业家精神。回到一个大家争论非常激烈的问题："中国为什么出不了乔布斯？"在大机构垄断经济生活，行政权力控制经济资源的商业环境里，有创新企业的生存空间吗？还有谁会去致力于创新呢？我们该怎样去营造一个创业创新的生态系统（Ecosystem）呢？

一个国家经济成长的源泉在于自下而上激发出千千万万个体的活力和追求更美好生活的激情。我们国家过去40年经济高速成长的历程已经证明了解放千千万万个体的活力和创新动力的重要性。而要保持千千万万个体对美好生活追求的激情，需要良好的制度环境、宽松的商业环境、对个体的尊重和对"异端"的容忍。经济学家索罗（Solow）在资本和劳动力之外，加入了技术（Technology）这一要素去解释经济增长；后来的研究者们也忙于在实证层面证明反映技术进步的生产率的提高对于经济成长的贡献。而这些模型提供的更多的是宏观层面的统计事实，忽略了微观层面上千千万万个体的奋斗和挣扎，成功与失败。经济成长的基础，产生伟大企业的基础，在我看来，是建立一套完善的制度基础设施，营造一个真正公正、公平、透明的商业环境，去保护这些个体看起来微不足道的尝试，用公平、公正的方式去衡量，筛选这些尝试带来的结果，让努力能得到合理的回报。

哈耶克、凯恩斯与大数定律

早在20世纪三四十年代，诺贝尔经济学奖得主弗里德里希·奥古斯特·冯·哈耶克（Friedrich August von Hayek）与约翰·梅纳德·凯恩斯（John Maynard Keynes）曾展开过一场激烈的辩论，辩论的主题就是在资源配置中究竟是政府还是市场应该发挥决定性的作用。凯恩斯强调政府投资在推动总需求方面的重要作用，能够将经济拉出衰退的泥沼。中国过去 40 年的高速增长也生动地表明，政府在经济活动中的积极参与在很大程度上有助于推动经济增长。而哈耶克则秉承奥地利学派的伟大传统，强调个体信息与本地信息在资源配置中的重要性。对哈耶克来说，除了资本与劳动力之外，个体消费者和生产者所拥有的分散信息如果集合起来就能够指导资源配置并使生产活动更加高效。

哈耶克认为，经济体中需要生产何种产品的信息和知识是分散的，存在于个体消费者不同的偏好、个体生产者不同的成本和技术等因素中。在缺乏市场机制的情况下，收集这些分散的信息不论在实际操作中还是在理论上都是不可能的。哈耶克指出，相较于只掌握片面信息的中央计划者，市场上形成的价格能够聚合成千上万消费者和生产者的分散信息，更加真实可靠，因而能够更好地指导资源配置[一]。

哈耶克认为，有两个原因导致中央计划者的信息缺乏真实性和可靠性，在指导生产时效率低下。第一，中央计划者只掌握片面的信息，而市场价格却是由成千上万个代理人的买卖决策所决定的；第二，即使中央计划者能够掌握所有的信息，但由于人类总结推理能力的限制，我们无法理解、预测或规划非线性动态发展的经济系统。反之，市场价格则是由产品的供需关系所决定的，反映了买家和卖家各自的自我利益。显然，如果市场流动性足够大，并且允许个体参与市场交易并把个体信息反映在市场价格中，那么市场所形成的价格就更加真实可靠。

在中国，人们倾向过于简单地解读哈耶克与凯恩斯之争，认为两方针锋相对、各执一端，哈耶克代表市场而凯恩斯则代表政府。事实上，

[一] 见 Hayek，1945。

中国既需要哈耶克也需要凯恩斯。在中国经济发展初期，凯恩斯主义发挥了更加重要的作用，而今天的中国则必须实现从投资拉动向效率驱动的转型，增长的途径必须从资本和劳动力的投入转向全要素生产率的提升。创新和创业是提升全要素生产率最可靠的方式。当前，哈耶克所倡导的市场的力量，即这种自下而上的努力可能更加重要。

哈耶克主义的重要性可以用概率论中的大数定律（Law of Large Number）来说明。大数定律指出，通过大量实验取得成功的概率平均而言应该接近于试验数量与单次试验成功率的乘积。假设一个研发项目取得预期成果（例如找到治愈癌症的疗法）的概率是千分之一。如果采用自上而下的方法，由中央政府牵头，将这项研发项目交给某国有企业，那么最终的结果很可能是令人失望的——失败的可能性高达99%以上。研发成功的概率如此之小，以至于打消了企业愿意去尝试的积极性。然而，如果我们换一个思路，创造一个公平透明的环境，鼓励1000个个体各尽其能，想方设法去从事创业创新，有超过1000家创业企业因此而建立起来，攻关这个研发项目。根据大数定律，这个研发项目成功的概率就是100%。虽然我们并不知道哪家创业企业会是幸运的那个，但我们可以确信的是，这1000家创业企业中总有一家一定能够获得最终的成功。

成就伟大企业，让市场来挑选获胜的领先商业模式，除了顶层设计，也需要激励更多的个体参与其间！

企业2.0时代的来临

中国正在经历老龄化，传统意义上的人口红利正在逐渐耗尽，但同时，新的增长源泉正逐渐涌现。到2030年，中国将有超过4亿人出生于1990年以后，即"90后"。而"90后"中的一半——2亿人将完成大学教育。即便在今天，中国也已经有超过 1 亿的劳动人口接受过大学教育。美国今天受过大学教育的劳动人口约为 9000 万，而韩国为 900 万。在人类历史上，从来没有哪个国家在哪个历史阶段拥有过超过 2 亿的受过高等教育的劳动力人口！

读者可以思考一下这两个亿的排列组合。思想解放所激发出的活力，在未来更高素质的群体中，将产生更大的活力。超过 4 个亿的 "90 后" 也将成为 21 世纪前五十年世界最大的消费群体。他们的消费偏好，对产品的认知，甚至价值趋向将左右未来行业的方向。我们将看到一个从 "中国制造" 向 "为中国制造" 的巨大的产业迁移——消费需求将决定未来企业的战略制高点。未来其实刚刚开始！这些我们在中国企业的 1.0 年代很少去思考和探索的问题，现在迎面而来。

在 2017 年 11 月 11 日这一天，全球最大的电子商务零售平台阿里巴巴的当日成交额达到 1682 亿元，再次创造 "双十一" 购物节交易额纪录。这是中国年轻一代的消费者以一种象征性的、有仪式感的方式向中国经济社会 40 年高速发展的致敬。人均逾 9000 美元的 GDP，是 "双十一" 重要的经济基础；13 万公里的铁路建设，2.5 万公里的高铁，12.4 万公里的高速公路和 800 万人的快递 "小哥" 为消化 "双十一" 一天产生的 8.12 亿个物流订单提供了基础设施。消费者在零售端表达个性化的需求，以零售端倒逼供给端大幅提升效率，运用大数据、人工智能等技术手段重塑产业链——以价值创造为导向，着眼于解决人民日益增长的美好生活需要和不平衡、不充分的发展之间的矛盾的企业 2.0 年代已经到来！

……

中国经济结构正在发生深刻的变化。未来经济成长的重心将由投资转向消费和服务业，由国有企业转向私营资本，由粗放型增长转向效率驱动，由沿海转向内陆省市。伴随这一过程的将是新能源、节能环保、新材料、新医药、生物育种和信息技术等大量新兴行业的崛起。**在中国经济开始新的转型，中国经济增长模式发生深刻转变的时候，居于庙堂之上的政策制定者们更需要通过公平公正的市场环境去激发出千千万万个体的"自下向上"的力量。**去激发他们自主创新、创业的激情吧！去用公正透明的方式评估他们尝试的结果，不要让不公不义使他们过早地变得世故，放弃最初最美的梦想，因为他们中有乔布斯，有盖茨，有扎克伯格，有穆斯克。去相信统计学中的大数定律吧！只要有足够大的基数，有足够多的个体努力尝试，大浪淘沙，总会有一批企业能够从激烈的竞争中突围而出，变成真正意义上的伟大企业！

中国现在已有4000多万家企业，有的很快会被淘汰，但更多的企业会不断成立。我把希望寄托在那些具有创新精神、不怕失败的年轻人身上。未来中国的伟大企业可能源于这些尚不出名，甚至还未诞生的企业。这些企业渴望成长。未来的5—10年，这些企业又会有什么样的成长路径呢？一种现实的选择是，追随约定俗成的游戏规则，在一个制度基础设施极其薄弱的环境下，搜寻制度和政策设计的漏洞，把"制度套利"作为一种基本的盈利模式，捕捉那些非常短的时间窗口。这是一种短、平、快的快速成"财"模式，有风险，但不累。

但是，还有一种选择，还有一种可能，就是我们还有一部分企业家带有使命感，带有激情。他们追随内心崇高的呼唤，不囿于约定俗成但又极其恶劣的游戏规则，目标高远，致力于挖掘能促使企业基业长青的盈利模式，不以一时一势，一地一域计较得失与短长。这样的企业更能在大浪淘沙中真正脱颖而出，引领气象万千。吸取生命的精华，活在当下。我们期待有些企业会以这种方式长大。中国企业破晓的希望在于这些企业！

第九章 寻找中国的伟大企业

生存无须洞察

大地自己呈现

用幸福也用痛苦

来重建家乡的屋顶

——海子《重建家园》

2013年4月下旬,我在浙江一带考察诸如民间信贷、P2P、小额贷款公司这样的新金融业态。25日,我们一行离开略有些灰蒙蒙的温州。前不久爆发的民间借贷危机和"跑路潮"似乎也给这座城市蒙上了一些阴影。我们沿高速公路从温州向北,穿过一片山岭后,视野渐渐开阔,看到的青山绿水开始提醒我们这里是江南。几个小时后,我们到达了台州。台州是浙江中部的一座工业城市,有汽车、摩托车、整车及零部件制造、医药化工、模具塑料、家用电器、服装机械、阀门水泵、工艺礼品、食品饮料、鞋帽服装等较为完整的工业体系。台州虽然也有像吉利这样的大企业,通过收购沃尔沃实现规模上的突破,从而在2012年跻身《财富》全球500强,但在企业构成上主要还是以中小企业和小微企业为主。

我们的调研目标是台州银行。台州银行、民泰银行和泰隆银行这三家城市商业银行在定位上都以服务小微企业为主。这三家银行几乎覆盖了台州境内的所有小微企业。小微企业贷款难是一个世界性难题,信息严重不对称,征信很困难。但台州的小微企业似乎没有这方面的烦恼,这在中国近300个地级城市中是个异数。民营银行也因此变成了台州的名片。在台州银行并不奢华的会议室里，银行执行董事施先生向我们详细介绍了台州银行的历史、现状和面临的挑战。在会议和随后我们之间有过的若干次电话交流中，"商业模式"是出现频率最高的一个词。

台州银行的前身是路桥银座城市信用社，创建于1988年，2002年3月13日与8个台州当地的信用社合并为台州市商业银行，是中国第一个非国有控股的城市商业银行。2010年9月9日，台州市商业银行正式更名为台州银行。经过近25年的发展，台州银行已经发展到相对较大的规模。截至2012年年底，台州银行注册资金已达18亿元人民币，全行存款总额达579亿元，贷款总额439亿元，贷款不良率仅为0.4%。尤其值得一提的是，台州银行有超过62,000个客户，平均贷款金额为人民币43.6万元，绝大部分贷款是信用贷款，没有抵押品，是名副其实的小微企业的银行。

中国金融体系一直面临金融服务覆盖面窄的结构性桎梏，尤其反映为经济生活中最有活力的中小企业和民营企业长期得不到金融机构有力的支持。台州银行针对这一缺口腾空出世，以创新的商业模式在与国有商业银行及股份制银行的竞争中赢得一席之地。台州银行最近几年的净资产收益率（ROE）都保持在30%左右，比国有银行平均高一倍，展示了该企业在商业模式上的独到之处。"专注于小微企业，心无杂念""员工有理想、激情，把小微金融当作事业来做""我们找到了服务中国小微企业的合适方式……"谈到台州银行的成功时，施先生特别强调这几点。的确，台州银行现有的5000多名员工中，一线业务员有3000多人。他们的薪酬比其他金融机构要低，但不怕付出，勤跑客户，执着于小微金融事业。

把施先生所描述的点与面结合起来，我们看到的是一幅坚持企业理念、不懈努力去提升投资资本收益率的图景。这样的优异表现如果能持续较长一段时间，那么必然会改变我们周遭的环境，甚至会改变我们的生活本身。但是，台州银行的商业模式是否是最优的并且具有可持续性呢？施先生谈到了监管机构对城商行异地开设分支机构的种种限制，这严重阻碍了台州银行在规模上的提升，台州银行在小微金融方面的比较优势很难获得规模经济；他也谈到了由于存款保险制度的缺失，台州银行又不像国有银行那样有更丰富的资金来源和国家的隐形担保，在吸收存款方面完全没有优势。一旦出现银行挤兑（Bank Run），台州银行将非常脆弱。虽然台州银行现在很成功，但什么才是具有可持续性的获胜商业模式呢？施先生讲到了他的纠结……

时空转换，北京，2013年7月的一个下午，我在北京朝阳公园附近的一个咖啡厅里和泓华医疗集团的董事长曾人雄先生讨论中国医疗保健行业的商业模式。随着医疗体制改革的深入，民间资本进入医疗行业已是大势所趋。人雄谈到了中国医疗保健业的前景。中国2011年的医疗开支只占GDP的5%，而同年美国医疗总开支占到了GDP的18%；中国人均医疗开支在2011年只有278美元，美国则高达8608美元；中国的人均医疗开支甚至远远低于同为金砖四国的俄罗斯（807美元）和巴西（1121美元），仅比印度高一些（注：印度2011年人均医疗开支为59美元）㊀。他谈到了他的医疗梦想——建立一个致力于提供卓有成效和温馨便捷的全面医疗健康服务、提高中国医疗服务满意度和医护人员幸福感的医疗机构。医疗行业进入门槛很高，它可能是所有行业中资本密集程度最高的一个行业，没有大量的资本投入，根本没有进入的可能性。大量的资本投入也使得在医疗行业中获得比较高的投资资本收益

㊀ 中国医疗开支到2017年上升到GDP的6.3%。

率极为困难。这也是为什么有许多产业资本投资医疗保健行业，但真正成功的例子尚不多见的原因。但需求是实实在在存在的。如果中国到2030年医疗开支达到欧盟国家平均水平——10%，那么2030年大健康产业的规模在中国会达到16万亿元！㊀大家都在苦苦追寻好的商业模式。那什么是中国医疗行业未来获胜的商业模式呢？

任正非——华为神秘的创始人，在国内已经成为一代传奇。在2016年新年时，一张任正非的照片在微信朋友圈里广为流传，大家争相转发点赞。照片中，已经70岁高龄的任正非正在搭乘机场的摆渡车，没有助理陪伴，像其他旅客一样自己拎着行李……偷偷拍下这张照片的人写下了这样一段充满感情色彩的文字："他是中国最受尊重的企业的创始人；他可以轻松地享受贵宾级的待遇，但他没有；他可以像福布斯富豪榜上任何一位富豪那样富有，但他却选择将企业的大部分股权分配给华为的18万多名员工。仅此，他就可称为中国最受敬仰的商业领袖！"

"我希望大家把小米当作那种将创新带给每一个人的公司。"在接受《连线》（*Wired*）杂志采访时，小米的创始人雷军这样介绍道，"我们正进入一个科技创新的新时代，所以我们的重点是优质产品，它能帮助每一个人建立连通的生活方式。这不仅意味着智能手机、平板电脑、电视、路由器——我们投资的创业公司要能够建立我们称之为生态系统的东西。从移动电源到可穿戴设备再到空气净化器和净水器，他们生产的产品可以放到小米商城上销售，这样我们就可以把千百种产品集合在一起，创造出一种新的生活方式。"这篇访谈成为2016年3月份《连

㊀ 如果中国保持5.5%的实际GDP增长速度，那么到2030年，中国GDP规模将达到157万亿元。

线》杂志中国特刊的封面故事，一经出版便引发了巨大的轰动。该期杂志的封面标题也非常特别——"是时候山寨中国了：你能从最具创新能力的创业企业中学到什么？"

"我们都生活在阴沟里，但仍有人仰望星空。"奥斯卡·王尔德（Oscar Wilde）在《温夫人的扇子》（*Lady Windermere's Fan*）中如此写道。在同一时刻，有许许多多成功的或是尚在挣扎但同样优秀的中国企业家在思考类似的问题——**在中国企业 2.0 年代，企业该怎样从大到伟大？**

中国是否拥有伟大的企业？这个问题贯穿本书的始终，但我还未给出确切的答案。哈耶克在《通向奴役之路》中说，"在社会演化中，没有什么是不可避免，使其成为不可避免的是思想。"伟大的思想造就伟大的企业。据说阿里巴巴的马云说过，"人一定要有梦想——万一梦想实现了呢！"小米的雷军不愿别人称他为中国的乔布斯。华为的任正非选择了一条不寻常之路，坚持大量投资研发并最终取得成功。顺丰速运的王卫在很长一段时间内拒绝资本市场的诱惑，专注于为客户提供最佳的快递服务……在这一章，我将讨论华为、阿里巴巴以及崭露头角的小米和顺丰速运。或许它们还不能被称为"伟大"，但那只是因为它们成立的时间还不够长。未来几年，这四家企业，还有一批在本书中提及或未提及的企业，都有可能经受住岁月的砥砺，实现突破，跻身伟大企业之林！

华为——中国土生土长的跨国企业

1988 年，任正非拿出自己的 21,000 元人民币在深圳一手创立了华为技术有限公司。华为的业务最初是从香港进口电信设备，再转卖给国内的供应商。但在企业发展早期，任正非和华为就决定选择一条不寻常之路——研发并制造自己的设备。任正非的愿景就是积极地打造企业自身的创新能力。他认为，与外国企业建立合资公司并不能帮助中国企业获得外国的先进技术，反而会导致中国企业最终丧失本土市场。用任正非的话说，华为的做法就是紧密跟随全球顶尖的技术并坚持自我研发，先占领国内市场，再开拓国际市场，与外国企业竞争。

华为所选择的路径充满了不确定性。但华为的发展战略明确表明，华为愿意为了长期的增长而牺牲短期的利益。与其他中国企业不同，华为内部规定每年必须将销售收入的10%以上用于研发——2017年，华为的研发投入达到897亿元，占当年销售总收入的14.9%，华为过去10年累积的研发总开支达到3,940亿元。华为的全体员工中，研发人员占45%以上，达到8万人。因此，华为在知识产权领域可谓遥遥领先——截至2017年年底，华为共申请了48,758项国际专利，成为全球最大的专利申请者。可以说，华为的研发战略取得了巨大的成功。㊀

华为最早内部研发的产品是基本的交换元器件。多年以来，华为显示出极强的学习能力。在不到30年的时间里，华为这家私营企业已经从一家基础电信设备的进口商发展成为一家国际电信设备领域的巨头，支持全球170个国家和地区的1500多张通信网络的稳定运行，服务全球1/3以上的人口。

追溯历史，华为的快速崛起始于国内市场。在1992—2000年间，中国固定电话的用户数量增长超过15倍，而移动电话的用户数量增长了500倍㊁！通过为中国的电信运营商提供电信设备和相关服务，华为

㊀ 这些数据均来自华为2017年年报。
㊁ 见"Huawei enters the United States", July, 2013, Case W13306 published by Ivey School of Management at the Western University, Canada。

的业务迅速发展起来。截至2002年，华为已经超过阿尔卡特（Alcatel）在国内的合资企业——上海贝尔，成为中国领先的数字交换机和路由器供应商。截至2005年，华为在中国国内的市场份额已高达30%。

从21世纪初开始，华为设定了成为全球企业的目标。由于在成本上具备明显优势，华为能够比其他该领域的跨国企业更好地定义并满足客户的需求。与国际上的竞争对手相比，华为能够在价格低30%的基础上为客户提供高质量的设备和服务。华为很快进入了亚洲邻国的市场，之后又进一步扩张至非洲和拉丁美洲的发展中国家。2004年，华为成功进入发达的欧洲市场，充分利用其成本优势赢得了欧洲预算有限的电信运营商的订单。在建立起品牌和声誉以后，华为又开始与主要的电信运营商，如法国电信（France Telecom）、沃达丰（Vodafone）和英国电信集团（BT Group）等签订了大额订单。

到2010年，华为的销售收入已经达到了220亿美元，成功跻身全球三大电信设备供应商之一。随着电信基础设施市场逐渐趋于饱和，除了传统的电信设备市场以外，华为也进入了智能手机领域和企业服务市场。这标志着华为商业模式和业务组合的变化——从电信基础设施转向个人用户业务和企业用户业务。长期来看，华为的整体战略就是利用与电信运营商的长期关系为用户提供一整套企业级产品，包括路由器、服务器和储存器等。同时，华为将进军智能手机和企业用户市场，在这两个领域打造核心竞争力。2017年华为实现销售收入6036亿元人民币，净利润474.6亿元人民币。在2017年《财富》全球500强的排行榜上，华为排名第83名。图9.1显示的是华为从1993年至2017年销售收入的增长情况。这25年间，华为的销售收入从1993年的4.1亿元增加到2017年的6036亿元。销售收入的年平均增长速度达到了惊人的39%。按此速度，华为将很快进入销售收入"千亿美元"俱乐部，提前完成原定于 2020 年完成的目标。

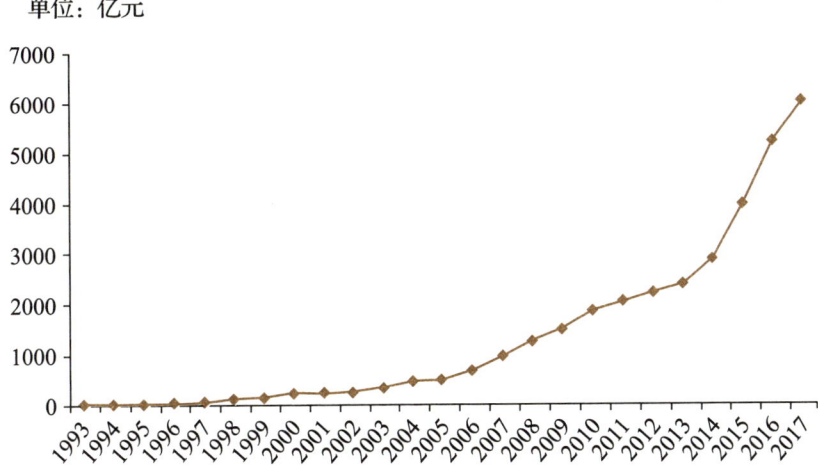

图 9.1　华为的销售收入，1993—2017 年
来源：作者根据华为年报整理。

华为以其执行力而闻名。华为强大的执行力来自于任正非的军人背景，他将一种独特的企业文化注入华为之中，强调奉献、牺牲、爱国、纪律和组织的进取心，并集中体现在"狼"这种动物身上。任正非曾多次号召员工向狼学习——强硬、具有攻击性、集体攻击猎物。华为的全球化之路生动体现了这种"狼性"文化。在 2000 年年初，当华为打算进军国际电信设备市场时，华为不得不与国际上的对手竞争，它们的资质要远优于华为，智力资本也雄厚得多。但华为采用了极富侵略性的战术，包括具有吸引力的定价（通常比竞争对手低 30%～40%）、在项目结束后仍将工程师部署在现场、为客户免费提供额外的产品和服务、雇用本地员工等。这些战术非常奏效，为华为赢得了局部竞争优势并最终演变为全面优势，华为很快进入了国际低端设备市场，逐渐与全球主要的电信运营商建立起合作伙伴关系。当时全世界对于中国产品的印象是便宜但质劣，而华为则成功地获得了几家全球著名电信运营商的大额订单。2017年，华为来自国际市场的销售收入占整体销售收入的49.5%，几乎是华为收入的半壁江山。回顾华为的成功，中国相对低廉的劳动力成本与充足的工程师人才无疑在华为的国际化战略中起到了重要的作用，但华为独特的企业文化也是其成功的关键。

华为的ROADS战略[一]

华为的战略一直在快速地与时俱进。如今华为的战略称为"实时零距离，点击即可得"（Real-time）、"按需定制"（On-demand）、"全在线"（All on line）、"自助服务"（DIY）和"社交分享"（Social），合起来简称为"ROADS"战略。ICT基础设施再加上智能终端的战略。这一战略充分反映了华为三大业务板块中的定位，即运营商用户、企业用户和个人用户。自从创立之日起，华为一直以来都为客户提供电信设备，在固话和无线基础设施中的市场份额持续提升。电信运营商仍然是华为销售收入的主要来源，在2017年占总销售收入的49.3%（2978亿元人民币），同比增长达2.5%。然而，随着电信基础设施市场逐渐饱和，华为的投资重点也转向了企业用户业务和个人用户业务。

2017年华为企业用户业务占总销售收入的9.1%，同比增长35.1%，达到549.5亿元人民币。华为引入各种解决方案和服务，专注于企业网络、云计算、数据中心，以及在金融、交通、能源、电力、公共事业、网络服务提供商（ISP）和政府等领域的各种应用。借助"ROADS"战略，华为期望打造一个完整的生态系统，使用一体化的解决方案为客户解决复杂的难题。最终，华为期待进入IT硬件市场，抢夺传统IT硬件企业的市场份额。依靠雄厚的专利储备，华为迅速扩展

[一] 华为新口号是"为更好的互联世界开拓道路（ROADS）!"

了企业用户业务，坚信通过提供丰富的产品服务组合，能够颠覆 IT 市场现有的竞争态势。

华为的个人用户业务主要是智能手机，在 2017 年该业务增长了 31.9%，实现销售收入 2372.5 亿元人民币，占华为总销售收入的 39.3%。2017 年华为手机的出货量超过 1.53 亿部，在全球智能手机制造商中排名第三，仅次于三星和苹果，全球市场份额超过 10%。2017 年华为的个人用户业务持续增长。华为强大的智力资本基础为它带来了巨大的回报。如今，华为与来自瑞典的爱立信（Ericsson）正共同处于下一代移动技术——5G 研究的最前沿。

在个人用户业务上，华为采取的战略是持续打造高端产品、专注产品质量。华为成功推出了 Mate9 和 P10 两款高端智能手机，并建立起电子商务平台作为新的销售渠道。此外，借助在电信设备领域的成功，华为的智能手机也成功地打入了国际市场。2017 年华为个人用户业务超过 50% 的销售收入都来自于国际市场。华为在缅甸的手机市场已经占据了主导地位，在拉美、中东和非洲市场，华为智能手机的市场份额都已超过 15%。

华为成功的原因

华为，这家在国内土生土长的大型民营企业选择了一条不寻常之路，与中国其他《财富》全球 500 强企业形成了鲜明的对比。

第一，尽管华为创始人任正非的军人背景在华为发展初期为其争取到了一些政策上的支持，但华为不是一家国有企业。与华为所在的电信设备行业形成对比的是铁路设备行业。全球铁路设备行业 41% 的收入为中国企业所获。但是，大量的政府采购及政府提供的各种支持在很大程度上解释了中国铁路设备企业的成功。华为则不同，华为在电信设备领域的成功主要来自于自身研发和营销的努力以及强大的执行力。

第二,华为所处的行业竞争高度激烈。改革开放40年,中国企业的起点很低,虽然在规模上迅速崛起,但如我在第一章所述,中国大部分《财富》全球500强企业分布在要素行业——很大程度上依靠的都是在要素市场上的垄断地位以及政府设定的高准入壁垒。而华为依靠的则是研发。2017年,华为在研发上的投入超过896.9亿元人民币,比全部A股上市的制造业企业的研发投入的总和还要多。

第三,华为在30年的时间里便发展成为一家国际领先企业。2013年,华为实现销售收入349亿美元,超过了爱立信的336亿美元,第一次成为全球最大的电信基础设施供应商。2014年至2017年,华为的销售收入又从2882亿元进一步增长至6036亿元人民币。华为的总销售收入比中国最著名的三家互联网巨头BAT——阿里巴巴、腾讯和百度加起来还要多得多。

第四,华为可能是中国唯一一家土生土长的跨国企业。截至2017年,华为接近50%的销售收入来自海外;在150个国家和地区与500多家企业客户建立了稳固的关系;为全球超过1/3的人口提供电信设备。以上这些成就,除了华为以外,没有哪家中国企业能够做到。

华为的成功反映在其投资资本收益率(ROIC)上。通过华为网站上公布的年报的数据,我粗略计算了华为2013年至2017年的投资资本收益率。由于华为不是公开上市企业,所以我无法获得更多的信息对其投资资本收益率的各组成部分进行更加详细的分析与核实。但是通过图9.2,我们可以看到,在2013—2017年这五年间,华为的税前投资资本收益率都达到27%以上,最高的2014年甚至达到37%。如果我们简单假设华为的实际所得税税率是25%,那么华为在这五年的投资资本收益率在20%~28%之间。作为对比,我想在此再度强调,中国A股上市公司 1998 年至 2017 年这 20 年的平均投资资本收益率只有 3%。

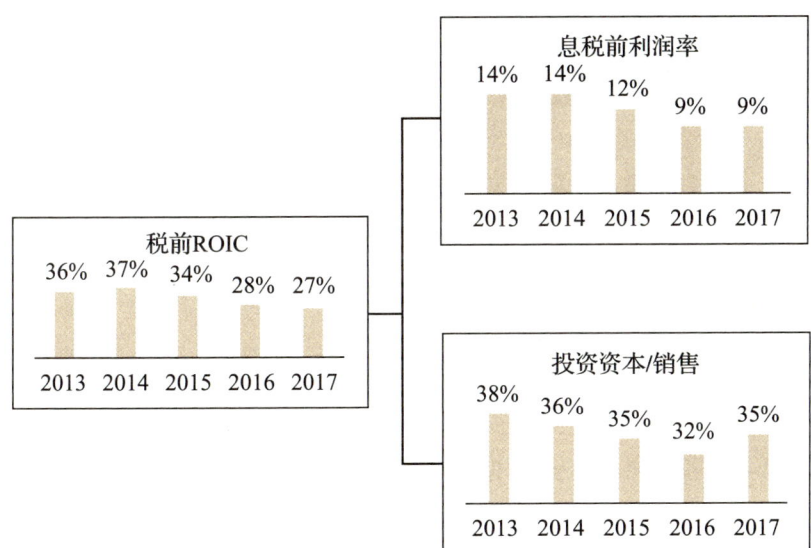

图 9.2　华为的税前投资资本收益率，2013—2017 年
来源：作者根据公开信息整理。

以 2017 年为例。2017 年，华为实现销售收入 6036 亿元人民币，息税前利润（EBIT）为 564 亿元人民币。收入增长非常强劲，从 2016 年到 2017 年，销售收入增长了 15.7%。我们再来看华为的投入资本。2017 年华为的营运资本约为 1191 亿元人民币，经营性固定资产为 999 亿元人民币。两者之和即为华为的投入资本，为 2190 亿元人民币。[○]

根据以上这些数据，我们不难算出，华为在 2017 年的税前投资资本收益率为 27%，税后投资资本收益率为 20.3%，说明华为在经营活动中每投入 1 美元资本进入经营活动可以产生 20.3 美分的税后利润。契合本书主题——华为成功的秘诀就在于能够持续保持高水平的投资资

○ 在计算华为的营运资本时，假设相当于销售收入 2% 的现金是用于经营活动的，这在公司金融里是一个常见的假设。

本收益率！

通过分析华为投资资本收益率不同的组成部分，我们能够进一步理解华为成功的原因。第一，华为的利润率，即息税前利润占销售收入的比例在 2017 年为 9%。尽管华为所处的市场竞争异常激烈，而且华为的定价策略也非常激进，但华为的运营效率却远高于竞争对手，单位生产成本远低于对手。运营效率高是华为在高度竞争的行业中实现高利润率的一个重要原因。

第二，2017 年华为投入资本占销售收入的比例为 35%，说明为了实现 1 美元的销售收入，华为只需要投入 35 美分的资本。华为所处的资本密集型行业需要企业在有形资产及智力资产上进行大规模的投资，而华为则展现出优异的营运资本管理能力以及优于竞争对手的资产周转率。依靠优秀的资本使用效率，华为成功保持了运营的精益和灵活。

第三，从公司财务的角度分析华为的投资资本收益率（ROIC），我们可以看到，华为正在持续地创造企业价值——保持强劲的收入增长；通过高效运营实现高利润率；在资本密集型的行业中依靠创意和创新实现优异的资本效率。

投资资本收益率是企业价值创造活动结果的呈现。华为优异的投资资本收益率源于以下四个因素：高瞻远瞩的领导者和明确的企业战略、大量的研发投入、以价值创造为核心以及相适应的激励机制。

高瞻远瞩的领导者和清晰明确的企业战略。华为如今的成功离不开其创始人任正非。自创立以来，任正非和华为始终坚持以下三点。第一，华为选择投资电信基础设施，一个随着世界互联网的需求日益增加而快速增长的行业。成功的企业需要快速增长的市场以维持爆发式的增长。华为的选择——可能出于任正非的直觉，被证明是正确而伟大的选择。第二，任正非坚持华为必须自己研发科技，不能仅仅仿效跟随国际上的竞争对手。华为的自主研发战略最终带来了回报。强大的自主研发能力为华为打造了雄厚的智力资本，帮助华为超越竞争对手，最终在电信基础设施领域独占鳌头。第三，任正非为华为灌输了一种独特的文化。尽管我们不应该过度夸大精神的力量，但华为的"狼性"文化确实在特定的发展阶段激发了华为员工攻城掠寨的血性和斗志，积极占领了国内及国际市场份额。

在企业战略方面，华为从一开始就设定了宏伟目标——有一天将成为全球领先的电信设备供应商。在发展的过程中，华为展现了适应不断变化的商业环境和市场颠覆力量的灵活应变能力。当电信设备业务增长放缓时，华为进入了快速增长的个人用户和企业用户业务。如此灵活的业务组合确保华为能够继续保持高速的增长。因为一旦传统的增长引擎失去了动力，新的增长引擎就能够顶替上来，让企业始终保持强劲的增长势头。在这方面，华为就是 2000 年出版的畅销书《增长炼金术》（*The alchemy of growth*）中有效管理业务组合的完美例证。[一]

投资研发。企业的竞争力会受到行业结构、生产要素成本及政府政策等因素的影响，但基于研发的创新则是企业收入和利润增长最值得依靠的源泉。在华为的内部讲话中，任正非多次强调打造强大的自主研发能力的重要性。华为严格规定将每年销售收入的至少 10% 用于研发。这在中国企业界非常罕见，要知道国资委下辖的近百个央企平均在研发上的投入还不到每年销售收入的 1%。图 9.3 给出了 2006 年起华为的研发占销售收入的比重。这 12 年间，华为研发投入占销售收入的比例一直呈稳步上升趋势。2011 年突破 10%，达到 11.62%，之后一路上升，

[一] 见 Baghai, Mehrdad, Stephen Coley, and David White, "The Alchemy of Growth: Practical Insights for Building Enduring Enterprise", 2000, Da Capo Press。

2017年的占比是14.86%。

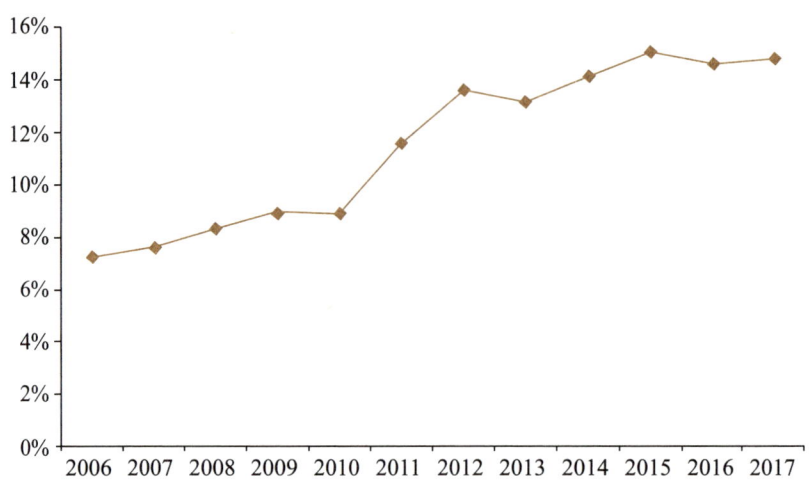

图9.3　华为研发投入占销售收入的比例，2006—2017年
来源：作者根据华为年报整理。

为了支持企业的研发战略，华为从中国最好的工科院校中积极招募员工。华为18万名员工中，95%以上拥有大学学位，70%拥有硕士及以上学位。2017年，华为的研发人员占员工总数的45%以上。目前，华为已经在世界各地，包括中国、德国、瑞典、俄罗斯和印度等国建立了36个研发中心。截至2017年年底，华为累计申请了74,307项专利。如此多的专利组合为华为带来了巨大的竞争优势，既能够使用已有的智力资本开发新的创新，也能够通过专利交易获得他人的创新成果。华为强调自身有机增长，但也通过并购进一步提升了技术能力。最近的一起收购发生于2014年，为了布局全球物联网这个高速增长的市场，华为收购了来自英国的Neul公司。

以价值创造为核心。在发展的初期，华为形成了独有的竞争战术——以客户的利益为重。最初这可能是华为为了赢得更多订单而采取的一种营销手段，但这种以客户为导向的做法为华为带来了巨大的成功。随后，任正非在华为内部做出明确规定，服务于客户的利益是华为的重中之重。

华为不是一家公开上市的企业。尽管华为是任正非一手创办起来的，但多年以来任正非几乎已经将自己的所有股权都分配给了员工。如今，华为有超过8万名员工持有企业98.6%的股权，而创始人任正非仅仅持有1.4%的股权。在过去的15年中，许多投资银行纷纷向华为示好，但任正非的态度非常坚决——华为不会上市。对于他而言，一旦华为上市，那么为客户和员工创造价值的使命将不可避免地受到损害。

值得注意的是，华为强调不仅为客户也为员工创造价值，而华为的员工实际上就是华为的股东。因此价值创造对华为而言有两重意义——既为客户又为股东创造价值。从这个角度来看，华为看重的是广义的价值创造而不是市场份额和经营规模的扩大。

创造环境，激励人才脱颖而出。 任正非非常重视人才的招揽和激励。他经常说华为要以美国为目标，学习美国吸引人才的做法。"对人才的开放性，成就了美国今天的强大，华为要向美国学习，要破格提拔优秀人才，要敢于吸收全世界的优秀人才。"此外，华为每年会新招募5000～6000名新员工，其中大部分都是来自于工科院校的应届毕业生，剩下的则来自于社会上有工作经验的人员。华为设计了严谨的体系来评估老员工和新员工的绩效表现。"晋升或离开"的制度在企业内部得到了严格的执行。优秀员工的薪酬待遇由三部分组成：基本薪资、奖金和股票，其中后两部分收益要远远大于基本薪资这部分。在这方面，华为结果导向型的员工绩效评估体系与任正非强烈推崇的"狼性"文化高度匹配。

华为在竞争高度激烈的行业中不可思议的崛起可能无法被其他企业所复制，但是挖掘华为高水平投资资本收益率背后的因素能够为立志走向伟大的中国企业带来许多启示——**进入快速增长的行业、投资智力资本并实现优异的运营效率和资本效率。**

阿里巴巴集团

2014年9月19日,对于总部位于杭州的阿里巴巴集团来说是一个特殊的日子。随着其250亿美元融资额的首次公开股票发行的成功,阿里巴巴 IPO 成为美国有史以来规模最大的一起 IPO。媒体、投资者与公众对阿里巴巴在过去15年所取得的成就大加赞赏,人们普遍认为,阿里巴巴的迅速崛起是近现代商业史上最重大的奇迹之一。阿里巴巴极富魅力的创始人马云认为成功上市仅仅是一个开始。"我们要做一家102年的企业!"马云在多个场合都表达了这样的愿望。阿里巴巴诞生于1999年,如果阿里巴巴能够做成一家102年以上的企业的话,它将成为少数几家横跨三个世纪的中国企业——从20世纪一直到未来的22世纪。

电子商务巨头

1999年,马云在一群朋友和追随者的支持下在创业氛围浓厚的杭州成立了阿里巴巴。自创立之日起,马云就明确提出了阿里巴巴的使命——建立一个帮助中小企业销售产品和服务的互联网平台。马云说:"中国有超过四千万家中小企业,其中许多都在高度分散的市场中经营,沟通渠道和信息来源非常有限,因此无法营销推广自己的产品。许多中小企业面临的最大困难就是无法评估贸易伙伴的信用。"[一]阿里巴巴的诞

[一] 引自哈佛商学院案例"Alibaba's Taobao(A)"(9-709-456),July,2009。

生为中小企业带来了巨大的帮助。

阿里巴巴最早的网站是英文的全球批发贸易市场 Alibaba.com，这是一个为中小企业寻找国外贸易伙伴、提供企业对企业（B2B）的交易平台。同期，阿里巴巴集团也推出了专注于国内批发贸易的中国交易市场（现称"1688.com"）。

数十万中小企业受益于阿里巴巴的平台。在 B2B 业务迅速发展的同时，为了与 eBay 竞争，阿里巴巴于 2003 年 5 月推出了线上购物网站"淘宝"。当时，eBay 在中国市场上取得了巨大的成功，但马云坚信淘宝能够为中国的线上购物注入更多的中国元素。毕竟阿里巴巴作为一家中国企业，对中国文化、中国的消费者和消费行为有着更为深入的理解。淘宝网从一开始就定位成为中国的零售商和消费者而打造的企业对个人（B2C）和个人对个人（C2C）的平台。之后阿里巴巴一直专注于中国零售业中未被满足的需求——实体零售部门高度分散，客户选择非常有限。

2004 年 12 月，阿里巴巴推出第三方担保交易服务"支付宝"，帮助贸易伙伴消除结算风险。支付宝最初作为淘宝的第三方网上支付平台，允许买家在确认从卖家处收货以前将货款保存在支付宝中，并在交易不安全时保证遭受损失的客户能够得到退款。通过使用支付宝，买家能够将待收订单的货款保存在支付宝账户内，而支付宝在收到订单货款后将通知卖家发货。当买家通知支付宝订单货品已收到时，支付宝再通知银行将货款支付给卖家。支付宝是淘宝网高速发展过程中不可或缺的一环，它有效地消除了买家和卖家之间潜在的交易风险，这在中国这样一个交易双方信用情况存在极大的不确定性的市场中有着极其重要的价值。根据阿里公布的财报数据，截至 2018 年 3

月 31 日,支付宝与其全球合资伙伴一起在全球为约 8.7 亿名年活跃用户提供服务。值得注意的是,这是支付宝首次公布全球活跃用户数量。这一数据证明,支付宝已经成为全球最大的移动支付服务商。据蚂蚁金服此前公布的数据,2017 年支付宝 App 用户规模达 5.2 亿人,而月活跃用户是 4.5 亿人。

中国的零售市场高度分散,极大地限制了消费者的选择,尤其是对于生活在小城市和农村地区的消费者而言更是如此。中国零售行业中,各个类别的集中度都远低于其他经济体,也就是说,中国许多地方的消费者只能选择当地商家销售的商品或服务。而阿里巴巴的线上零售模式有助于解决这些问题,从而提升中国零售业的效率。当然,最近几年,随着阿里巴巴线上交易在社会零售总额中占比的不断攀升,一派观点认为这将导致线下零售实体的大量倒闭,同时因为阿里上市之后拥有强大的资本实力去做产业和技术布局,所以这最终会妨碍创新创业。对于阿里巴巴这样的创新模式崛起所带来的对产业和技术创新的溢出效应,学界至少在目前还缺乏仔细的研究,做出结论尚早。以阿里巴巴为代表的线上零售对中国零售行业效率的提升和消费者便捷程度的提高,到目前所起的作用是非常明显的。

2008 年 4 月,阿里巴巴推出专注于服务第三方品牌及零售商的淘宝商城(现称"天猫"),作为淘宝网的有益补充。2010 年 3 月,淘宝网推出线上团购平台"聚划算"(juhuasuan.com)。2010 年 4 月,Alibaba.com 正式推出全球"速卖通"(AliExpress),让中国出口商直接与全球消费者接触和交易。

除了零售业务以外,阿里巴巴也在积极地寻找扩张机遇,快速进入邻近的业务领域,如金融服务、大数据、云计算和社交媒体,等等。在金融领域，马云将阿里巴巴集团下最有价值的资产，也是中国支付平台的先驱——支付宝剥离出去。以支付宝为核心资产成立了蚂蚁金服，为支付宝上 4 亿多用户提供金融服务。蚂蚁金服旗下拥有阿里巴巴的小企业贷款、消费者金融、互联网保险以及货币市场基金等各项业务。在云计算领域，建立于 2009 年的阿里云（Aliyun）如今已经成为中国最大的云服务提供商。马云已计划投资 10 亿美元推动阿里云走向全球。

自从 1999 年推出最早的 Alibaba.com 以来，阿里巴巴集团已逐渐成长为全球线上及移动商业的领先者。如今阿里巴巴及其附属企业在线上批发零售市场以及互联网商业领域傲视群雄，业务范围遍及广告营销、电子支付、云计算、网络服务和移动解决方案等众多行业。阿里巴巴也已经成为全球最大的电子商务平台。2017 年，阿里巴巴集团下各市场平台实现网站成交金额（GMV）高达 3.7 万亿元。阿里巴巴的总成交金额比亚马逊和 eBay 加起来还要多。2017 年"双十一购物节"期间，阿里巴巴也创造了 24 小时内销售额 1682 亿元人民币的单日销售纪录。

在短短的不到 20 年时间里，阿里巴巴集团已经发展成为全球最大的电子商务平台，以及全球规模最大的企业之一（按市值计算）。尽管中国消费市场的巨大规模和活力为阿里巴巴带来了强大的优势，但阿里巴巴的商业模式和几项重要的战略举措无疑是其成功的关键。阿里巴巴最近提出新零售概念，通过数据积累和精准用户画像打通线上线下，为商家和消费者构建高度个性化、定制化的消费场景，实现以消费者为核心的全域营销。大数据、技术优势及独特的战略眼光，让阿里成为消费升级时代个性化品质服务的领先者。

阿里巴巴的商业模式

与最接近的竞争对手亚马逊不同,阿里巴巴采用的是线上市场平台(Marketplace)模式。简单地说,阿里巴巴本身并不出售产品,而仅仅为卖家和买家提供一个线上的交易市场。当然,这是一种相对狭义的理解,但它确实指出了阿里商业模式的本质。我们可以把阿里理解成一家电子商业基础设施提供商,这就是阿里巴巴与亚马逊在商业模式上最大的差别。通过研究阿里巴巴的收费模式,我们能够更好地理解阿里巴巴业务的性质。在成立初期,阿里巴巴主要从事 B2B 业务,从使用 Alibaba.com 的客户身上收取会员费和线上营销推广费。当阿里巴巴推出淘宝网后,其费用结构也随之调整,商家可以免费使用淘宝网,但如果商家希望获得额外的服务就需要付费成为高级会员。阿里巴巴在这方面收取两类费用:线上营销推广费和店铺费。另外,对于天猫网上的商家,阿里巴巴也收取交易佣金。

阿里巴巴打造的生态系统迅速扩张,尤其自其上市以来更是如此。但是,阿里巴巴的费用结构基本上没有发生变化。阿里巴巴生态系统上所有的网站成交金额(GMV)并不是都能算作阿里巴巴的收入,而其中只有一小部分能够算作销售收入。从网站成交金额到销售收入的转化率称为货币化率(Monetization Rate)。自 2012 年以来,阿里巴巴的综合货币化率(含电脑端和移动端)在 2.18%~3.05% 之间。这就解释了在 2017 年为什么阿里巴巴的成交金额高达 3.7 万亿元,但也只是首次进入《财富》全球 500 强排行榜。2017 年,一家企业需要实现 216 亿美元的销售收入才能跻身《财富》全球 500 强的行列。

为了准备公开上市,阿里巴巴做出了多起投资以抓住移动端提供的商机。除了提供购物和支付服务以外,阿里巴巴生态系统中的新成员为客户提供了一系列全面服务,包括浏览与搜索(UC)、基于位置的服务(高德)、娱乐(优酷土豆)以及社交媒体(微博)等。通过这些线上平台,阿里巴巴旨在进一步获取更多客户,提升客户参与,改善客户服务并扩展产品和服务的范围。通过这些举措,阿里巴巴将能够提升目前偏低的移动端网站成交金额的货币化率。

阿里巴巴正发展成一家巨型企业集团,随着时间的推移,其业务组合也迅速扩展壮大起来。阿里巴巴对自身的技术和数据平台投入了大量资金,着力研发大数据(包括深度学习、大数据处理、实时分析等)、安全、搜索、精准营销、数据库和云计算等领域。这些投资的最终目标就是提升货币化率。

用投资资本收益率来评估阿里巴巴的经营表现,我们很快能够发现阿里巴巴的商业模式为它带来了许多优势。图9.4展示了2013—2017年间阿里巴巴集团的投资资本收益率,从中可以明显地看出,在这五年间阿里巴巴实现了非常高的投资资本收益率。上市之前的2013年,阿里巴巴的整体投资资本收益率为68%,表明当年阿里巴巴集团每投入1美元资本就能产生0.68美元的税前利润。上市以后的2015年,阿里巴巴集团的整体税前投资资本收益率仍然保持在107%。如果按25%的所得税税率计算,阿里的税后ROIC高达77%。还记得1998—2017年间中国A股上市企业的平均投资资本收益率仅为3%吗!如果阿里巴巴能够把这么高的投资资本收益率像马云期待的那样保持102年的话,那么阿里巴巴很可能成为世界上有史以来最为伟大的企业!

当然,这也意味着阿里巴巴的高投资资本收益率很难在如此高位持续下去。根据阿里巴巴2017年年报计算的税前投资资本收益率,如图9.4所示，已经降至41%，但这仍然是一个极为出色的指标。

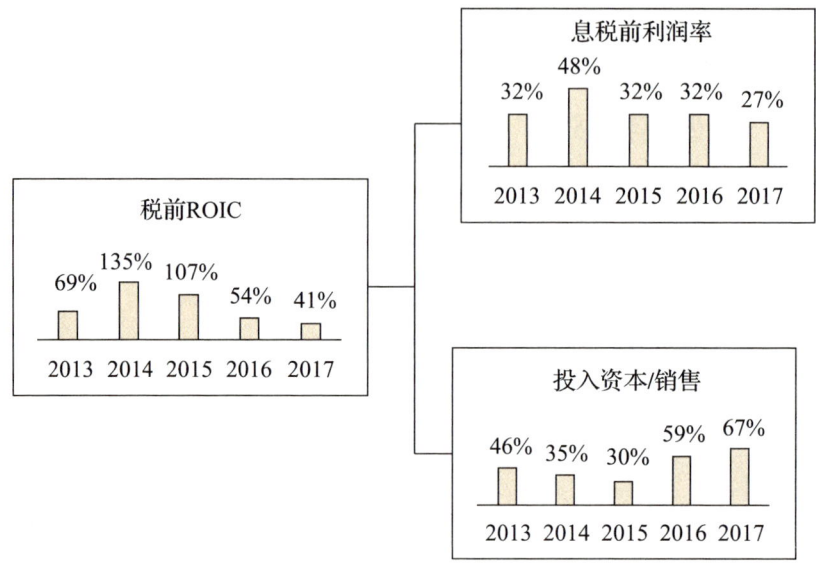

图9.4　阿里巴巴的投资资本收益率：2013—2017年
来源：作者根据公开信息及阿里年报计算。

阿里巴巴为什么能够实现如此高的投资资本收益率？

第一，与亚马逊和京东不同，阿里巴巴采用的是市场平台模式，理论上讲是没有存货的。值得注意的是，在零售行业，企业营运资本的绝大部分都来自于存货成本。省掉存货成本对于降低运营中的资金占用意义很大。阿里巴巴营运资本占销售收入的比例固定在10%左右。在我们的计算中，因为阿里巴巴没有任何存货，也没有任何应收款项和应付款项，唯一能算作营运资本的就是营运现金了——这里我们就假设阿里巴巴营运现金占销售收入的比例为10%○。在极端的情

○ 对于工业企业而言，营运现金占销售收入的比例通常假设为2%。由于阿里巴巴属于零售行业，需要更多的营运现金，所以我们在这里假设阿里巴巴的营运现金占销售收入的比例为10%。

况下，假设阿里巴巴需要使用所有的现金和可售证券用于经营，那么阿里巴巴的营运资本水平就会显著上升。但即使是在这种极端的情况下，阿里巴巴的投资资本收益率仍然很高。如图9.4显示，阿里巴巴的投入资本的销售占比并不高。它在2016年和2017年有所上升，分别增至59%和67%，这解释了阿里巴巴税前投资资本收益率下降的原因。这似乎暗示着阿里巴巴的业务开始变"重"了——线下资产开始大幅增加。

第二，市场平台模式能够有效地降低经营成本。淘宝网上大部分流量都是自然搜寻流量（Organic Traffic），极大地降低了阿里巴巴的用户获取成本。此外，阿里巴巴市场平台上数以百万计的商户也是阿里巴巴营销推广服务天然的客户，因此可以节省大量销售和营销的支出。阿里巴巴的经营利润率，即息税前利润（EBIT）占销售收入的比例相当高，在2017年高达27%，明显高于其他零售商。

第三，阿里巴巴实施了轻资产战略。尽管阿里巴巴在技术和数据平台上投入了巨资并打造了自己的物流系统，但总体而言，阿里巴巴的资产仍偏"轻"。通过分析阿里巴巴过去五年的资产负债表，经过计算我们很容易发现2015年（上市后）阿里巴巴的净资产和设备仅稍高于90亿元人民币，而其投入资本，即经营活动使用的资本总量也仅为170亿元人民币。因此，几乎所有构成投资资本收益率的会计项都对阿里巴巴有利——低折旧率、高收入/投入资本比等，都为阿里巴巴带来了高水平的投资资本收益率。

分析完阿里巴巴高投资资本收益率背后的因素，我想指出上市后阿里巴巴的资产负债表中两个显著的特点。

第一，截至2017年，阿里巴巴拥有的现金及现金等价物高达1437亿元人民币，主要来自于2014年公开上市募集的约1600亿元人民币（约250亿美元）。而2013年阿里巴巴在进行了大量战略和财务投资后，其现金及现金等价物只有不到370亿元人民币。对于公司财务的研究者或公司治理的支持者而言，企业资产负债表上如此多的现金绝不是一个好的迹象。迈克尔·詹森（Michael Jensen）提出的"自由现金流问题"（Free Cash Flow Problem）有可能让我们对阿里巴巴未来的增长机遇和利润水平感到一些担忧[一]。

第二，截至2015年，阿里巴巴在股权投资上已累计投入520亿元人民币。虽然大部分投资是为了建设阿里巴巴的生态系统，但我们不禁想知道这些投资是否真正帮助阿里巴巴提升了移动端的货币化率。在移动端，随时随地会有潜在的颠覆者出现，令阿里巴巴措手不及。当然，我们也注意到，阿里巴巴的货币化率在上市后一直呈现出上升的态势，已经稳定地突破了3%的水平。即便如此，相较于商业模式较接近的eBay的10%左右的货币化率，阿里巴巴在这方面还有极大的上升空间。我们同样注意到，手淘App已经变成阿里重要的流量入口，还衍生出一系列包括微淘、直播在内的内容产品，增加了用户黏度和使用时长。2017年"双十一"购物节，阿里巴巴完成的1682亿元的交易额里，90%是通过移动端完成的。

为什么是阿里巴巴？为什么是马云？

阿里巴巴迅速腾飞的秘密是什么？按照现在的趋势，阿里巴巴能够发展成为一家世界级的企业吗？在某种程度上来说，阿里巴巴的成功印证了成功永恒的秘诀——天时、地利、人和。

有许多原因可以解释阿里巴巴巨大的成功。其中一个最显著的原因

[一] 见Jensen, 1986。

就是阿里巴巴在高速发展时期处于一个快速增长的市场——中国。中国市场为阿里巴巴贡献了超过 95% 的销售收入，也为阿里巴巴带来了全球电子商务领域最大的市场。首先，中国正在经历由投资拉动向消费驱动的转型。截至 2017 年，中国消费占 GDP 的比率仅为 38%，而同期美国消费占 GDP 的比率则高达 67%。消费的提升将继续为阿里巴巴等企业带来巨大的商机。第二，麦肯锡咨询公司（McKinsey & Company）将中国的主流消费阶层定义为家庭年可支配收入在 10.3 万~22.2 万元人民币之间的家庭（1.6 万~3.4 万美元）。根据麦肯锡的预测，自从 2000 年起，有超过 1 亿个中国家庭进入了主流消费阶层。过去十年，中国家庭实际可支配收入每年以 10% 的速度增长，预计到 2025 年，中国主流消费阶级家庭将达到 2 亿。这将为企业带来一个超级巨大的商机[一]！第三，中国互联网和移动互联网的渗透率正在快速提升，同时线上购物的渗透率也在急剧增长。即使如此，线上购物如今也只占中国零售总额的 20%，增长的空间仍然巨大！

自创立之日起，阿里巴巴所采用的商业模式就有利于提升投资资本收益率。在过去的 19 年中，尽管阿里巴巴的商业模式不断演化调整，但始终坚持核心的价值主张不变——**让天下没有难做的生意**。得益于线上市场平台模式，在创立短短三年内，阿里巴巴就实现了正向的现金流，这对于电子商务企业而言尤为罕见，而亚马逊和京东在上市多年之后仍然难以有稳定的盈利。阿里巴巴的轻资产、重创意的商业模式将它与中国其他巨型企业区别开来，中国其他巨型企业仍将规模的扩张置于投资资本收益率之上。

[一] 来源："The China effect on global innovation"，McKinsey Global Institute，October，2015。

阿里巴巴和马云也非常幸运。中国的消费市场巨大且高度分散，而阿里巴巴则极大地获益于中国市场的经济规模和范围。截至2014年年底，中国注册的中小企业的数量已超过4000万家，雇用员工超过5亿人㊀。早在21世纪初，曾有许多电子商务的创业企业与阿里巴巴竞争。但为什么阿里巴巴能够鹤立鸡群、屹立不倒，而其他企业都纷纷失败了呢？一直专注获取用户、持续提升用户体验、不断扩展产品服务范围以及从B2B到B2C和C2C的转型都是阿里巴巴成功的重要原因。当然，阿里巴巴这19年历程的核心就是坚持追求价值，反映在阿里巴巴长时间高水平的投资资本收益率上。

阿里巴巴能够像马云期待的那样做成一家超过102年的企业吗？尽管目前阿里巴巴取得了巨大的成功，但前方的路仍然充满了不确定性。如今，企业的绩效表现起伏不定已经成了全球普遍的趋势。作为一家重创新、轻资产的企业，高增长率是关键。随着中国经济增速显著放缓，阿里巴巴是否能够保持过去强劲的增长势头？线上市场平台的模式确实具有成本优势并能大幅提升投资资本收益率，但也为阿里巴巴控制产品和服务的质量带来了困难，因为市场平台上的卖家并不属于阿里巴巴。如何在卖家和买家之间建立信任、克服怀疑，对阿里巴巴而言仍然是一项艰巨的挑战。

马云和他的伙伴们正在尝试多元化的投资，在金融服务（如蚂蚁金服）、报业、电影、体育、健康等领域积极地并购并努力推动有机增长。这些投资能够像阿里巴巴轻资产的在线市场平台一样获得丰厚的利润吗？马云和他的伙伴们如何处理蚂蚁金服在金融服务领域的风险？金融是资本密集型行业，阿里巴巴能够把多少轻资产运营的精神带到金融领

㊀ 见"Clicks to bricks"，*The Economist*，August 15，2015。

域去实践呢？阿里巴巴又如何通过进入金融和健康等新兴行业，借助品牌和创新持续地创造价值呢？

阿里巴巴集团的规模不可阻挡地成长壮大，然而规模并不能长期确保阿里巴巴在电子商务这样快速变化的行业中占据市场领导地位。阿里巴巴的资产似乎也变得越来越"重"。如今，阿里巴巴也在投资建立仓储设施，改变了其原有的"轻资产"企业的性质。由于中国物流网络效率低下，阿里巴巴也不得不建立自己的物流网络。菜鸟，一家用数字平台连接十余家快递企业、1800个配送中心、10万多个配送网点的平台于2013年在阿里巴巴的倡导下建立起来，这需要阿里巴巴做出巨大的资本投资。更重要的是，阿里巴巴也开始走向线下市场。2015年，阿里巴巴向中国领先的电子产品零售商之一的苏宁投资46亿美元。根据阿里巴巴与苏宁之间的协议，苏宁将在天猫网开设线上店面，同时阿里巴巴将能够使用苏宁发达的配送网络，并且阿里巴巴的线上买家可以选择前往苏宁的门店自提或退换线上购买的货品。

马云希望将阿里巴巴从一家纯线上购物平台发展成为一家提供各种线上线下服务的完整的生态系统。实现这个目标需要大量的投资。在这个过程中，阿里巴巴还能够保持高水平的投资资本收益率吗？

崭露头角

中石油、中石化、国家电网和工商银行这样的企业确实在改革开放期间为中国经济的发展做出了卓越贡献。它们资本密集型的性质以及对经济及其他企业的影响反映了中国过去依靠大规模投资推动经济发展的增长模式。随着中国经济从高速增长进入"高质量发展阶段"，中国未来经济增长的源泉必将发生根本改变。提升全要素生产率（Total Factor

Productivity）以及在企业层面提升投资资本收益率是中国未来增长最重要的动能。中国经济的微观基础在这一过程中将会发生深刻的变化。在经营理念上，中国企业的经营目标将经历从规模化发展向价值创造的变化；在商业模式上，我们也将看到企业从资本密集型向智力和知识密集型的转型。中国的伟大企业在酝酿、萌芽、成长和喷薄。按照大数定理，只要尝试创新、追求伟大的企业的基数足够大时，从中必然能够成批量出现伟大的中国企业。

除了华为和阿里巴巴以外，下面讨论两家崭露头角的中国企业——小米和顺丰。这两家企业有许多相似之处。第一，这两家企业都得益于中国经济的蓬勃发展和消费市场的广度和深度。第二，两家企业与各自的竞争对手不同，都不遗余力地强调质量与客户体验。第三，两家企业都成功打造了涵盖各类终端用户和服务提供商的完整的生态系统。它们建立的平台如今能够为客户提供全方位的服务，包括物流支持、线上支付甚至金融服务等。这两家企业有机会成为未来中国的世界级企业。当然，类似小米和顺丰这样的名字，我们能列出一大批，例如京东、大疆、蚂蚁金服等。属于中国伟大企业的时代终将来临！

小米——享受科技带来的美好生活

小米在中国诸多崭露头角的创业企业中最为突出。短短八年间，小米建立了 1.9 亿 MIUI 月活跃用户的基础，成功打入印度尼西亚与印度市场并挑战颠覆了西方市场对于中国科技企业经营思维的固有假设。2017 年第四季度更是在印度市场占有率排名第一。此外，经过 2014 年 12 月一轮 11 亿美元的私募融资，小米的估值已高达 450 亿美元，甚至超过了同期的优步（Uber）和 Airbnb，成为当时全球估值最高的未上市独角兽公司。2018年5月，小米提交了在香港联交所上市的IPO申请。2018年7月，小米将发行价格定在17元港币，对应估值为540亿美元，成为有史以来全球科技股第三大IPO，前两名分别为阿里巴巴和Facebook。小米股票于2018年7月9日正式交易，股票代码为"01810"，按7月13日的收盘价，小米的市场估值达到了615亿美元。

小米由雷军这位敢说敢做、充满激情的企业家于2010年4月正式创立。直到2011年8月，小米才推出第一款智能手机（小米1）。之后小米便一发不可收拾——2012年智能手机的出货量达到720万部；2013年增加至1870万部；到了2014年进一步猛增至6100万部，实现销售收入120亿美元。依靠超过三位数的年增长率，2014年小米尽管还未进入欧美市场，但已迅速成为仅次于三星和苹果的全球第三大智能手机制造商（按市场出货量），而这只是在小米推出第一款智能手机三年之后。2015年开始，小米的发展势头明显减弱，2016年市场占有率更是大幅下滑。但小米及时减速、重新补"创新、质量和交付"的功课，2017年智能手机出货量增至9000万部，重回到智能手机全球第一阵营。以连接设备（不含智能手机和笔记本电脑）的数量统计，小米2017年已经成为全球最大的消费及IoT（Internet of Things）平台，而且小米在2017年第四季度已成为印度市场出货量排名第一的智能手机公司。2018年第一季度的数字显示，小米按市场出货量衡量，在全球智能手机厂商中排名第四，仅次于三星、苹果和华为，全球市场份额达到8.2%。

小米爆发式的崛起对于很多人而言毫无疑问是个巨大的奇迹。小米极富魅力的创始人，被中国媒体称为"雷布斯"的雷军曾经这样说："站在风口上，连猪都可以飞起来。"对雷军而言，这个"风口"是移动互联网。

小米的商业模式。 如何定义小米是一件极其富有争议的事。尽管小米销售的主要产品是智能手机和其他电子设备，尤其是其智能手机销售占到整个小米营收的70%以上，但由于其独特的商业模式，大多数投资人愿意将小米看作一家**移动互联网企业**，而不是一家硬件制造商。雷军自己多次强调，"小米不是单纯的硬件公司，而是创新驱动的互联网公司。"小米的业务范围非常广泛，从硬件、软件、互联网内容到社交媒体，所有这些背后的基础就是小米的操作系统MIUI——一款由小米开发的、基于安卓智能手机的用户界面（UI）。早在其第一款智能手机发布以前的2010年，小米就推出了MIUI操作系统。MIUI基于安卓系统深度定制，强调易用性和开放性，并且每周根据用户的反馈更新升级，赢得口碑，也带来了新的功能和性能的优化。

小米创新的独特之处就在于，它借助社交媒体和线上调研与消费者保持了非常紧密的联系，并以此来决定创新的方向。小米使用线上社区论坛获得用户的设计创意和对产品的反馈，提供产品和服务的升级并公布未来产品的规划。通过线上"米粉"（小米粉丝用户）的小米社区官方论坛，小米收集了对用户普遍产生共鸣的产品功能和改进方案，借助"集体的智慧"打造每周MIUI操作系统的更新。截至2018年3月，小米声称"米粉"的数量已超过1.9亿人；小米迄今已经开发了38个月活跃用户超过1000万的应用程序和18个月活跃用户超过5000万的应用程序（例：小米音乐，小米视频等）。

小米商业模式的另一个重要要素就是"高端低价"——销售价格仅稍高于成本，依靠附加服务盈利。小米的营销推广几乎完全通过社交媒体以及"米粉"的口碑相传，因此将营销成本控制在非常低的水平。与此同时，小米每年仅发布少数几款新产品，每款产品能够维持较长时间的盈利。小米还利用自身生态系统培育生产智能家居设备的创业企业，从路由器、空气净化器、水净化器到与智能手机互联的家用监控摄像头,等等。随着硬件的利润率不断降低,小米尝试通过内容方面的增值服务来创造更多的价值。小米定制化的用户界面以及独立或联合开发的移动端应用程序和平台极大地提升了消费者对小米品牌和产品的认知度,帮助小米发展其独特的用户群体。

小米如今已发展成为国内一家领先的移动互联网企业。作为一家软件和内容提供商,小米在硬件领域首先实现突破,从最初的智能手机到小米电视,再到其他连入小米生态系统的各种设备。小米首创的这种纵向整合模式允许软件企业能够以成本价甚至低于成本价来销售硬件产品,以吸引用户,在此基础上再通过内容产生持续的收入。小米要想继续发展,不断拓展其内容及提升应用程序的生态系统是关键。

小米的投资资本收益率。小米 2016 年和 2017 年的营收分别为 684.34 亿元和 1146.24 亿元,毛利分别为 72.49 亿元和 151.54 亿元。从国内外市场营收占比来看,2016 年小米 86.6% 的营收来自国内市场。这一比例在 2017 年降到 72.0%,此时海外市场占比已经达到了 28.0%,显示出小米国际化战略的初步成功。小米的营收主要来源于四大业务,分别是智能手机、IoT 与生活消费产品、互联网服务,以 2017 年为例,其智能手机业务营收为 805.63 亿元,占比为 70.3%,IoT 与生活消费产品业务营收为 234.47 亿元,占比为 20.5%,互联网服务业务营收为 98.96 亿元,占比为 8.6%。由此可见,小米大部分收入来自智能手机销售。

2016 年及 2017 年小米的经调整非国际财务报告准则利润分别为人民币 18.96 亿元及人民币 53.62 亿元,对于一个成立时间仅仅八年的"互联网"公司,能够在如此短的时间内获得利润,显示出小米商业逻辑上的不同寻常之处。小米的商业模式按业务逻辑来描述就是生产高性价比的硬件产品,自建渠道低成本地将产品销售出去,销售过程中也获取用户流量，然后通过互联网内容实现流量变现。按此逻辑，不论是投资小米生态链企业，还是推进新零售，小米本质上都是为了获取更多的用户，并售出更多的货。在本书写作过程中，小米尚未公开上市，所以我们无法拿到小米具体的损益表和资产负债表来计算其投资资本收益率，并对其利润率和资本使用效率等进行逐项分析。然而，小米商业模式的许多方面都决定了小米具有高水平的投资资本收益率，这也解释了小米在对手众多、竞争高度激烈的领域能够迅速崛起的原因。

图 9.5 中根据小米为上市披露的公开信息计算了小米 2016 年和 2017 年的税前 ROIC。如图 9.5 所示，小米的税前投资资本收益率非常高，这主要是因为小米投入资本占销售收入的比例非常低，这表明，至少在目前看来，小米的资本使用效率很高。

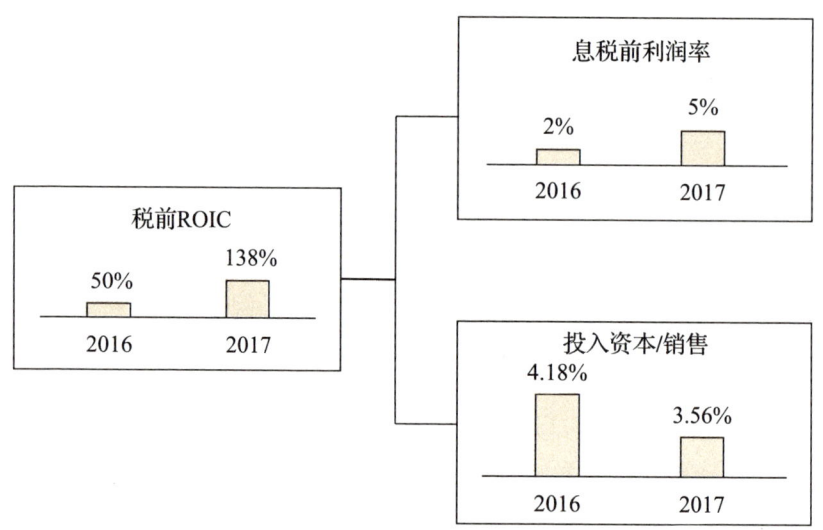

图 9.5　小米的税前投资资本收益率，2016—2017 年
来源：作者计算。

第一，小米将生产环节外包或是利用小米生态链里的企业提供产品，直接减少了经营活动中对固定资产的需求。

第二，小米营运资本的管理非常有效。在发布新款智能手机之前，小米会在线上进行预售，极大地降低了对营运资本的需求。小米目前每一款智能手机的销售量都超过了前一款，平均每款手机的发货量都超过1000万部。有了这么高的发货量和火爆的市场需求，小米能够在与零部件供应商谈判时占据主动，获得更低的批量折扣，因此降低了生产成本。此外，由于每款手机的发货量都很高，所以小米也摊薄了研发成本。

同时，小米打造了一个全新的基于互联网的生态系统，将客户转化为"粉丝"，帮助小米一同设计并推广产品。这个生态系统帮助小米成功地将市场需求风险转嫁给其孵化培育的小型硬件创业企业，并通过最小化存货和优化供应链极大地降低了成本。

根据小米的招股说明书，小米集团在2017年产生了439亿元的亏损，主要源于小米发行的可转换可赎回优先股所产生的大额公允价值亏损。可转换可赎回优先股在国际会计准则下体现为"对股东的负债"，其公允价值的上升会记录于公司账面的亏损，但实际上公司并没有这样的亏损发生，对公司实际运营也没有影响，这笔所谓的"负债"数字在上市那一刻就会消失。事实上，如果扣除这些非现金收益，小米2017年的盈利实际上是53.61亿元。如图9.5所示，小米的营业利润情况不错。这也是为什么我在本书中一再强调，要了解一个企业的真实营业情况，投资资本收益率比净资产收益率更准确，后者用的利润包含了许多非经营活动带来的盈利或是亏损，在很大程度上，其实并不能真实反映一家企业的经营状况。

小米经营利润相对较高的原因有二。其一，小米在市场营销和分销渠道上的投入非常少。小米销售收入中，约55%直接来自线上，15%来自小米商城（mi.com）——国内第三大电子商务网站。因此小米的零售成本和管理成本较低。其二，小米硬件偏低的利润率可以通过服务、内容和配件予以弥补。这一切使得小米能保持一个相对不错的息税前利润率（参见图9.5）。

雷军在小米上市前发表的一系列讲话中誓言，"小米永远坚持硬件综合利润率不超过5%。"事实上，只有保持高性价比，才能不断地吸引用户并留住用户，这样小米的整个业务逻辑形成良性循环。而低价高质背后是效率的提升和运营成本的降低，尤其是交付产品给用户时的交易成本的降低。小米的商业模式成功地帮助它做到了这一点。

小米会成为一家伟大的企业吗？ 小米这家八年前才成立的创业企业在2014年时，智能手机出货量就达到了6100万部，实现销售收入120亿美元，企业估值高达450亿美元。到2017年，小米的销售更是突破千亿人民币。如果小米在未来能继续保持这样的发展势头，那么雷军"连接一切"的梦想就很可能会在小米身上实现。但保持三位数的增长率，甚至保持两位数的增长率，对小米而言都是一项艰巨的任务。

第一，市场分析师以及小米的竞争对手都在问同一个问题：高端手机低价卖的做法是否可以持续？当然，小米的电子商务模式帮助小米节省了大量零售和分销成本，而其颠覆性的定价策略也为小米带来了口碑效应，使小米能够以非常低的成本销售产品。然而，小米的竞争对手对小米的成功不会视而不见。例如，华为和三星也已经开始打造自家的线上粉丝社区平台。

第二，尽管小米多次强调将依靠大数据、服务和内容作为收入的主要来源，但真正做到这些还需要时间。目前小米仍然需要依靠销售智能手机等硬件产品来获取收入。小米是否能够保持销售收入的高增长率？为了保持强劲的增长，进入海外市场是必然选择。然而，进入印度、巴西和东南亚这样的海外市场可能需要花更长的时间，采取更加聪明的手段。虽然小米目前在印度非常成功,但类似的成功在多大范围内能够被复制呢?

第三,小米开始推进新零售,重视线下渠道,线上以小米商城、米家有品为主体,线下以小米之家、有生品见等为桥头堡,更好地触达消费者,提供更为无缝优质的零售体验。增加线下投入必然会大幅增加小米经营活动中的资本占用。可以想象,未来小米投入资本的销售收入占比将很难保持在 2016 年和 2017 年所取得的 5% 以下的水平,这势必会影响到小米未来的投资资本收益率和现金流。

第四,与拥有大量专利的华为和联想不同,小米只有短短八年的历史,缺乏专利和品牌等雄厚的智力资本和知识产权,因此在国际市场上处于不利地位。这可能会限制小米未来增长的势头。另外,一旦上市之后,小米将面临市场估值的各种压力,小米到底是一个平均估值倍数相对较低的硬件企业,还是估值倍数相对高但波动较大的互联网企业?事实上,小米在 IPO 过程中,包括向中国证监会申请发行 CDR 过程中,其互联网公司的定位不断受到投资者甚至监管层的质疑。雷军和他的团队无疑面临着各种艰难的挑战。资本市场和全球市场的砥砺,或是小米最终凤凰涅槃成为伟大企业的必经之途。

顺丰控股

顺丰是由充满神秘色彩的王卫于 1993 年在广东顺德创立的。在创立顺丰速运以前,王卫曾经在香港叔叔的手下做过小工。他敏锐地意识到香港和珠三角之间日益增长的信件和小包裹的快递需要,在顺德注册顺丰速运,并在香港太子的砵兰街租下店面,用于接货与派货……

经过二十多年的发展,顺丰速运已成为国内领先的民营快递物流综合服务提供商,拥有30万名员工、超过1.5万辆自有运输车辆、36架自营全货运专机和15架外包全货机以及13,000个国内外营业网点。2017年2月24日,鼎泰建材正式更名为顺丰控股,顺丰买壳上市成功,总市值达2338亿元。虽然企业和创始人都一直低调,但生活在中国,尤其是生活在城市里的人们很容易感受到顺丰的存在——每天有超过1.5万辆带有顺丰标志的快递车辆行驶在街头。2017年,顺丰的营业收入达到709亿元。

和这个时代的所有成功企业一样,中国经济的快速增长和不断增加的各类需求给顺丰提供了创始之初难以想象的发展机会。随着时间的流逝,顺丰的商业模式、组织架构、战略思路,甚至产品和服务都发生了巨大变化。追溯顺丰过去二十多年的发展路径和期间数次重要变革将占据巨大的篇幅。在这里我只简单叙述顺丰最近几年在市场上逐渐明晰起来的商业模式。

第一,顺丰采用的是直营模式。在发展初期,顺丰速运曾经尝试使用加盟店模式寻求快速发展,但王卫很快发现加盟模式带来了管理的混乱和服务水平的恶化。同时,加盟模式也导致顺丰速运无法对运输和配送实现标准化运营,更无法开展其他增值业务。从2000年起,顺丰速运开始精简优化商业模式。两年后,顺丰速运从原有的加盟模式完全转为直营模式。

第二,顺丰是国内第一家使用飞机运送快件的快递企业。在非典(SARS)肆虐的2003年,航空业经历了严重的衰退。顺丰速运抓住机会在航空运价大跌之际与扬子江快运签下五架货运专机的合同。2005年,顺丰速运开始计划部署自己的货运专机。2009年12月31日,"顺丰航空"(SF Airlines)成功完成首航。截至2016年年底,顺丰速运共拥有36架全货运飞机,同时租用了15架全货运飞机。

第三,顺丰速运在2012年尝试通过"顺丰优选"(sfbest.com)进入冷链生鲜电子商务领域，首先专注于室温高端食品，后尝试推出低温生鲜食品。

第四，2014年5月顺丰速运在全国范围内推出"嘿客"网购服务社区店，旨在解决"最后一公里"的配送问题。顺丰速运目前在国内已建立起超过3000家"嘿客"店，希望通过实体的"嘿客"店，打通线上和线下的物流及信息渠道。顺丰速运在这方面做出了大量的投资，但效果并不理想。

第五，顺丰速运也将目光投向海外市场，2014年推出跨境电子商务平台"海购丰运"（sfbuy.com），2015年又推出跨境B2C平台"丰趣海淘"（sfht.com）。顺丰速运通过自己的全球供应链直接从海外供应商处采购产品，并在自己的仓储存放，只需五个工作日即可完成跨境配送。

顺丰速运如今已发展成为一个集物流、信息和资本于一体的综合性生态系统。顺丰速运也已获得第三方支付及银行卡收单业务的执照，并推出了"顺手付"（SF Pay）服务，为客户提供支付、银行转账、快速下单、财富管理和线上购物等多种服务。顺丰速运也正在与金融机构合作，提供信用卡及供应链金融等服务。顺丰速运是国内唯一一家建立了完整生态系统的物流运营商，业务范围涵盖快递、冷链、境外购物、线下便利店和基于第三方支付执照的金融服务等。

顺丰的高速发展在很大程度上得益于中国改革带来的深刻变化。改革开放政策推动了中国的进出口贸易，为快递行业创造了早期的需求。1985年，中国邮政——一家中央政府控制的国有企业创立了中国邮政速递物流（EMS）。在顺丰速运与申通快递于1993年分别创立于广东和上海以前，中国邮政速递物流长期以来是国内唯一的快递运营商。

随着中国电子商务的快速发展，中国的快递业务，尤其是民营快递企业自创立之日起就经历了强劲的增长。自从20世纪90年代末以来，互联网迅速走进千家万户，电子商务也由此而诞生。中国电子商务的快速发展有以下几个原因：

第一，中国人口总数超过 13.7 亿，且人口密度大，在城市尤其明显，因此，电子商务平台能够迅速实现规模经济。

第二，中国传统的实体零售部门高度分散，而电子商务借助规模效应能够提升零售部门的效率。电子商务的迅猛发展为中国的快递行业带来了巨大的机遇。2007—2014 年间，中国全国快递投递的数量从 12 亿件增加至 140 亿件，年复合增长率达 42%。同期国内快递企业的营业收入也从 343 亿元人民币增加至 2045 亿元人民币[一]。到 2016 年，中国快递市场规模更是达到了 312.8 亿件，营业收入也达到了 3974 亿元。根据国家邮政局十三五规划，到 2020 年，中国快递业务将达到 700 亿件，而营收将达到 8000 亿。

中国快递业务将继续保持高速增长。第一，线上消费的增长空间仍然巨大，移动互联网的兴起将进一步强化这一趋势。第二，中国经济的结构化转型为快递业务带来了巨大的增长潜力。目前，中国第三产业的 GDP 占比已超过 50%，消费对经济增长的贡献已经超过 60%，以知识为基础的高附加值行业在未来将更加重要，为快递业创造强劲的需求。第三，尽管国内人均快递使用量已经从 1.1 件增加至 2016 年的 7 件左右，但这个数字仅为美国的四分之一，仍然具有巨大的增长空间。而且，目前国内快递单价偏低，只有 13 元人民币，顺丰为 22 元人民币，而 FedEx 美国国内航空件的单价收入为 17.6 美元。随着产品结构的升级和相关增值服务的发展（例如，冷运、国际、重货等业务），顺丰未来业务的增长空间非常广阔。

顺丰开拓了一条令人信服的发展路径。作为国内领先的快递物流服

[一] 见 2017 年"邮政行业发展统计公报"。

务综合企业，它很有希望发展成为一家伟大的企业。第一，顺丰速运处于高速增长的中国市场，拥有继续高速增长的基础。第二，顺丰速运展现了精心设计的战略和强大的执行力。其直营模式明显专注于中高端文件和小型包裹市场，而不是大件重件货品运输市场。此外，顺丰计件制的激励机制使顺丰速运的经营表现远超竞争对手。第三，顺丰速运已经建立起集物流、现金流和信息流三者于一体的综合性生态系统，有利于培育大数据、电子商务、供应链金融和其他高附加值服务领域的增长机遇。

图9.6给出了顺丰2016年和2017年的投资资本收益率。作为一个重资产企业，顺丰这两年的税前投资资本收益率都保持在20%以上，分别为22%和25%，展现出了极强的价值创造能力。其税后ROIC在这两年也分别达到了16.5%和18.3%。在平均投资资本收益率只有不到4%的中国A股市场，顺丰无疑是价值创造的佼佼者。

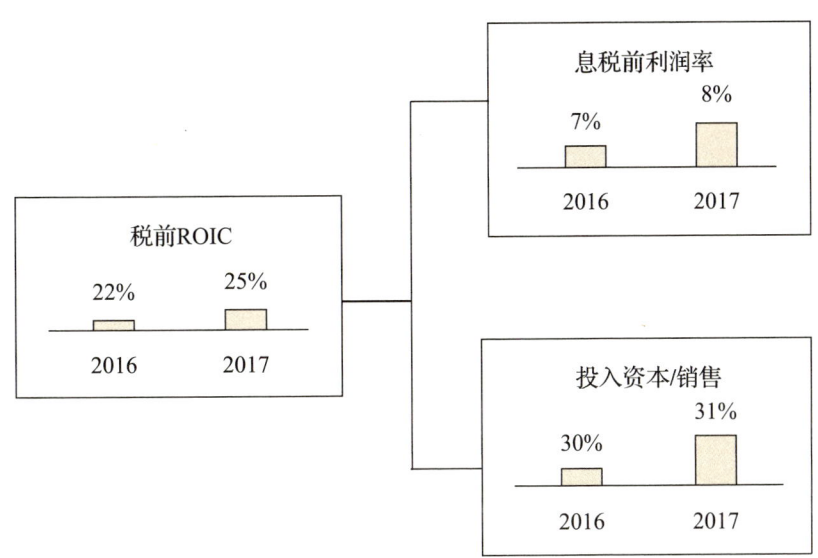

图9.6　顺丰的税前投资资本收益率，2016年和2017年

来源：作者根据年报信息计算。

第十章 中国企业如何走向伟大

我们像麦子一样站起,一亩又一亩的金黄。

(And we rose up like wheat, acre after acre of gold.)

——安妮·萨克斯顿(Anne Sexton)

中国企业开启第二次长征的号角已经吹响。

这将是一次更为艰苦卓绝的长途跋涉，胜利与否将直接决定中国经济成长能否由数量增长转变为质量增长、中国经济结构调整是否能够顺利实施、中国能否成功避免中等收入陷阱并开启高质量发展的新阶段；这也将是一次自下而上，由中国最具企业家精神的创新创业者，由中国目光长远、追求卓越的企业家们来推动实现的一次伟大征程。这次征程的最大困难在于，我们没有目标，没有成熟的路径可以依赖，甚至没有指点迷津的经验可以去参照。一切都是全新的开始！

我在这本书里提出了"中国企业应该实现从大到伟大"这一命题。但是，我没有能力给出一个答案。事实上，我一直认为更为重要的是提出问题；而答案，存在于千千万万的尝试之中。

与 40 年前中国启动改革开放政策不同，打造伟大的中国企业不能只是依靠自上而下的方式。自上而下地使用政府授权或是补贴、有甄选并区别对待的金融支持及其他行政手段去强迫中国企业把重心从经营规模转向投资资本收益率是行不通的。要想取得突破，同样必须依靠现有的领军企业或是正在涌现的创新企业自下而上的努力。在这一过程中，如何进一步发挥市场竞争的作用，让市场起到资源配置的决定性作用是关键。

中国已经成为全球第二大经济体，全球按营业收入衡量的规模最大的企业中有超过20%来自中国。尽管中国企业在短短的时间内实现了不可思议的崛起，但利润水平却正在下降，投资资本收益率也没有呈现出令人信服的表现。实现中国经济从高速增长向高质量发展的转变，中国需要新一代的企业。新一代的中国企业将以价值创造作为重心，拥有极富竞争力的商业模式和卓越的经营成果。未来若干年，我期待中国企业在以下两个领域实现华丽转型。第一，传统资本密集型行业中的巨无霸企业能够借助全球化和数字化带来的机遇，采用新技术实现跨越式发展并提升投资资本收益率；第二，大批企业家和年轻一代的创业者在北京中关村、深圳、杭州等地形成集聚效应，更加大胆灵活地创新，巧妙地利用机器人、3D打印、无人驾驶、新材料、可再生能源等新兴科技，提升经营效率，开发高端的新产品和新服务。

如果单纯以结果论，目前我们在这两个领域成功的案例都不多，中国伟大的企业仍然还在路上。本书第九章讨论了华为、阿里巴巴、小米和顺丰，这四家企业在各自领域各领风骚。它们，再加上我在本书其他章节讨论过的中国企业，正在撼动着中国经济的微观基础。然而，这些企业毕竟诞生的时间都还不够长，是否能称为伟大企业尚有争议。但它们的成功给我们带来了启示，指明了中国企业走向伟大的方向：**进入快速增长的市场、专注产品服务质量和全要素生产率的提升以及在科技或经营理念上实现创新**。归根到底，这三点都能够帮助企业提升投资资本收益率。

下面将讨论九个方面，涉及宏观制度层面，也涉及微观企业层面。

它们对于中国企业重新调整目标和行为,从而向真正的伟大企业迈进至关重要。这九个"戒条"并非相互独立,而是彼此联系、相辅相成的,它们合在一起指出了中国企业怎样才能走向真正的伟大。如果这些企业内部和外部的要素都能够有效到位并配合协同,那么根据大数定律,中国一定会出现真正伟大的企业。正如阿尔伯特·爱因斯坦(Albert Einstein)所说,"凡事应该且必须是越简单越好,但不能过于简单。"九条,足矣!

转变发展理念和经济增长模式

本书中我反复强调的一个分析框架就是下面的增长恒等式:增长率 = 投资率 × 投资资本收益率。根据这个恒等式,投资率和投资资本收益率都能够推动一个国家的经济增长,但我们在过去却更多地依赖投资率这一个因素。在投资拉动的增长模式下,企业往往把经营目标放在规模和增长速度上。中国在工业化过程中,作为全球化红利的受益者,强劲的需求使得大规模生产得以实现,产业能够迅速崛起。中国在改革开放的前30年保持了年均4%以上的全要素生产率的增长便是明证。然而,随着中国工业化进程接近结束,2010年至2016年,中国的全要素生产率的年均增长率已经下滑到2.3%。在这种情况下,未来中国的经济增长急需提升效率和质量——以银行信贷驱动的投资作为经济增长主要动力的局面已经难以为继。

中国企业的债务水平正在节节攀升,产能过剩的情况也比比皆是。我们如今需要更多依靠提升投资资本收益率来维持增长。中国经济将经历艰苦的、从投资拉动向效率驱动的转型。未来的增长将更多地来自于全要素生产率(Total Factor Productivity)的提升,因为它能带来更高的投资资本收益率。在经济转型的过程中，以智力资本为基础的企业和创新型企业将会崛起。它们的基因中隐含着对更高的投资资本收益率的追求。对于中国经济中的传统行业，例如资本密集型行业，中国政府2015年推出的"中国制造2025"战略将采用多种手段鼓励中国的制造企业在2025年以前升级换代，共同将中国打造成为更绿色、更创新的"全球制造强国"。在这个过程中，我们期待看到中国传统行业的投资资本收益率得到显著改善。

只有当中国经济微观单位（企业）的投资资本收益率得到普遍提升时，中国经济整体的投资资本收益率才能得到大幅改善。中国进一步的改革开放与中国企业走向伟大的征程是紧密联系在一起的。我们必须改变原有的惯性思维，不能盲目抱有中国经济理所应当继续保持高速增长的假设。事实上，如果经济的微观基础不再稳定，那么快速的经济增长便无法保证。只有通过数千万中国企业提升自身投资资本收益率的努力，中国才有可能迎来下一轮高质量经济增长的浪潮。

政府转变职能，从经济增长型政府转型为公共服务型政府

本书中，大量的实证证据和案例从不同角度显示，当政府作为投资决策者时，其投资资本收益率并不高。本书第五章给出了显著实证证据指出，国有企业的投资资本收益率平均而言比非国有企业低4~6个百分点，如果大量投资是由低投资资本收益率主体做出的，那么势必会造成大量资本和劳动力的浪费。与此同时，政府作为经济生活的参与者，由于行政权力的傲慢与强势，往往会破坏公平竞争的环境，不利于优质企业的脱颖而出。再次，政府投资，尤其是强势政府的投资，会对私营企业的投资产生"挤出"效应（Crowding Out Effect），不利于具有高投

资资本收益率企业的发展壮大。政府充分行使经济职能可以依赖资源优势与市场垄断，造就一大批大企业。但是伟大企业所具备的广泛而巨大的使用价值和文化精神内涵，只能源于对市场的尊重、源于由底层向上奋斗中所展现出的高贵的灵魂和气质。

未来的增长将主要来自于全要素生产率的提升，而全要素生产率的提升则与创新和创业有着密切的联系。政府应该减少在经济事务中的参与，让市场在资源配置中发挥决定性的作用。在新的发展时期，拥有强大的价值主张、独特的产品服务并且目标客户众多的企业应该更好地利用消费升级和经济结构的转型而获取成功。政府最应该做的就是创造一个公平的竞争环境，停止给予相关利益集团的补贴和特权。只有当政府重新定义了其在经济事务中的角色时，更为包容的增长才有可能实现。

利率市场化

以价值创造为导向的投融资的最优原则是：投资资本收益率≥加权平均资本成本。即，为了创造价值，企业的投资资本收益率应大于其资本成本。如果资本成本本身就是扭曲的，那么这个不等式就变得毫无价值。事实上，只有当资本成本由市场供需双方决定时，这个不等式对企业决策才可能有指导意义。

当利率受到管制时，监管方更有可能为受照顾的企业或实体部门降低利率，进行变相补贴。在中国，这些受照顾的企业或实体部门往往就是国有企业或地方政府。由于信贷成本低且容易获得，这些企业或实体往往具有强烈的投资冲动。如果经济出现过热，中央银行要求银行缩减信贷，那么信贷紧缩带来的负面影响波及的却往往是缺乏金融体系系统支持的民营企业。

中国多年以前就启动了利率市场化的进程,但改革要取得成功还差关键的一步——让市场而不是监管方来决定存款利率。至少,目前中国的监管方对竞争和市场还缺乏足够的信心,他们担心利率市场化会导致大量存款从缓慢且自大的国有银行流向更加市场化、更加有竞争力、更加以客户为导向的金融机构中去。

必须指出,即使利率完全实现了市场化,软预算约束问题的普遍存在也会扭曲国有部门的投资动机,导致其不以创造价值作为投资决策的标准。我们来思考下面这个问题:中国的市长们在做投资决策时所考虑的资本成本是多少?我们当然可以使用资本资产定价模型(CAPM)或其他金融理论给出的模型来计算加权平均资本成本,但真正的答案却极可能是一个简单的"零"。为什么是"零"?因为中国的市长能够从国有银行、政策银行或通过地方政府融资平台,以非常低的利率获得贷款或融资。即使投资项目进展不顺利,贷款到期无力偿还,我们也很难想象国有银行或金融机构会强迫地方政府还款或让他们破产。因此对于中国的市长们,他们所感受到的资本成本其实就是"零"。在这一点上,中国经济中过高的国有部门的比例其实会削弱利率市场化所带来的积极影响。

因此,在现阶段的中国,利率市场化具有两重含义:第一,让市场来决定利率;第二,消除国家提供的隐性担保,把"软"预算约束变成"硬"预算约束。如果"刚性兑付"不打破,那么财政与金融就很难分清。或者说,我们一直在用金融做财政的事。这样,有效率的金融无法建立起来。政府应该明确表态,国有企业和地方政府亦有违约风险。当利率市场化真正实现时,中国的银行就必须更加努力才能营利;借款方由于需要支付市场化的利率也必须更加谨慎地选择投资项目;中国的家庭也能从储蓄中收获更多的利息收入。良性循环会最终形成。利率市场化的进程已经启动。如今中国的银行业在吸储和盈利方面不得不面临更大的竞争,而中国的储户也有了比过去更多的投资选择,从货币市场基金、大额存单到财富管理产品等不一而足。尽管进展缓慢,但利率市场化一旦实现必将会为中国企业带来最为深刻的影响。

允许民营资本进入金融领域

在中国的工业化进程的推进过程中,政府一直采用"金融抑制"政策把稀缺的资金集中配置到符合国家战略的行业,以此推动工业化的发展。中国式的"金融抑制"反映在以下两个方面。第一,国家垄断的金融体系将大部分银行信贷资金配置到国有部门,对投资效率更高的民营部门产生了"挤出效应"。从某种意义上讲,中国的民营部门受到国有部门和外资企业的双重挤压——国有部门能够获得国有银行提供的成本相对较低的信贷,而外资企业则能够在海外以较低的成本融资。尽管民营企业的投资资本收益率高于国有企业,但因为融资的限制,它们很少能够发展到足够大的规模。第二,政府对金融行业设置了重重准入限制,导致民营资本几乎无法进入金融领域。

2017年,中国金融业增加值的GDP占比已经超过美国,达到了8%。正如我在本书多次强调的一样,金融业增加值同样也反映了金融行业提供金融中介服务所发生的成本。其GDP占比越高越表明,中国的金融中介过程中存在着过多的中间环节,从而增加了金融中介的成本。**中国需要的不是更多的金融(例如,不断提高金融业增加值的GDP占比,或是金融资产占GDP的比例),而是更好的金融(例如,能够降低企业融资成本的金融)**。允许民营资本进入金融领域将有助于金融服务的差异化发展，也更有利于金融服务提供商之间的良性竞争。从长期来看，这将有助于中国私营部门和中小企业更好地发展。

深化生产要素市场的市场化改革

在过去的40年，中国在推进市场化改革方面取得了举世瞩目的成就。如今，中国几乎所有的产品和服务的价格都由市场供需决定。尽管中国的市场经济仍然存在缺陷，但整体而言，中国已经成为市场经济是一个不争的事实。然而，在生产要素市场和烟草等政府垄断的市场，从石油、天然气和电的价格到资本的成本，政府的干预仍然较为普遍。国家严格控制生产要素市场给经济带来了两个不良后果。第一，生产要素的配置受到了国家政策和绑架政府的利益团体的影响。因此投资资本收益率高的企业虽然是经济增长的真正引擎，却可能无法获得足够的资源和资本去发展壮大；而效率较低的企业由于受到照顾却可能过度投资，导致投资资本收益率下降。第二，国家垄断生产要素市场也会扭曲价格，导致资源配置效率低下，生产效率无法提升。中国过去的增长模式强调经济的规模而不是效率，在很大程度上与生产要素的市场化程度不足有关。

我在本章剩余部分将讨论企业层面的举措。我认为过分强调规模、忽视价值创造、糟糕的企业战略以及缺乏有效的公司治理机制解释了中国为什么拥有众多大企业却几乎没有伟大的企业。下面讨论的各项举措从不同层面来解决这些企业层面的短板。如果实施到位，将有助于提升企业的投资资本收益率，最终成就一批伟大企业。

选对市场

实证研究显示,成功的企业往往选择进入的是快速增长的市场。通用电气的崛起在很大程度上得益于电力在人类社会的广泛使用。华为的崛起离不开全球电信运营商对电信设备和服务的强劲需求;而如今的增长动力则来自于移动互联网的普及和大数据在商业中的广泛运用。阿里巴巴成功的一个重要原因就是中国电子商务市场爆发式的增长。

企业必须对中国经济社会发展的大趋势有清晰的判断。中国经济正在经历从高速增长向高质量发展的转型,增长引擎如今正从投资转向了消费,从要素投入转向全要素生产率和投资资本收益率的提升。这些宏观的经济趋势正在重新塑造中国经济的图景,也为中国企业指明了新的增长领域。

在资本密集型行业,如金融、能源、大宗商品、房地产和低端制造业等领域,无论是国有企业还是民营企业,未来增长的前景都不会像过去 40 年那么明朗。如果无法提升在价值链上的位置,那么它们甚至有可能被市场所淘汰。而崭露头角的新兴企业也必须认识到,持续的增长需要有快速增长的市场来支撑。2016 年,高盛提出了一个"新的中国"概念,特指那些在未来若干年还能保持三倍于 GDP 增速的行业。在高盛的语境中,"新的中国"包括新兴工业(高端制造业、IT 制造业、清洁能源)、新消费(电动汽车、娱乐产业、教育产业)、互联网(电商、游戏、互联网金融)和健康产业(医疗健康服务、医疗保险)。

展望未来,无论是传统企业还是创新企业,选择快速增长的市场才是成功的关键。

ROIC、ROIC、ROIC

"重要的事情说三遍",这是当前中国最流行的网络语言之一。在这里套用这句话来强调成就中国伟大企业最重要的原则。企业实现价值最大化最重要的原则就是持续提升投资资本收益率——它从根本上直接决定了企业的价值。本书第四章通过许多实证证据和案例证明,投资资本收益率同样适用于中国——中国 A 股上市企业中,投资资本收益率高的企业能够为股东带来更高的风险调整后的回报。无论是传统企业还是新兴企业,将投资资本收益率置于规模扩张之上是走向伟大的第一步。

以长时间高水平的投资资本收益率为目标的企业,更加看重利润率和现金流而非销售收入和总资产,更加高瞻远瞩而非鼠目寸光,甚至可能为了长期发展而放弃仅能产生短期利益的"机会"。这样的企业倾向于采用轻资产战略去管理潜在不确定性带来的不利影响,并积极打造追逐长期价值的动力。为了实现高水平的投资资本收益率,企业能够克服战略惰性,在不确定的时期保持警惕。企业需要坚持高水平投资资本收益率以安然度过经济的萧条期,并在经济繁荣时期避免陷入骄傲自大的陷阱。大幅提升投资资本收益率是中国企业必须实现的伟大的价值创造救赎!

推进创新

成功的企业全要素生产率更高,而创新则是提升生产率最可靠的源泉。尖端科技、全球化、数字化、新的竞争对手以及全球治理结构的持续变化导致企业的平均寿命大幅缩短。一家企业若想成就伟大,应该大胆地拥抱"创造性颠覆",主动寻找潜在的颠覆性因素,勇于改变自己。企业需要努力找寻能够提升投资资本收益率的因素,并将其纳入自己的商业模式之中。

中国企业可以从索尼(Sony)的经历中学到经验。向消费者提供最方便最时尚的新产品曾经是索尼的宗旨。20 世纪 80—90 年代,Walkman 受欢迎的程度比起今天的 iPod 和 iPhone 不遑多让。索尼曾经主导了电视、照相机、录像机和其他许多电子产品市场。然而,在索尼逐渐变成了一个巨无霸之后,便开始了更激进地追求多元化,不断进入诸如电影、音乐等行业,慢慢失去了朝气和锐气,失去了产品创新的原始激情,忘记了自己曾经坚持的以消费者需求为核心,不断创新的企业宗旨。在移动通信时代到来,硬件时代向软件时代过渡的时候,索尼显得有些茫然和不知所措,被更为灵活、对市场更为敏感的苹果、三星等一举超越。曾经的产品创新者形象荡然无存。索尼,这家曾经伟大的企业开始变得平庸,甚至一度濒临破产的边缘。

坚持创新,在未被别人颠覆之前先改变自己。腾讯(Tencent)不仅为中国企业,也为全球企业树立了一个绝佳的榜样。在推出广受好评的手机应用程序"微信"以前,腾讯在电脑端的通讯软件"QQ"就已经取得了巨大的成功,用户数量高达 6 亿人。推出"微信"无疑会极大地稀释"QQ"的用户群,因此很多人认为腾讯推出"微信"完全是一种自杀行为。然而,腾讯的创始人马化腾对移动互联网充满了信心,不愿坐拥大笔现金却坐等被他人颠覆。在经过三个月的密集开发后,"微信"便上线了。如今的"微信"取得了比"QQ"更大的成功。到 2018 年中国农历新年之际,"微信"全球月活跃用户首次突破 10 亿大关。除了即时通讯功能以外,"微信"正发展成为一个完整的全功能生态系统,用户可以在"微信"上购物、打车、预订机票、转账汇款、开设网店,等等。更重要的是,"微信"的新功能还在不断增加。

第十章
中国企业如何走向伟大

提升公司治理

公司治理解决的是代理问题,是设立一套行之有效的机制去确保投资资本收益率能够大于资本成本。良好的公司治理利于企业价值创造,也利于企业提高投资资本收益率,从而利于企业做大做强。

我和我的合作者们曾在 2005 年的一项研究中研究中国上市公司股市表现与公司治理水平之间的关系(见白重恩、刘俏等,2005)。我们按照若干衡量公司治理水平的指标把上市公司分成五组。第一组是公司治理排名最低的那些企业,而第五组是公司治理排名最高的企业,其他组依次类推。这五组企业的平均市净率(即股票市值除以账面值,用来衡量企业资本市场表现)分别是 3.06,3.39,3.49,3.67,4.47,最高组和最低组之间的差异高达 46%。公司治理最好的那些公司与治理水平一般的公司之间的差异也达到了 28% 以上。这样大的差异使我们得到了两个非常有用的结论。第一,中国的投资者愿意为良好的公司治理水平付出一个相当可观的溢价。第二,从国际经验来看,中国投资者愿意为良好的公司治理机制支付的溢价要远远高于世界上其他新兴市场的水平。总的来说,中国的股市确实是不成熟的,并且存在很多严重的问题。但是,我们的发现也表明,在某种意义上,投资者也有成熟的一面,至少他们能够在一定程度上具备把好的公司和差的公司区别开来的能力。提升公司治理有助于价值创造,也有助于企业从大变伟大!

如果我们按时间顺序回顾过去 40 年中国最有影响力的企业的诞生——从联想、海尔、华为、泰康和平安,再到阿里巴巴、腾讯、百度和小米等,我们发现中国改革期间一共出现了四轮创业浪潮。第一轮创业浪潮出现在 20 世纪 80 年代,诞生了联想、华为和海尔;第二轮创业浪潮出现在邓小平"南方谈话"之后，诞生了泰康人寿、复星集团和许多著名的房地产开发企业；第三轮创业浪潮目睹了中国互联网企业的崛起，诞生了百度、搜狐、新浪、腾讯等一批 IT 企业，以及阿里巴巴和京东等电商巨头；最后，在我们目前正在经历的第四轮创新创业浪潮中，一批移动互联网企业纷纷崛起，其中的代表就是小米和滴滴出行等一大批企业。

在不同创业浪潮中诞生的企业有着各自不同的特点。在第一轮和第二轮的创业浪潮中，企业的成功在很大程度上归结于创始人的勇气和愿景。改革开放释放了中国人对各种产品和服务的需求，这种需求在短缺经济下被压抑了 30 多年终于得以释放。这一阶段，任何产品，一旦生产出来就一定会有大量的需求。我们看到中国企业在规模上的崛起。这个阶段的企业战略简单、直接、粗暴——尽可能获得必要的资源以便迅速扩张经营规模并占据市场份额。必要资源在这里包括土地、原材料、银行贷款和政府关系，等等。

随着中国进一步改革开放，市场竞争机制逐渐引入，市场交易的范围和规模都得到了极大的扩展。为了生存与发展，企业尤其是民营企业既需要懂商业又需要有战略。在第三轮和第四轮创业浪潮中，成功的企业更善于在发达市场中寻找对标企业，并积极向这些未来的竞争对手学习——"企业战略"和"商业模式"等词汇渐渐地进入了这些年轻的创始人和企业家的语言体系。市场竞争和颠覆性的新技术迫使许多中国企业持续地根据商业环境的变化对业务做出调整。在这个过程中，中国企业显示出强大的活力与韧性。假以时日，这批企业中必然有那么一部分能够崛起成为真正伟大的企业。

诗人茨维塔耶娃曾说："生于这样一个时代，我没有别的选择，只能尽力做一个诗人。"生于这样一个时代，对于中国的企业家而言，只剩下一件事——创造出一批伟大的企业，重新塑造中国经济的微观基础。

后记：万物生长，各自高贵

> 如果你有足够的运气，健美的体貌，再加上想象力不太丰富的话，你的生活就不会太糟糕。
>
> ——英国作家克里斯托弗·伊舍伍德（Christopher Isherwood）

我一直在想，用哪一个词汇可以比较准确地描述我们所处的这个时代，立刻浮现在我脑海中的是"不确定性"这四个字。我们正处在一个独特的时间节点。40年改革开放，思想解放释放出神奇的魔力，让我们经历、见证了人类历史上罕见的经济奇迹。而宏大的叙事下面是无数个体坚忍不拔的努力，他们用不同的方式、节奏和力度诠释着这个时代，并留下深浅不一的印记。最终，所有这些故事融合成奔腾的河流，流淌贯穿于时间深处。

是击节高歌的时候，也是策马扬鞭重新出发的时候。时代如此钟爱我们，给了我们巨大的机遇，也把无尽的挑战摆在我们面前。**面对迎面而来的大变局，我们都会犹豫，都会有自我怀疑，都会留恋给我们带来富庶和成功的舒适区域。**在国家层面构建新的增长逻辑和商业文明，在企业层面构建新的商业模式，寻找新的利润增长点和增长的新动能，这些都需要时间，也都面临着各种不确定性，甚至从一开始，它们的成功就是小概率事件。可以想象，在走出舒适区域之后，我们开启的旅程，在最初注定狼狈不堪。然而，当我们把视野从那些让我们迷惘的地方、从我们脚下移开，投向一个更远处的时候，我们就能发现，这个时代绝非不堪。它充满着各种我们虽不熟悉但仍可以学习、可以尝试的机会，我们的人生其实有无限的可能性。

我们必须深刻地理解到，我们正在经历的一切在人类历史长河中曾经以怎样的形式反复出现。这将让我们对主宰世间的基本法则有敬畏之心，改变急于事功的焦躁心态；我们必须在一地鸡毛甚至是满地狼藉中果断接受生活的琐碎和卑微，提醒自己出发的原因，找回自己最初最美的冲动，在一个不尽如人意的世界里，学习与自己和解，从而有更大的力量继续走下去。

面对即将来临的各种挑战，我们需要不断学习如何去管理不确定性，去管理自己的人生和自己的企业。下面两封信，分别写给作为个体的您和作为企业家或是创业者的您。

一百万分之一的人生[一]

以过往为序章，从 2018 年出发。此后 20 年，即使我们每年只做一次有两个不同结果的重要选择，20 年的累积，最终也将带来超过一百万种可能性（注：2 的 20 次方等于 1,048,576）。20 年后的我们，是智者或是愚人？是低调平凡或是意气风发？是处于人生的黄金时期还是青铜时代？是"出走半生，归来仍是少年"，还是把人生看成交易，忙于用生活去置换财富……

20 年后的我们，其实只是这超过一百万种可能性中的一种；20 年后的我们，是一百万分之一的偶然。然而，这偶然的背后却有必然——我们的选择决定了我们未来的模样。

怎样成就这"一百万分之一的人生"呢？

我非常喜欢查理·芒格的一句话，"获得智慧是一种道德责任。"在

[一] 这一节改写自我在北京大学光华管理学院 2017 年的毕业致辞。

这个只问结果、不问是非的年代，在轻浮的想法被看成智慧、捷径被当成规律的当下，我们必须扛起这个道德责任，引领自己和周围的人走出混沌之地。这需要我们养成终身学习的习惯，并在真正有深度的思想面前保有敬畏之心。真正的学习，绝不是通过碎片化的阅读和各式各样的畅销书来营造自己在"知识"上的数量，而是通过更为系统、注定辛苦的思考去深入理解事物背后的本质，构建我们对这个世界的认知；是读一些无用的书，行万里路，积累一些没有功利目的的生活体验——往往是这些无用的阅读和生活积累，让我们一生能够做很多不同的人，有足够大的精神世界去接受生活中的高尚与卑微。**智慧决定我们这"一百万分之一的人生"的高度。**

我们必须更加包容。很多年前看温瑞安的武侠小说，有一句话给我印象很深，"人生很多事，一步踏出即成天涯，纵然无歌，但求无悔。"不是每一个"人生"，都是如歌的岁月，但是每一个或许平凡的人生，都截然不同。作为个体，我们永远不会知道，那些成长过程中的选择是否正确？一百万分之一的偶然，人生与人生之间很难比较孰优孰劣。一个人只要对自己的选择能够负起责任，就值得尊重。所以，保有同理心，去尊重那些笨拙但是真诚、稚气但是纯真的尝试；去接受那些迷惘中的渴望、挣扎甚至放弃；去改变自己的轻妄和建立在偏执基础上的深信不疑。记住，独立思想不等同于肆意批判；急于站在道德高处，寻找批判目标并四处开火，是狭隘和思想上的粗鄙。自己也是别人眼中的别人。尊重别人的选择，其实是对自己的肯定，是赋予自己生命另外一种尊严。**包容决定我们这"一百万分之一的人生"的厚度。**

我们需要永远对自己真诚。"江湖上卧虎藏龙，人心中更是卧虎藏龙。"20年间不断选择，一百万种可能性，在这段不断失去的日子中，我们每时每刻都面临着各种貌似能够"胜天半子"的奇能淫巧的诱惑。面对不断变化的外部世界，面对迟迟不来的预期结果，我们或许经常有

"如履薄冰，如临深渊"的感受，会惶惑犹豫，有放弃的冲动甚至决绝。每一个"一百万分之一的人生"，在尘埃落定前似乎都有各种可能性。王阳明也曾说："破山中贼易，破心中贼难。"对此，我想说，去找到那件你真正热爱的事，去承受它带给你的苦难和荣耀。情不知所起，一往而深。引用电影《卧虎藏龙》中的一句台词，"无论你对今生的决定是什么，你一定要记得对自己真诚。"**对自己真诚！这将决定我们这"一百万分之一的人生"的强度。**

愿你我永如人间青春少年郎，酣畅淋漓不负生命这一场！

给青年商业领袖的一封信

首先，要祝贺你！被称为青年商业领袖，至少表明：① 你还年轻，至少在50岁以下，还能广义地被称为青年；② 你在商业领域应该是非常成功、独领风骚的。在一个13亿人口13亿个财富梦想的国度，在一个赚取财富远胜于"立德、立功、立言"的大时代，你的一切肯定已经被赋予了不同凡响的意义。

当然，被誉为青年领袖，也意味着你还是"成长股"，最好的时候还没有到来。从青年商业领袖蜕变成真正的商业领袖，也许还需要10年时间，你事业的黄金时期应该是在十年之后。"10年"，这可是不短的一段时间，什么都可能发生！我做了10多年的金融学研究，几乎天天与数据打交道，笃信统计学中的"大数定理"。假如未来这10年你每年都面临一个"成王败寇"的决策，成功或失败的概率都是50%的话，那么你这10年每年都做出正确决策的概率是2的10次方分之一，即1024分之1。这意味着，今天1,000个被称为商业领袖的青年才俊，只有一个能在10年后成熟、成长为真正的商业领袖，带领自己的企业成为伟大企业。前路漫漫的10年啊！

下面我想提一些具体建议，或许对你成为这千分之一会有些帮助。

建议一：做创新者（Innovator），不要只做跟随者（Follower）。在商学院教书，我最沮丧的一件事是几乎所有具有创新意义的商业思想、令人眼睛一亮的商业模式，都不是出自我们国家。我们的商业精英们，更多的做的是"Copy"和"Paste"这样的工作。不可否认，"山寨版"的商业模式也能够让一个企业在短时间内获得极大的成功。但是你可以复制，别人也可以复制，进入门槛是非常低的。我们经常自嘲："中国人最大的本事就是能够在很短的时间内把一个好概念做成垃圾概念。"这里面反映的其实就是这个道理。大家都不着力于创新，都习惯于短兵相接、混战、乱战、自相残杀。在这样的商业环境下，做跟随者不累，所以有极大的诱惑。可是，如果没有独树一帜的商业模式，没有能够独步商业江湖的核心技术和竞争壁垒，成功注定是短暂的，做到基业长青几乎毫无可能。当然，我也必须承认，在一个只问结果不问过程、凡事皆以成败论英雄的时代，潜心创新、不盲目跟风真是太难了。但你是青年领袖，不具挑战性的事情你没有兴趣做，不是吗？不要怕被别人称为"二哥"或"二姐"，成大事者按俗理看几乎都很"二"。

建议二：不要盲目求大。但凡有理想的人都有建功立业、不破胡虏誓不还的远大志向。在商业领域，大多数企业家都有建立企业帝国的梦想。于是，我们看到很多青年商业领袖，会做汽车就以为自己一定要做汽车金融；在自己熟悉的一亩三分地里辗转腾挪之时，就已经急不可待地开始放眼中国乃至全世界了。但是，做大不等于做强，因为盲目求大而最终失败的例子比比皆是。公司金融研究过去20多年最为重要且稳健的一个实证发现就是"多元化折价"（Diversification Discount）——即追求多元化经营的企业不被投资者看好，其市场估值受到贬抑的现象。追求做大的另一个后果是，企业始终洋溢着一种不可遏制的投资冲动。投资一切可投资的项目，跨国并购一切看起来很美的公司和品牌。虽然我们不能随意臧否投资，但我们有权询问，这些事先声张的、耗资巨大的投资中，又有多少有高过资金成本的投资资本收益率呢？我长期秉持的一个观点就是，任何商业模式的创新都与能够找到某些方法去系统提高 ROIC 有关。在企业投资饥渴症盛行、盲目求大的背景下，怎么可能找到能够基业长青的创新模式呢？

建议三：做一名引领者而非附和者。毋庸置疑，我们国家过去 40 年的经济高速成长其实是建立在制度基础设施极其薄弱的基础上的。不完善的制度和政策设计为经济生活的参与者提供了各式各样、或大或小的寻租机会。寻找漏洞的"制度套利"确实是一种"短、平、快"的财富攫取方法，但这不是一种具有持续性的商业模式。我最大的忧虑是我们国家整整一代或是两代最具聪明和智慧的头脑，却选择这样的快速成"财"模式，刻意寻求所谓的捷径，排斥更为辛苦但能带来更真实的长远价值的原创研发。这不仅腐蚀、毒化这一两代人原本最美、最纯粹的心灵，还会进一步扼杀这个国家的创新能力和商业伦理。青年商业领袖，应该做引领者，引领这个国家商业思想和商业实践向上、再向上，而不是向下、再向下。套用一句时下烂俗之语，"这是一个最好的时代，这是一个最坏的时代"。如果我们国家的青年领袖们都去附和这个时代的沉疴，那么这必然是一个最坏的时代；如果我们的青年领袖尝试着做引领者，引领我们走出这段蜿蜒崎岖、不明就里的混沌之途，那你所处的可能就是你生命中最好的时代！

当你不知道该往哪个方向走时，向上走！

刘俏

2013 年 6 月—2018 年 5 月于北京、香港、深圳、广州、上海、杭州、台州、郑州、温州、揭阳、牛津、特拉维夫、耶路撒冷、纽约、温哥华、大连、成都、绵阳、费城、波士顿

致　谢

作家博尔赫斯曾经说："任何一本书都不是孤立的存在，它展现的是一种关系，它是各种数不清的关系的中心轴。"这本书虽然写作时间较短，但酝酿和准备过程却很漫长，跨越了我职业生涯迄今相对还比较清晰的三个阶段。这三个阶段中，因缘际会通过各种方式和我产生"关系"的很多人，对这本书的成书产生了巨大的影响。

写这样一本书的念头起源于 17 年前。那时我刚博士毕业不久，在香港大学做金融学助理教授，没日没夜做一些只有少数同行才会去阅读的学术论文。一个偶然的机会，我得到了麦肯锡公司亚洲金融与战略咨询部门的一个工作机会。当时颇感纠结，毕竟在没有做出好的研究成果之前就离开学术让我心有不甘……记得，我正好要出差到内地讲学，猎头公司的 Rick Johannessen 一路追到香港赤鱲角国际机场，在我入关登机之前说服我签了工作合同……随后近两年的麦肯锡生涯，对我而言是一个眼界大开的过程。虽然常常陷入事务性的繁忙，但我有机会系统地从企业战略、组织结构、公司投融资决策、价值管理、公司治理、资本市场运作等方面去观察和思考与亚洲企业尤其是中国企业紧密相关的一系列问题。虽然大部分仍属纸上谈兵，但我在思维上还是有一种脱胎换骨的感觉。两年后重新回归学术，我常常感到自己从这段经历中受益无穷。那两年，接触了许多真实世界里的企业案例，目睹了大量的成功与失败。更重要的是，这些观察和思考让我产生了写一本书的念头。我想把我看到的和研究过的成功、失败与更系统深入的学术研究结合在一起，从公司金融的角度出发，给当时尚在野蛮生长的中国企业提供一些有益的启示。

随后的日子,为稻粱谋,为功名利禄东奔西走,我一直没有动笔,直到2013年才决心抽出时间提笔写完《从大到伟大:中国企业的第二次长征》一书。2014年该书由机械工业出版社出版后,引起很大反响。我收到大量反馈,认同与批评兼具。2016年我就这一话题又撰写了《Corporate China 2.0: The Great Shakeup》一书,由 Palgrave Macmillan 出版。这两本书为即将付梓的本书提供了大量的基础分析素材。严格意义上来说,这三本书回答的都是同一主题——中国企业为什么要追求以及怎样才能从大到伟大?我一直认为这是从微观角度思考、理解中国经济所需回答的最重要的问题。重要的问题值得也需要反复研究(Research)——这本书可以说是我对企业"从大到伟大"这个重要问题的重新阐释。我希望在以前著述的基础上,这一次的工作会做得更出色些。如果说这几本书彼此关联、用不同语言撰写的书籍里还有一些思想的话,读者不难发现这些思想的源头。我想借此机会感谢 Rick 和那些年在麦肯锡结识的同事们。很幸运曾有机会和你们一起工作。中国人讲"知行合一",麦肯锡的这段经历对我个人而言是一个效率非常高的学习过程。

回归学术研究后,我开始为发表、为终身职称(Tenure)忙碌,暂时放下了完成这本书的想法。我一直认为,终身职称制度虽不完美,但确实能够极大地激发一位研究者的学术潜能,帮助他形成完整的思维逻辑体系。在我自己为终身职称努力的过程中,虽然时时感到压力,但我有机会和世界范围内许多优秀的学者合作,真正理解了科学研究的本质,做出了很多自己也颇感骄傲的学术研究成果。更重要的是,这些研究深化了我对中国经济和中国企业的理解,让我更有信心去讨论中国企业如何实现从大到伟大这样一个宏大的命题。我的这些研究同事们对我的影响反映在这本书的方方面面。我想借此机会特别感谢康强、Michael Darby、Lynne Zucker、Bradford Cornell、蔡洪滨、白重恩、宋敏、张俊喜、邵启发、Douglas Arner、Paul Lejot、王杰邦、戚戎、朱元德、郑颖、余淼杰、罗炜、饶品贵、汪小圈、邓家品等。谢谢你们在过去这些年忍受我思维上的天马行空,甄别出其中有价值的部分,通过合作把它们最终变成有一定思想深度的学术成果。

我也特别感谢众多学术同行和企业家这些年对我研究的关注和鼓励。Frankin Allen, Andrew Karolyi, Loren Brandt,熊伟,陈志武,徐林,金李、王庆、徐宪平、刘南昌等以不同方式向学界和企业界热情推荐了我关于从大到伟大的系列著述。宋志平先生在中国建材集团内部和他参与的总裁读书会上多次推介并倡导中国企业应该开启第二次长征,实现从大到伟大这一理念。

我更需要感谢过去十多年教书生涯中所结识的各类不同项目的同学们。2010年年底我回到北大光华管理学院之后,开始系统讲述这本书里的核心理念和案例。在光华,我常年给MBA学生开设《公司金融》课,同时也给光华的EMBA开设一门名叫《企业投资与价值创造》的课程。虽然内容侧重与授课方式颇有不同,但我基本上都是沿用同样的逻辑架构来讲授这两门课。这本书的很多内容来自我前后为这两门课程所准备的课件。光华管理学院EMBA从68班到123班的近3000名学员、MBA2010至2016级的许多同学都听过我在课上不停地叨叙ROIC、WACC、EVA、价值创造和从大到伟大。此外,还有大量的北大光华高层管理教育中心的企业家学员和本科同学听过我讨论中国企业的从大到伟大。这个过程中,我也在反复淬化自己的想法,删繁就简,把我对中国企业最根本问题的理解最终简化成两个公式:(1) $ROIC \geq WACC$;(2) 增长率 = 投资率 × 投资资本收益率。这两个公式是支撑这本书的

逻辑主线。我感谢光华的同学给我机会让我在课堂上尝试这本书中的内容，并提出许多建设性的意见。让我欣喜并感到骄傲的是，有同学在接受这本书内容之后尝试着把它们运营到企业的战略思考和经营管理中，并取得了一定的成效。光华校友，全球最大的钢管企业友发钢管集团董事长和创始人李茂津先生曾经编了一段关于 ROIC 的顺口溜，在企业内部使用：**增销量，高售价；低成本，差异化；控费用，省钱花；轻资产，负债压；快周转，税率下；提利（润）率，向伟大！** 这段顺口溜很形象地捕捉到了这本书的核心内容。感谢光华-凯洛格联合 EMBA 和北大-港大 DBA 项目校友，北京大学"一带一路"书院联合创始人，鑫资本董事长莫懿先生。作为成功的投资人，始终把 ROIC 作为重要投资评估指标，矢志通过专业投资帮助中国崛起一批伟大企业。"万物生长，各自高贵"这八个字最早是我为鑫资本中电产业基金的正式启航所题。感佩你们专注培养伟大企业，也感谢你们把通过价值创造所获的部分收益用来反哺光华的教学、研究和国际项目。

光华管理学院新楼地下一层咖啡厅对我来说有很特别的意义。这里有我个人认为是全北京性价比最高的咖啡；更重要的是，这是一个思想自由度非常高的地方。全球经管领域的顶级学者，尤其是华人中的顶级学者，大都在这出没过。我经常在这里与陈玉宇、姜国华、蔡洪滨、刘晓蕾、张志学、周黎安、张影、颜色等在不同领域里都有极高造诣的光华教授不期而遇。在这里，我也常和定期到光华访问的熊伟、韩冰、朱宁、金哲、林晨、陶志刚等交流。我们聊学术、聊时局，偶尔也关心一下大、小明星们的八卦。那些"自由而无用"的轻谈让我受益良多。我记得自己多次提到这本书里包含的一些想法，也从你们那里得到了许多建议。

回到北京这些年，我有幸走访了许多企业，主持并参与了大量的企业研究课题，熟识了许多企业家。在这个过程中，我对中国企业的情况有了更深刻的理解。我接触到的企业家们大都充满理想和激情，在积极思考适合自己企业的创新商业模式。我曾在若干场合用这本书里的分析框架去分析中国企业的结构性问题和面临的巨大挑战，并尝试着提出能解决问题的政策性建议。这是一个非常有建设性的互动过程。我们求同存异，彼此说服对方，在争论和和解中接近事情的真相。我们都真诚地希望中国能够涌现一批让世人尊重的伟大企业，以此重塑中国高质量发展的经济微观基础。我们也以各自不同的方式在为这个目标努力着。我想感谢的企业家有很多，为避免挂一漏万，我不列举姓名。

我要特别感谢泓华医疗集团董事长曾人雄先生。十七年的友谊，最近五年因为共同的兴趣，我们之间对商业模式和企业价值创造这个话题有过无数次讨论。我很欣赏人雄执着于中国大健康行业的理想和激情，也从泓华医疗对创新商业模式的探索中得到了许多启发。

这本书是关于投资资本收益率的。记得我在 2000 年刚刚加入港大时，作为新同事被邀请到张五常教授当时位于港岛沙湾径附近的府上做客。十八年过去了，我还清楚记得张五常教授对我说的那番话："世界上投资回报最高的事情是用中文写作。"或许是您不经意的一句话，我却一直铭记在心。借此机会向您致敬！

我要感谢我的学生和研究助手们。我在光华的博士生汪小圈在过去很长一段时间内帮助我做了大量的数据收集、整理和分析工作。在这个过程中，小圈也逐渐从研究助理成长为合作者。小圈现在已经是一名成熟的金融学研究者，繁重的教学和研究任务之余，她花费了不少精力支持本书的写作。我的研究助理于嘉文过去一年多来承担了本书主要的数据分析工作，对这本书的成书贡献很大。我的博士生邓家品认真帮助我纠正了标点符号的用法，并对文字部分提了一些中肯的建议。在此一并谢谢你们!

我还想利用这个机会感谢我在光华管理学院的同事莫舒珺、王冬霞、张圣平、柏甜雪、陈晚宜和张琳等。这本书的顺利出版得益于你们多年的支持。特别感谢机械工业出版社的陈海娟副社长和本书的编辑赵屹先生——感谢这么多年来始终如一地支持和提供大量专业、中肯的建议。

感谢国家自然科学基金杰出青年基金（项目编号75010005）和教育部长江学者奖励计划对我过去五年研究工作的大力支持——这些研究促成了本书很多想法的萌芽和成型。

"温润如玉，笑傲江湖"既是做人也是做企业最完美的境界。诚如最初承诺，这本书是献给你的!

技术附录:投资资本收益率(ROIC)和加权平均资本成本(WACC)

投资资本收益率(ROIC)定义为扣除调整税后的净经营利润(Net Operating Profit Less Adjusted Tax,NOPLAT)除以投入资本(Invested Capital, IC),代表经营投入产生收益的回报率,即:

$$ROIC = NOPLAT/IC$$

上述公式中,NOPLAT = 净经营利润(EBIT)×(1 - 边际所得税率);IC = 经营性流动资金(经营流动资产减去经营流动负债)+ 固定资产 + 购得的无形资产(如商誉)+ 其他长期净经营资产(已减去其他长期经营性负债)。

下面我以尚德为实例,根据其年度报表披露的财务数据计算投资资本收益率。在此过程中,我们将重组财务报表,并说明哪些项目属于经营项目,而哪些是非经营项目。

首先从资产负债表出发,计算投资资本(IC)。表1列示了尚德2007—2011年的资产负债表。我们将从这些数据中找出计算投入资本所需的项目,并逐项进行详细说明。

表1 尚德资产负债表(2007—2011)

	财政年度结束在12月31日				
	2007	2008	2009	2010	2011
	(百万美元$)				
现金及现金等价物	521	507.8	833.2	872.5	492.4
应收款项	268.3	259.9	423.7	534.9	480.9

（续）

	财政年度结束在12月31日				
	2007	2008	2009	2010	2011
	（百万美元$）				
存货	176.2	231.9	280.1	558.2	516.5
短期投资	61.6	5.1	201.1	15.4	37.4
其他流动资产	230.4	317.2	417.9	431.4	558.8
流动资产总额	1257.5	1321.9	2156.0	2412.4	2086.0
固定资产	293	684.5	777.6	1326.2	1569.2
无形资产	86.0	176.7	140.8	156.0	23.0
商誉	29.8	87.6	86.1	278	0
投资总额	1.3	275.6	305.2	599.5	463.8
其他非流动资产	299.4	660.6	518	445	395.3
资产总额	1967.00	3206.90	3983.70	5217.10	4537.30
应付款项	116.3	255.1	390.9	627.3	762.5
短期借款	321.2	638.5	800.4	1400.80	1573.40
其他流动负债	40.6	83.1	326.8	341.9	273
流动资产总额	478.1	976.7	1518.10	2370.00	2608.90
长期银行借款	20.7	5.9	138	163.3	133.3
可转换债券	423.4	812.9	516.9	551.2	580.9
其他非流动负债	215.5	177	197.9	252.4	261.4
负债总额	1137.70	1972.50	2370.90	3336.90	3584.50
尚德电力普通股股东权益总额	811.4	1225.90	1598.10	1867.70	946.4
少数股东权益	17.9	8.5	14.7	12.5	6.4
负债和权益总额	1967.00	3206.90	3983.70	5217.10	4537.30

经营性流动资金

经营性流动资金等于经营性流动资产减去经营性流动负债。经营性流动资产是企业经营业务所需的所有流动资产，主要包括营运现金、应收款项、存货和预付费用等，不包括富余现金和可交易证券。营运现金一般用经营收入的2%来计算。

经营性流动负债是与企业经营业务相关的债务，主要包括应付账款、应付工资、递延收入、应付所得税等。如果一项债务是经营性的而不是融资的（有息的），那么它应被认为是经营性负债。

固定资产

固定资产净值即为不动产、厂房和设备净值（Net Plant Property Equipment，NPPE），一般都包含在经营性资产内。

购得的无形资产

无形资产一般情况下指的是商誉。我们一般分别考虑用包含和不包含商誉两种不同计算方法来计算经营活动中的资本投入。㊀

其他长期净经营资产

如果公司其他长期经营资产没有详细说明，那么可以假设它们是经营资产。从中减去其他长期经营负债就得到其他长期净经营资产，这也是投入资本的一部分。

㊀ 每个会计年度对公司商誉进行价值评估，如果发生价值损失，会依此对商誉进行调整。为保持一致性，摊销和损失在计算NOPLAT时扣除。

但是，其他长期经营资产不包含如下项目：递延税收资产、预付养老金资产、不并表的子公司和其他权益资产。其他长期经营负债不包括递延税收负债、重组备抵、养老金债务缺口等。

根据以上说明，我们计算得到尚德的投入资本总额，如表2所示。

表2　尚德的投入资本（2007—2011）

	2007	2008	2009	2010	2011
	\(百万美元，除比例数据外\)				
营运现金	27.0	38.5	33.9	58.0	62.9
存货	176.2	231.9	280.1	558.2	516.5
应收款项	268.3	259.9	423.7	534.9	480.9
应付款项	116.3	255.1	390.9	627.3	762.5
其他流动净经营资产	189.8	234.1	91.1	89.5	285.8
营运资金	545.0	509.3	437.9	613.3	583.6
固定资产	293.0	684.5	777.6	1326.2	1569.2
其他长期净经营资产	83.9	483.6	320.1	192.6	133.9
投入资本（不含商誉）	921.9	1677.4	1535.6	2132.1	2286.7
商誉	29.8	87.6	86.1	278.0	0.0
投入资本（含商誉）	951.7	1765.0	1621.7	2410.1	2286.7

接着，我们将计算由投资资本产生的税后收入，即扣除调整税后的净经营利润（NOPLAT）。利用损益表计算 NOPLAT。表3列示了尚德 2007—2011 年的损益表。

技术附录：
投资资本收益率（ROIC）和加权平均资本成本（WACC）

表3　尚德损益表和 NOPLAT（2007—2011）

	财政年度结束在 12 月 31 日				
	2007	2008	2009	2010	2011
	（百万美元 $，除每股数据）				
销售收入	1348.3	1923.5	1693.3	2901.9	3146.6
主营业务成本	1048.1	1532.1	1264.9	2273.9	2618.4
销售、一般性和管理费用	80.7	152.0	159.0	251.1	411.4
研发支出	15.0	15.3	29.0	40.2	38.6
其他运营收入/支出	0.0	0.0	0.0	54.6	581.8
息税折旧及摊销前利润	204.5	224.1	240.4	282.1	-503.6
折旧及摊销	20.5	41.6	66.4	84.9	141.6
息税前利润	184.0	182.5	174.0	197.2	-645.2
利息收入	11.8	31.2	32.6	9.6	7.6
利息支出	-30.0	-104.7	-126.3	-101.5	-143.5
联营公司及合营公司的收入/损失	-0.7	0.3	-3.3	250.8	-98.7
其他运营收入/支出	-8.7	-76.7	11.2	-94.4	-171.3
税前连续营业部门收入/损失	156.4	32.6	88.2	261.7	-1051.1
所得税费用	-13.2	-1.6	-2.5	-23.8	47.2
停止经营损失（税后）	—	—	—	—	-14.1
净利润	143.2	31.0	85.7	237.9	-1018.0
少数股东权益	2.7	1.4	-0.1	-1.0	-0.6
归属尚德电力股东的净利润	145.9	32.4	85.6	236.9	-1018.6
每股收益 — 稀释前：	1.0	0.2	0.5	1.3	-5.6
每股收益 — 稀释后：	0.9	0.2	0.5	1.3	-5.6

计算 NOPLAT 最重要的两项是净经营利润和边际所得税率。净经营利润是销售收入减去经营费用（包括主营业务成本、销售、一般性和管理费用和折旧）。在中国，企业所得税为 25%；而在美国税改前这个数

字为35%。为方便起见,我在下文的计算中假设税率为25%。表4给出了尚德 NOPLAT 计算过程以及 ROIC。

表4 尚德的 NOPLAT 和 ROIC (2007—2011)

	2007	2008	2009	2010	2011
	(百万美元$,除比例数据)				
销售收入	1348.3	1923.5	1693.3	2901.9	3146.6
主营业务成本	1048.1	1532.1	1264.9	2273.9	2618.4
销售、一般性和管理费用	80.7	152.0	159.0	251.1	411.4
其他运营收入/支出	0.0	0.0	0.0	54.6	581.8
折旧及摊销	20.5	41.6	66.4	84.9	141.6
净营业利润	199.0	197.8	203.0	237.4	-606.6
税 EBIT	49.8	49.5	50.8	59.4	-151.7
扣除调整税后的净营业利润(NOPLAT)	149.3	148.4	152.3	178.1	-455.0
投资资本收益率(不含商誉)	16.2%	8.8%	9.9%	8.4%	-19.9%
投资资本收益率(含商誉)	15.7%	8.4%	9.4%	7.4%	-19.9%

表4最后两行给出了尚德从2007年至2012年每一年的投资资本收益率。

能够创造价值的投资必须满足投资资本收益率大于加权平均资本成本这一条件。加权平均资本成本(Weighted Average Cost of Capital,简写为 WACC)代表了公司的融资成本,同时也是投资者的机会成本。它是税后债务资本成本和权益资本成本的加权平均值,即

$$\text{WACC} = \frac{D}{D+E} k_d (1-t) + \frac{E}{D+E} k_e$$

其中,D/(D+E) = 基于市值计算的企业价值债务比的目标水平;

E/(D+E) = 基于市值计算的企业价值权益比的目标水平;

技术附录：
投资资本收益率（ROIC）和加权平均资本成本（WACC）

k_d = 债务资本成本；

k_e = 权益资本成本；

t = 公司的边际所得税率。

WACC 根据公司的税后项目来计算，因此，需将债务成本调整为税后成本。计算 WACC 的关键在于确定上述五个项目，下面我们依然以尚德为例，逐项进行分析。

权益资本成本

权益资本成本是公司股票的预期回报率。一般我们使用资本资产定价模型（CAPM）将公司的风险转化为预期回报率，该模型认为，任何证券的预期回报率等于无风险利率加上该证券的 β 值与市场风险溢价的乘积：

$$E(r_i) = r_f + \beta_i [E(r_m) - r_f]$$

其中，$E(r_i)$ = 公司股票 i 的预期回报率；

r_f = 无风险利率；

β_i = 公司股票 i 的市场风险；

$E(r_m) - r_f$ = 市场风险溢价，即股票市场预期回报率减去无风险利率。

在实务中，选择和估计这些参数一般遵循下面的规律：

- 无风险利率可以采用流动性较强的长期政府债券到期收益率，例如美国无风险利率可用 10 年期美国政府债券到期收益率代替。

- 基于历史平均值，市场风险溢价一般定在 4.5% 到 5.5% 之间比较合适。

- 在估算公司的 β 值时，如果该公司为上市公司（如尚德），可以

用其长期历史平均 β 值代替作为其公司平均风险的估算。如果该公司不是上市公司，那么可以用可比公司的平均 β 值作为近似估计。

税后债务资本成本

理论上，应使用公司长期的、无期权债券的到期回报率估计债务资本成本。然而，大部分公司只有短期债券或者没有公司债券，因此我们可用间接的方式求得到期回报率。

首先，确定公司的信用等级。一般专业评级机构，如标准普尔（S&P）、穆迪（Moody's）和惠誉（Fitch），会公布公司债券评级。尚德并未被这些评级机构覆盖，因此我们参考其可比公司的信用评级，并根据尚德的高杠杆率对其信用评级作适当调整，认为它的信用评级为BB。

然后，考察具有相同信用评级的债券的平均到期收益率，将公司信用评级转换为到期收益率。信用评级为BB的美国公司10年期债券的到期回报率比10年期美国国债的到期收益率高出236个基点（100个基点=1%）。在此基础上，加回10年期美国国债的到期收益率就可以算出尚德的税前债务资本成本。

最后，中国公司目前的企业边际税率为25%，美国公司为35%，可以容易地计算出税后债务资本成本。

目标资本结构

理论上，资本成本的权重应为公司的目标资本结构，而非当前的资本结构。但很多公司的资本结构已经接近其目标资本结构，因此可以直接使用其当前的资本结构。另外，如果计算 WACC 是为了反映公司当前的资本成本，并非为了折现未来现金流，那么使用公司当前的资本结

技术附录：
投资资本收益率（ROIC）和加权平均资本成本（WACC）

构更为合理。

在计算资本结构时，需要注意的是，债务和权益都应使用市值，而非账面值。在多数情况下，债务的账面值是对市值的合理近似。如果公司普通股是公开交易的，那么就可以用市场价格乘以流通股数求得权益的价值。如果公司尚未上市，那么则需要采用倍数法等计算公司权益价值。

另外，在尚德的例子中，该公司发行可转换债券，这是一种带有期权的债券，因此其价值可分为债券部分和股票期权部分。其中债券部分算作债务的价值，而股票期权部分算作权益的价值。

表5给出了依据上述公式计算出来的尚德从2007年到2011年的加权平均资本成本。值得指出的是，我并没有给出尚德在2010年和2011年的资本成本。主要是因为，到2010年，尚德的债务权重已经占整个企业价值的60%以上，2011年甚至达到了80%。在这种情况下，尚德已经基本很难从债务市场上获得资金。这么高的债务权重对应的债务评级应该不再是BB级了。这种情况下，用我前面建议的方法去计算债务成本已经没有任何意义。甚至可以这么认为，这时候尚德的资本成本已经是无穷大了。

表5给出了计算尚德WACC的过程。

表5 尚德的WACC（2007—2011）

	2007	2008	2009	2010	2011
	（财务数据单位：百万美元 $）				
关键假设：					
税率	25%	25%	25%	25%	25%
无风险利率	4.63%	3.66%	3.26%	3.22%	2.78%
信用溢价（BB评级）	2.36%	2.36%	2.36%	2.36%	2.36%
贝塔（Beta）	1.55	2.22	2.10	2.63	3.03

（续）

	2007	2008	2009	2010	2011
	（财务数据单位：百万美元 $）				
市场风险溢价	5%	5%	5%	5%	5%
债务成本（税后）	5.24%	4.52%	4.22%	4.19%	3.86%
权益成本	12.36%	14.76%	13.76%	16.39%	17.95%
债务账面值	341.9	644.4	938.4	1564.1	1706.7
权益市值	12713.5	1806.9	2924.9	1181.4	398.2
可转债	500.0	981.2	850.1	628.8	628.8
- 债权部分	340.9	723.4	650.4	504.1	536.7
- 股票期权部分	159.1	257.8	199.7	124.7	92.1
总债务	682.8	1367.8	1588.8	2068.2	2243.4
总权益	12872.6	2064.7	3124.6	1306.1	490.2
债务权重	5.0%	39.8%	33.7%	61.3%	82.1%
加权资本成本（WACC）	12.0%	10.7%	10.5%	不适用	不适用

参考文献

中文部分

[1] 詹姆斯·布坎南,戈登·塔洛克. 同意的计算[M]. 北京:中国社会科学出版社,2000.

[2] 汤姆·科普兰,等. 价值评估:公司价值的衡量与管理[M]. 郝绍伦,等译. 第三版. 北京:电子工业出版社,2002.

[3] 白重恩,刘俏,陆洲,等. 中国上市公司治理结构的实证研究[J]. 经济研究,2005(2):81-91.

[4] 樊纲,王小鲁. 中国市场化指数——各地区市场化程度2006年报告[M]. 北京:经济科学出版社,2006.

[5] 陈志武. 为什么中国人勤劳而不富有[M]. 北京:中信出版社,2008.

[6] 麦肯锡公司. 借助运营转型,强化基础管理,打造世界一流企业[R]. 2012.

[7] 麦肯锡公司. 完善系统对标,推动管理转型,打世界一流企业[R]. 2012.

[8] 宋璇. 万福生科造假案处罚:打折的标杆[N]. 南方周末,2013-05-24.

[9] 刘俏. 从大到伟大:中国企业的第二次长征[M]. 北京:机械工业出版社,2014.

英文部分

[1] Acemoglu, Daron, James Robinson, and Simon Johnson. The colonial origins of comparative development: an empirical investigation[J]. American Economic Review, 2001, 91:1369-1401.

[2] Acemoglu, Daron and Robinson, James. Why Nations Fail: The Origins of Power, Prosperity, and Poverty[M]. New York: Crown Business, 2012.

[3] Alibaba Group. The road show presentation[R]. September, 2015.

[4] Allen, Franklin, Jun Qian, and Meijun Qian. Law, finance, and economic growth in China[J]. Journal of Financial Economics, 2005, 77 (1): 57–116.

[5] Baghai, Mehrdad, Stephen Coley, and David White. The Alchemy of Growth: Practical Insights for Building Enduirng Enterprise[M]. Da Capo Press, 2000.

[6] Bae, Kee-Hong, Jun-Koo Kang, and Jin-Mo Kim. Tunneling or value added? Evidence from mergers by Korean business groups[J]. Journal of Finance, 2002, 57: 2695–2740.

[7] Bai Chong-en, Chang Tai Hsieh, and Yingyi Qian. The return to capital in China[R]. Brookings Papers in Economic Activity, 2006.

[8] Bai Chong-en, Qiao Liu, Joe Lu, et al. Corporate governance and firm valuations in China[J]. Journal of Comparative Economics, 2004.

[9] Bai Chong-en, Qiao Liu, and Frank Song. The value of corporate control: evidence from China's distressed firms[R]. HKU working paper, 2004.

[10] Beinhocker, Eric. The origin of wealth: evolution, complexity, and the radical remaking of economics[M]. Boston: Harvard Business School Press, 2006.

[11] Berger, P. G., Ofek, et al. Diversification's effect on firm value[J]. Journal of Financial Economics, 1995, 37:39–65.

[12] Berle, Adolf, and Gardiner Means. The Modern Corporation and Private Property[M]. New York: Macmillan, 1932.

[13] Boyreau-Debray, G., S. J. Wei. Pitfalls of a state dominated financial system: the case of China[R]. NBER working paper, 2005.

[14] Brandt, L., and H. Li. Bank discrimination in transition economies: ideology, information, or incentives? [J]. Journal of Comparative Economics, 2003, 31: 387–413.

[15] Buchanan James, Gordon Tullock. The calculus of consent: logical foundations of constitutional democracy[M]. Ann Arbor: University of Michigan Press, 1962.

[16] Cai Hongbin, Qiao Liu, and Miaojie Yu. Trade liberalization and corporate financing decisions [R]. Peking University Guanghua School of Management

Working Paper, 2013.

[17] Campa, Jose, and Simi Kedia. Explaining the diversification discount[R]. Working paper, Harvard Business School, 1999.

[18] Cha, Laura. The future of China's capital markets and the role of corporate governance[R]. Luncheon Speech at China Business Summit, 2001.

[19] China International Capital Corporation. Research on unlisted companies[R]. October 2015.

[20] Claessens, Stijin, Djankov, Simeon, et al. Disentangling the incentive and entrenchment effects of large shareholders[J]. Journal of Finance, 2002, 57: 2741–2771.

[21] Clarke, Donald. Corporate governance in China: an overview[J]. China Economic Review, 2003.

[22] Jim Collins, Jerry I. Porras. Built to Last: Successful Habits of Visionary Companies[M]. New York: Harper Business, 1994.

[23] Jim Collins, Good to Great: Why Some Companies Make the Leap and Others Don't[M]. New York: Harper Business, 2001.

[24] Cull, Robert, and Lixin Colin Xu. Who gets credit? The behavior of bureaucrats and state banks in allocating credit to Chinese state-owned enterprises[J]. Journal of Development Economics, 2003, 71(2): 533–559.

[25] Demsetz, Harold, and Kenneth Lehn. The structure of corporate ownership: causes and consequences[J]. Journal of Political Economy, 1985.

[26] Denis, Diane K., and John J. McConnell. International corporate governance[J]. Journal of Financial and Quantitative Analysis, 2003, 38(1): 1–36.

[27] De Soto, Hernando. The Mystery of Capital: Why Capitalism Triumphs in the West and Fails Everywhere Else[M]. New York: Basic Books, 2000.

[28] The Economist, Grossly deceptive plans[R]. January 30, 2016.

[29] The Economist, Back to Business[R]. September 12, 2015.

[30] The Economist, Paper tiger, roaring dragon[R]. September 12, 2015.

[31] The Economist, Clicks to bricks[R]. August 15, 2015.

[32] The Economist, From Alpha to Omega[R]. August 15, 2015.

[33] The Economist, Just a little bit richer[R]. April 4, 2015.

[34] Fama, Eugene F. Efficient capital markets: A review of theory and empirical work [J]. Journal of Finance, 1970, 25: 383-417.

[35] Fama, E. and French, K.. The cross section of expected stock returns [J]. Journal of Finance, 1992, 47(2): 427.

[36] Fan, G., Wang, X., and H. Zhu. Marketization Index in China [M]. The Economic Science Press (in Chinese), 2010.

[37] Foster, Richard, and Sarah Kaplan. Creative Destruction: why companies that are built to last underperform the market-and how to successfully transform them [M]. The Currency Press, 2001.

[38] Franko, Lawrance. The death of diversification? The focusing of the world's industrial firms, 1980-2000 [M]. Business Horizons, 2004.

[39] Graham, John, Michael Lemmon, et al. Does corporate diversification destroy value? [J]. Journal of Finance, 2002, 57: 695-720.

[40] Harvard Business School. Alibaba's Taobao (A) [R]. HBS Case: 9-709-456, July, 2009.

[41] Hayek, Friedrich August. The use of knowledge in society [J]. American Economic Review, 1945, 35: 519-530.

[42] Hotz, C.. China's economic growth 1978-2025: what we know today about China's economic growth tomorrow [R]. Working Paper, HKUST, 2005.

[43] Hsieh, Chang-Tai, and Peter Klenow. Misallocation and manufacturing in China and India [J]. Quarterly Journal of Economics, 2009.

[44] Huang Yasheng. Inflation and Investment Controls in China: The Political Economy of Central-Local Relations during the Reform Era [M]. New York and Melbourne: Cambridge University Press, 1996.

[45] Ivey School of Management. Huawei enters the United States [R]. Case W13306, July 2013.

[46] Jensen, M. and Meckling, W.. Theory of the firm: managerial behaviour, agency costs and ownership structure [J]. Journal of Financial Economics, 1976, 3(4): 305.

[47] Jensen, M. C. Agency costs of free cash flow, corporate finance, and takeovers [J]. American Economic Review, 1986, 76: 323-329.

[48] Johnson, Simon, Daniel Kaufmann, et al. The unofficial economy in transition [R]. Brookings Papers on Economic Activity, 1997, Fall (2), 159 – 239.

[49] Johnson, Simon, La Porta, et al. Tunneling[J]. American Economic Review, 2000, 90: 22 – 27.

[50] Khanna, Tarun, and Krishna Palepu. Is group affiliation profitable in emerging markets? An analysis of diversified Indian business groups [J]. Journal of Finance, 2000, 55 (2): 867 – 891.

[51] Kornai, Janos. The economics of shortage [M]. Amsterdam: North-Holland, 1980.

[52] Kraemer, Kenneth, Greg Linden, and Jason Dedrick. Capturing value in global networks: Apple's iPad and iPhone[R]. UC Irvine, UC Berkeley and Syracuse working paper, 2011.

[53] Krugman, Paul. The myth of Asia's miracle[J]. Foreign Policy, 1994, 73(6).

[54] Lamont, Owen. Cash flow and investment: evidence from internal capital markets [J]. Journal of Finance, March 1997.

[55] Lamont, Owen, and Christopher Polk. The diversification discount: cash flows vs. returns[J]. Journal of Finance, October 2001.

[56] Lang, Larry, and Rene Stulz. Tobin's q, corporate diversification, and firm value [J]. Journal of Political Economy, 1994, 102: 1248 – 1280.

[57] La Porta, Rafael, Lopez de Silanes, et al. Legal determinants of external finance [J]. Journal of Finance, 1997, 52: 1131 – 1150.

[58] La Porta, Rafael, Lopez de Silanes, et al. Law and finance[J]. Journal of Political Economy, 1998, 106: 1112 – 1155.

[59] La Porta, Rafael, Lopez de Silanes, et al. Corporate ownership around the world [J]. Journal of Finance, 1999, 54: 471 – 517.

[60] La Porta, Rafael, Lopez de Silanes, et al. Investor protection and corporate valuation[J]. Journal of Finance, 2002, 57: 1147 – 1170.

[61] Levine, Ross and Luc Laeven. Is there a diversification discount in financial conglomerates? [J]. Journal of Financial Economics, 2007, 85(2), August, 331 – 367.

[62] Li, Hongbin, and Li-an Zhou. Political turnover and economic performance: ehe

incentive role of personnel control in China[J]. Journal of Public Economics, 2005, 89 (9 – 10): 1743 – 1762.

[63] Liu Qiao, Joe Lu. Corporate governance and earnings management: a tunneling perspective[J]. Journal of Corporate Finance, 2007.

[64] Liu Qiao, Alan Siu. Institutions and corporate investment: evidence from an investment implied return on capital in China [J]. Journal of Financial and Quantitative Analysis, 2011, 46(6): 1831 – 1863.

[65] Liu Qiao. Corporate governance in China: current practices, economic effects, and institutional determinants[R]. CESifo Economic Studeis, 2006.

[66] Liu Qiao, Rong Qi. Stock trading and diversification discount[J]. Economics Letters, 2008, 98: 35 – 40.

[67] Liu Qiao, Ying Zheng, and Yuande Zhu. The evolution and consequences of Chinese pyramids [R]. Peking University Guanghua School of Management Working Paper, 2012.

[68] Liu Qiao, Paul Lejot, and Douglas Arner. Finance in Asia: Institutions, Regulation and Policy[M]. London and New York: Routledge, 2013.

[69] Liu Qiao, Xiaoquan Wang. Those born in the winter know how to weather the storm: an investigation of firms born in recession [R]. Guanghua School of Management working paper, 2014.

[70] Lv, Dan. . Exceptional exporter performance? Evidence from Chinese manufacturing firms[R]. University of Rochester working paper, 2015.

[71] Lucas, Robert. Why doesn't capital flow from rich to poor countries? [J]. American Economic Review, 1990, 80(2):92 – 96.

[72] Malkiel, Burton G. . A random walk down wall street[M]. New York: W. W. Norton & Company, 2000.

[73] McKinsey Global Institute. The China effect on global innovation[R]. McKinsey & Company, 2015.

[74] McKinsey Global Institute. The new global competition for corporate profit [R]. 2015.

[75] Micklethwait, John, and Adrian Wooldridge. The Company: A short histroy of an evolutionary idea[M]. A Modern Library Chronicles Book, 2003.

[76] Nathan, A., and B. Gilley. China's New Rulers: The Secret Files[M]. New York: New York Review of Books, 2002.

[77] Phillipon, Thomas. Has the US finance industry become less efficient? [J]. American Economic Review, April 2015.

[78] Pistor, Katharina, and Chenggang Xu. Governing stock market in transition economies: lessons from China[J]. American Law and Economic Review, 2005, 7(1):184–210.

[79] Plath, Sylvia. The collected poems[M]. Edited by Ted Hughs, HarperPerennial, 1982.

[80] Porter, Michael. Competitive Strategy: Techniques for Analyzing Industries and Competitors[M]. New York: Free Press, 1980.

[81] Porter, Michael. Competitive advantage: creating and sustaining superior performance[M]. New York: Free Press, 1985.

[82] Prasad, Eswar, Raghuram Rajan, et al. The paradox of capital[J]. Finance and Development, 2007, 44 (1): 16.

[83] Qian Yingyi, and Chenggang Xu. The M-form Hierarchy and China's economic reform[J]. European Economic Review, 1993, 31: 541–548.

[84] Rajan, Raghuram. Fault Lines: how hidden fractures still threaten the world economy[M]. Princeton University Press, 2010.

[85] Rayor, Michael, E., and Mumtaz Ahmed. Three rules for making a company truly great[J]. Harvard Business Review, April Issue, 2013.

[86] Sharpe, William. Capital asset prices: a theory of market equilibrium under conditions of risk[J]. Journal of Finance, 1964, 19(3).

[87] Shleifer, Andrei and Robert W. Vishny. A survey of corporate governance[J]. Journal of Finance, 1997, 52:737–83.

[88] Shleifer, Andrei, and Robert Vishny. The grabbing hand: government pathologies and their cures[M]. Cambridge: Harvard University Press, 1998.

[89] Solow, Robert. A contribution to the theory of economic growth[J]. Quarterly Journal of Economics, 1956, 70(1).

[90] Studwell, Joe. How Asia Works: Success and Failure in the World's Most Dynamic Region[M]. Profile Books, 2013.

[91] Whited, Toni. Is it inefficient investment that causes the diversification discount? [J]. Journal of Finance, 2001, 56: 1667–1691.

[92] Wiggins, Robert, Timothy Ruefli. Competitive advantage: temporal dynamics and the incidence and persistence of superior economic performance[J]. Organization Science, 2002, 13 (1): 81–105.

[93] Wiggins, Robert, Timothy Ruefli. Schumpeter's ghost: is hyper-competition making the best of times shorter? [J]. Strategic Management Journal, 2005, 26: 887–911.

[94] Lei Jun: it is time to copy China, Xiaomi's formula for success [J]. Wired Magazine, April Issue, 2016.

[95] Xu, Chenggang. The Fundamental Institutions of China's Reforms and Developmen[J]. Journal of Economic Literature, 2011, 49 (4): 1076–1151.

[96] Young, A. Gold onto base metals: productivity growth in the People's Republic of China during the reform period[J]. Quarterly Journal of Economics, 2003, 111 (6).